本书受到湖南省农林经济管理重点学科、湖南省农村发展研究??
湖南省乡村振兴战略研究院和"三农"问题研究基地的资助
特别感谢国家自然科学基金"农地流转促进农业转型升级发
业TFP中介作用与'三变革'出路"（71973042）的资助

湖南农业大学经济学院学术文库

农村一二三产业融合发展的理论与湖南实践

The Integrated Development of Primary,
Secondary and Tertiary Industries in Rural Areas:
Theory and Hunan Practice

匡远配 夏玉莲 尹 宁 李 飞◎著

经济管理出版社
ECONOMY & MANAGEMENT PUBLISHING HOUSE

图书在版编目（CIP）数据

农村一二三产业融合发展的理论与湖南实践/匡远配等著 . —北京：经济管理出版社，2020. 11
ISBN 978 - 7 - 5096 - 7451 - 2

Ⅰ . ①农…　Ⅱ . ①匡…　Ⅲ . ①农业产业—产业发展—研究—湖南　Ⅳ . ①F327. 64

中国版本图书馆 CIP 数据核字（2020）第 162663 号

组稿编辑：曹　靖
责任编辑：曹　靖　郭　飞
责任印制：黄章平
责任校对：王淑卿

出版发行：经济管理出版社
　　　　　（北京市海淀区北蜂窝 8 号中雅大厦 A 座 11 层　100038）
网　　　址：www. E - mp. com. cn
电　　　话：（010）51915602
印　　　刷：北京玺诚印务有限公司
经　　　销：新华书店
开　　　本：720mm×1000mm/16
印　　　张：16
字　　　数：287 千字
版　　　次：2020 年 11 月第 1 版　　2020 年 11 月第 1 次印刷
书　　　号：ISBN 978 - 7 - 5096 - 7451 - 2
定　　　价：88. 00 元

序

  2015 年中央一号文件提出，要把产业链、供应链、价值链等现代产业组织方式引入农业，推进农村一二三产业融合发展（以下简称农村三产融合发展）。在经济新常态和农业农村发展新阶段，推进农村三产融合是拓展农民增收渠道的有效途径，是构建现代农业产业体系、生产体系和经营体系的重要举措，是转变农业发展方式、探索中国特色农业现代化道路的必然要求。当前，农业生产矛盾已经从总量不足转变为结构性矛盾，深入推进农业供给侧结构性改革是农业农村工作的主线，农村三产融合发展要为农业供给侧结构性改革当好先锋。农村三产融合发展是乡村产业振兴的核心，要聚焦重点、强化支持，在更大范围、更广层次上推进融合发展，促进乡村产业振奋兴起、兴旺发达。要以习近平新时代中国特色社会主义思想为指导，深入贯彻党的十九大和中央农村工作会议精神，把农业农村优先发展作为现代化建设的一项重大原则，把振兴乡村作为建设富饶、美丽、幸福新湖南的一个重大任务，以改革创新思维推动湖南"三农"工作，加快推进农村三产融合发展，推动农业全面升级、农村全面进步、农民全面发展（许达哲，2017）。

  湖南在保障国家粮食安全上责任重大、责无旁贷。近年来，深入贯彻落实习近平总书记对湖南作出的"着力推进农业现代化"的重要指示要求，把它作为新时代做好"三农"工作的基本原则，坚持以农业供给侧结构性改革为主线，着力实施农业现代化建设两个"百千万"工程，大力推进以精细农业为特色的农副产品供应基地建设，取得了一系列积极成效，为实施乡村振兴战略打下了坚实基础，创造了有利条件。农业综合生产能力显著增强，粮食生产连年丰收，总产跨上了 600 亿斤台阶；"菜篮子"产品供给充足，粮食、蔬菜、畜禽等大宗农产品产量继续保持全国前列。湖南在 25 个县（市、区）积极推进农村产业融合发展试点工作，初现成效。农村产融发展增加值估计占 GDP 的 35%，对 GDP 的贡献率达到 40% 左右，对财政收入贡献率达到 45% 左右。初步测算，2017 年湖南农业产值 6269 亿元，农产品加工销售收入 1.5 万亿元，农产品加工转化率 48%。农产品原值与加工产值比由 1∶0.93 提高到 1∶2.1。休闲农业产值增加了 4.4 倍，成为农村三产融合发展的突出亮点。但湖南农业发展基础依然薄弱，农村三产融合发展仍然处于初级发展阶段，融合程度低、层次浅，新型经营主体发育较慢，融合主体带动能力总体较弱，先进技术要素扩散渗透力差，新型业态发展面临一些特殊困难，需要进一步加快农村改革。农业作为湖南过万亿元的两大产业之一（另一个是装备制造产业），要实现由大变强，就必须通过强化农村三产融合，才能从根本上提高湖南"大农业"的供给质量和效益，重振湖南农业发展的"雄风"！

"道虽迩，不行不至"，发力农村三产融合发展，以新发展理念为指导，以农业供给侧结构性改革为主线，瞄准农业发展大方向、大趋势，以完善利益联结机制为核心，确立"基在农业、利在农民、惠在农村"的基本思路。坚持以农为本，服务"三农"；坚持加工引领，双向延伸；坚持市场主导，政府引导；坚持创新驱动，技术为先；坚持因地制宜，产业集聚。举起品牌旗、打好特色牌、紧扣质量之本、鼓足科技之劲、敞开开放之门，以"行动"为耕者谋利、为食者造福，下活三产融合之"棋"，推动农业高质量发展。

"主大计者，必执简以御繁"，推进农村三产融合发展的主要任务：一是以三个"百千万"工程为抓手，着力构建产业交叉融合的"三个体系"。突出精细农业特色，打造优质农副产品供应基地，发展适度规模经营，做实做优湘米工程，积极发展畜牧业，着力发展粮食、果蔬、茶叶、油茶、水产品等千亿元产业，不断提高综合效益和竞争力。抓好"百企"培育，实施"5255"工程，加快打造优质农副产品供应基地，让农民分享加工转化增值收益。二是重点支持创建一批融合发展先导区。抓好现代农业产业园、科技园、创业园建设，积极发展农村电商、休闲农业、乡村旅游等新产业、新业态，培育农业发展新动能。在粮食主产区、特色优势农产品产区、"老少边穷"地区、加工业优势区，创建融标准化基地、集约化加工、体系化物流配送网络"三化一体"的、实现"镇（城）区、园区、农区三区互动"的融合发展先导区。三是重点支持一批融合发展新型经营主体开展相关业务。重点支持农民合作社等新型农业经营主体发展加工流通和直供直销，支持农产品加工流通企业与农户联合建设原料基地和营销设施，支持休闲农业聚集村合作组织、休闲农园企业、电子商务企业与农户联合建设公共服务设施。四是重点加快农村三产融合政策体系的构建。从科技、财政、金融、土管等方面为产业融合提供政策支持,增进其与农业政策的协调性,不断提高农业政策的效率。突出体制机制改革和创新能力建设,优先推进利益联结机制创新和农村金融保险、科技服务体系、部门合作机制、公共平台运行机制等改革试验。

"空谈误国,实干兴邦","千帆竞发,不进则退",要有一种"等不起、慢不得、坐不住"的紧迫感,"接二连三"、创新动能,改革只争朝夕,工作重在落实。"纷繁世事多元应,击鼓催征稳驭舟",方向已经明确,号角已经吹响,坚定信心、敢于担当、发声亮剑、真抓实干,确保我国农村三产融合发展的事业取得新的进展、新的成效。牢牢把握稳中求进工作总基调,落实高质量发展要求,坚持农业农村优先发展总方针,以实施乡村振兴战略为总抓手,以农业供给侧结构性改革为主线,以全面深化农村改革为动力,从国情、农情实际出发,要有一鼓作气的决心,尽锐出战、迎难而上,对标硬任务,抓重点、补短板、强基础,真抓实干,一年接着一年干,推动我国向农业强国迈进。

目　录

第一章　绪　论 …………………………………………………………… 1

　　第一节　研究背景和研究意义 ……………………………………… 2

　　第二节　国内外研究动态 …………………………………………… 5

　　第三节　研究的总体思路、主要内容及主要方法 ………………… 9

第二章　农村三产融合发展的基本内涵和基础理论 ………………… 11

　　第一节　产业融合理论与农村三产融合发展 ……………………… 11

　　第二节　理论基础 …………………………………………………… 20

第三章　湖南农村三产融合发展的基础和经验 ……………………… 31

　　第一节　湖南三产融合发展的基础和比较优势 …………………… 31

　　第二节　湖南农村三产融合发展的做法和经验 …………………… 38

　　第三节　湖南农村三产融合发展中存在的问题 …………………… 55

第四章　农村三产融合发展的宏观背景：供给侧结构性改革和
　　　　　乡村振兴战略 ……………………………………………… 61

　　第一节　农业供给侧结构性改革对农村三产融合发展的支撑与驱动 …… 61

　　第二节　乡村振兴战略对农村产业融合发展的要求 ……………… 65

第五章　农村三产融合发展的"三驾马车"：农业产业化、合作社与
　　　　　农产品加工业 ……………………………………………… 71

　　第一节　农业产业化带动农村三产融合发展：打造全产业链 …… 71

　　第二节　农民专业合作社带动农村三产融合发展：优化利益链 …… 82

　　第三节　农产品加工业推进农村三产融合发展：价值链提升 …… 89

第六章 农村三产融合发展的"四新"动能：新产业、新业态、
　　　　新技术和新模式 ……………………………………………… 95
　　第一节 农村三产融合发展的"四新"动能关系与生态特征 ……… 95
　　第二节 农业信息化技术促进农村三产融合发展：培育"互联网＋"
　　　　　动能 …………………………………………………………… 99
　　第三节 乡村休闲旅游促进农村三产融合发展：培育"旅游＋"
　　　　　动能 ……………………………………………………… 112

第七章 农村产业融合的典型模式及其创新 ……………………… 132
　　第一节 农村三产融合模式的基本内涵与特征 …………………… 132
　　第二节 农村三产融合发展的模式：基于主体、方式和利益联结
　　　　　解构 …………………………………………………… 136
　　第三节 农村三产融合发展价值重构和模式创新 ……………… 155

第八章 农村三产融合中的政府作用：六大推进行动 ………… 164
　　第一节 政府在农村三产融合中的作用 ………………………… 164
　　第二节 政府推进农村三产融合发展的五大行动 ……………… 168
　　第三节 农村三产融合发展的层级性有序载体：
　　　　　试点县—强镇—示范园 …………………………………… 185

第九章 农村三产融合发展的载体建设：五体系一平台 ……… 192
　　第一节 农村三产融合发展的金融支持体系建设 ……………… 192
　　第二节 构建农村产业融合发展的农业社会化服务体系 ……… 199
　　第三节 构建农村产业融合发展的农村创业服务体系 ………… 204
　　第四节 构建农村产业融合发展的农村电商服务体系 ………… 212
　　第五节 产业融合发展的农村公共服务体系建设 ……………… 215
　　第六节 农村产业融合发展的公共服务平台建设 ……………… 219

第十章 农村三产融合发展的顶层设计和政策建议 …………… 222
　　第一节 农村三产融合发展的顶层设计 ………………………… 222
　　第二节 推进农村三产融合发展的建议 ………………………… 229

参考文献 ………………………………………………………………… 236

第一章　绪　论

　　农村一二三产业融合发展（以下简称农村三产融合发展）是以农业为基本依托，以结构调整为导向，通过产业联动、产业集聚、技术渗透、体制创新等方式，跨界集约化配置要素（包括土地、资本、技术和资源等），实现农业的产加销、贸工农与服务业有机整合，农村三产连接紧密、发展协同，最终实现农业产业链延伸、供应链优化、价值链提升和利润链分享（马晓河，2015；宗锦耀，2015）。农村三产融合发展是党中央、国务院作出的重大决策，有利于破解"三农"问题，补齐农业现代化短板，构建新型工农城乡关系，助推全面建成小康社会，也为农产品加工业、休闲农业和农村服务产业的发展指明了方向，提出了新任务、新要求。同时，也是党的"三农"理论政策的创新和发展，是实施乡村振兴战略、促进城乡融合发展的重要举措。从全球范围来看，三产交叉融合发展是普遍趋势，日韩等东亚小农经济体通过产业融合构建起高质量的农业供给体系，美国、荷兰等国家在产业融合中塑造了农业引领型发展优势（涂圣伟，2020）。

　　农村三产融合发展的根本目的在于提高农业的综合竞争力，构建利益联结分享机制，促进农民增收，繁荣农村经济。三产融合发展是继家庭承包经营制、乡镇企业、农业产业化之后农民的"第四次创造"。农村三产融合发展事关农业现代化进程，事关全面小康，事关农村繁荣稳定和经济社会发展全局，已成为稳增长、调结构、促改革、惠民生的重要力量，成为应对经济下行压力的重要支撑，必须从战略和全局的高度深化认识，摆上重要位置，列入重要议事议程。

第一节　研究背景和研究意义

一、研究背景

2015 年中央农村工作会议首次提出要把产业链、价值链等现代产业组织方式引入农业，促进农村三产融合互动。2015 年以来的中央一号文件都提出"推进农村三产融合发展"的要求。国务院办公厅《关于推进农村一二三产业融合发展的指导意见》（国办发〔2015〕93 号）明确要求，积极探索和总结成功的做法，形成可复制、可推广的经验，这是在我国经济新常态、农业农村发展新阶段党中央、国务院作出的重大决策。2015 年国家（财政部、农业部）启动实施农村产业融合发展试点工程，安排农村产业融合项目资金 86 亿元。

农村三产融合是乡村产业振兴的核心，农业要高质量发展，必须找到现实途径，融通产业链是其根本路径。围绕农村三产融合发展，构建乡村产业体系，才能实现产业兴旺，才能发展现代农业。党的十九大报告提出实施乡村振兴战略，对农村三产全面发展、全面融合提出了更高要求，2018 年中央一号文件提出，大力开发农业多种功能，构建农村三产融合发展体系。2018 年政府工作报告要求，多渠道增加农民收入，促进农村三产融合发展。农业农村部先后印发了 4 个通知，大力实施农产品加工业提升行动、乡村就业创业促进行动、休闲农业和乡村旅游升级行动、农村三产融合发展推进行动。这"四大行动"是深入贯彻党的十九大精神和中央一号文件决策部署的重大举措，也是具体实际行动。《"十三五"规划纲要》提出培育一批产业融合先导区，以带动农村三产融合发展。近年来，国家层面相继顶层设计农业示范园、农业产业园、田园综合体、农业特色小镇、农村电商等，农业三产融合的路径越发清晰，战略实施的抓手越发明确。

湖南是农业大省，正跨步向农业强省迈进，农业生产稳中提质，产业结构趋优见新，生产条件显著改善，农业供给质量显著提高，农村综合改革全面深化，城乡融合发展步伐加快，农民收入较快增长，农村民生不断改善。农村社会和谐稳定，党在农村的执政基础得到进一步夯实，为湖南经济社会持续健康发展提供了有力支撑，2015 年被列为全国农村三产融合发展试点省份。根据湖南省农办财〔2015〕62 号文件的精神，下发了省试点申报通知。2016 年 4 月，印发《省预算内基建投资"农村一二三产业融合发展专项"实施方案》，明确 2016 年将安排专项资金 4000 万元，支持 15～20 个重点项目。2016 年 6 月，印发《关于做好 2016 年农村一二三产业融合试点工作的通知》，决定竞争性选拔 15 个试点县作为试点。2017 年 8 月，在省农村三产融合发展试点工作座谈会上，确定了望城区等 16 个整县推进为试点县，衡南县等 5 个县市区开展以乡（镇）为单位进行融合试点。2018～2019 年，整县试点县数量回落到 10 个左右，但是增加了试点乡镇数量，并很好地与精准扶贫、特色产业发展、特色小镇建设等目标有机衔接起来。湖南自 2015 年开展试点以来，共安排试点资金 7.5 亿元，在 62 个县和 60 个乡镇推进试点。

目前，农村三产融合形势较好，三产联动、产业集聚、技术渗透、体制创新等已达到或超过预期。但农业发展基础依然薄弱，农村三产融合发展仍面临较多困难，亟须通过试点示范，探索路径，总结经验，不断提升农村产业融合发展总体水平。那么，湖南推动农村三产融合发展的宏观背景是什么？在推动农村三产融合发展的过程中，找到了哪些动力和动能？探索出了哪些融合发展模式？进行了哪些体制机制方面的创新来保证各主体行为的协调配合？构建了哪些利益联结机制带动农户增收发展？现在发展中面临的问题和制约因素有哪些，应采取哪些政策措施确保农村三产融合发展取得实效？这一系列问题都需要我们进行系统的研究。

二、研究意义

（一）理论意义

农村三产融合发展是新理念的重要实践，是提高农业综合效益、农业竞争力、促进农民增收的关键。本书基于农村三产融合发展的内涵外延，揭示现代农业发展规律和产业边界演变、产业分类等挑战，以及对于农业供给侧结构性改革和乡村振兴的重要意义，为产业融合理论的完善做出贡献。研究围绕农村产业链延伸、价值链建设、利润链分享等内容，有利于丰富农业经济学、产业经济学理论。基于产业融合理论视角，运用政府与市场分工理论，分析产业融合发展的经济增长效应，有利于经济增长理论与经济结构理论的拓展。突破农业产业化的链式思维框架，以价值模块的理念为指导，分析如何将农业与相关产业进行融合发展，提高资源利用效率和农业产业竞争力，优化农业结构，为制定农业产业规划和产业政策提供理论参考。

（二）现实意义

农业作为湖南过万亿元的两大产业之一，要实现由大变强，就必须通过强化农村三产融合，才能从根本上提高湖南"大农业"的供给质量和效益。促进农村三产融合发展，对于解决"三农"问题、促进经济社会发展有着十分重大的意义。通过研究农村三产融合发展情况和湖南样本，有利于深化对农村三产融合的认识，归纳总结实践经验和模式；掌握其本质特征和运作机制，剖析产业融合中各参与主体的行为与联系，研究各主体之间的利益协调机制及其创新；了解湖南农村三产融合发展的真实情况和存在的问题，提高三产融合政策建议的科学性、有效性。

第一，研究有利于进行农村三产融合的模式总结与经验推广，指导农村三产融合机制体制的构建，解决困难并提出相应的政策建议。基于省农村三产融合试点推行情况，进行案例研究和模式总结，探讨能在一定范围内推广的融合经验。还要完善体制机制构建和利益分配机制。因此，加强利益联结机制构建，研究农村三产融合的体制机制，提供借鉴。发现农村三产融合面临的问题，并结合相关理论的指导，为促进农村三产融合长期持续发展提供决策咨询和政策建议。

第二，研究有利于建立现代农业"三大体系"，有利于转变农业发展方式、提高农业效益和农业国际竞争力。未来谁来种地？怎么种地？我国农业的希望在哪里？这已经成为我国农业发展必须尽快破解的难题，农业如果仅仅局限于提供原料农产品，农村"空心化"和农村凋敝就难以避免。推进"四化同步"，根本出路在于农村产业发展。加快培育多元化、多层次的乡村产业，实现三产均衡发展，推动产业体系现代化，实现"四化同步"。

第三，研究有利于推进农业供给侧结构性改革和乡村振兴战略。农业供给侧结构性改革需要农业形式再创新，实现向优质高效的新型农业转型。产业兴旺是解决提质增效、转型升级问题的关键，是满足日益增长的美好生活需要、解决发展不平衡不充分主要矛盾的基本前提。产业是发展的根基，是农业农村质量发展、转型升级的关键所在。产业兴旺要体现在城乡产业的深度融合、农村三产的深度融合上，要往三产的深度融合的方向发展，增强增收链，打造效益链，重做环境链。

第二节 国内外研究动态

一、关于农村三产融合的研究

(一) 关于农村三产融合的内涵研究

农村三产融合在西方国家被称为"农业产业一体化"或"农业一体化",是在现代产业组织理论的指导下,在市场经济充分发育成熟、实现农业现代化和农业高度商品化的条件下产生的。历经不断发展和深化运动,西方形成了现代农业经营的一体化结构。日本JA综合研究所今村奈良臣于1994年首次提出农业六次产业化概念:它是指农村地区各产业之和(即1+2+3=6)。农业不仅指农畜产品生产,还包括与农业相关联的第二产业(农畜产品加工和食品制造)和第三产业(流通、销售、信息服务和农旅)。它也应是农村地区各产业之乘积(即1×2×3=6)。农村产业链中的一个产业的产值为零,则六次产业的总体效益为零。农业六次产业的界定从农村的各产业相加向各产业相乘转变,只有依靠农业为基础的各产业间的合作、联合与整合,才能取得农村地区经济效益的提高。

农村三产融合内涵的界定,有的强调产业融合的目标(何立胜等,2005),有的强调融合的过程(王昕坤,2007)。农村三产融合更多地体现了农业与第二产业、第三产业的融合,未能凸显出在农业内部各子产业间及第二产业、第三产业间的相互渗透融合,应该是农村三产协同发展,打造农业产业综合体和联合体(郑风田,2016)。王兴国(2016)认为,以农业多功能性为依托,分享农业全产业链增值。李治等(2017)提出,产业融合的本质是交易成本内部化,是产业融合理论在农村经济发展中的应用和创新。农业不仅是农产品的生产,也包括涉农的第二产业、第三产业,农村三产融合要还原农业,仍然是农业本身(宗锦耀,2015)。

由于农村三产融合与农业产业化、农业六次产业化既有联系又有区别,基于日本"六次产业化"发展内容,姜长云(2015)详细分析了我国三产融合与日本"农业六次产业化"的异同点。赵海(2015)认为,农业六次产业化强调第一产业并向二三产业延伸,重视农村的内生发展和农业的多功能性,农业产业化强调龙头企业的辐射带动作用,而农村三产融合是农业的升级版,有更为丰富的内涵。马晓河（2016）认为，农村三产融合发展是农业产业化的高级形态和升级版，是农业产业化的产业化。农业产业融合是指在有效突破传统农业与工业、服务业相互分离的前提下借助于土地资源，全方位、多层次地面向国内外市场，并在此基础上集中且优化配置土地、资金、劳动力、技术等要素逐步产生优势农产品，不断实现农业种养加、产供销、贸工农、农工商、农科教一体化的经营体系，最终塑造基于市场为导向的农业生产体系（韩江波，2018）。

（二）关于农村三产融合的现状研究

农业产业化加速了产业融合的发展，而这种融合更多地表现为第三产业向第一产业、第二产业的渗透，尤其是生产性服务（韩顺法，2009）。苏毅清等（2016）对浙江等六个省市的农村三产融合的现状、特点及问题进行分析。葛新权等（2017）认为，我国农村产业融合还处于初级阶段，存在三产融合程度低、新型经营主体带动力弱、利益联结机制不紧密、要素瓶颈制约尚未突破等问题。卢士文等（2016）指出了农村三产融合发展存在的主要问题，包括农村产业融合总体上处于初级阶段、农村产业融合的外部支撑环境尚不健全、融合项目自我升级发展困难较多和部分项目缺乏对农户的辐射带动力。戴春（2016）指出目前农村三产融合存在农业经营主体弱小和经营观念落后、农业发展层次较低、农业要素流通体系不顺畅以及农业社会化服务效率低下等问题。

相关学者更关注农业产业融合带来的"三农"效应。梁树广等（2017）分析了农业产业融合对市场结构、行为及绩效等方面的影响，认为农业产业融合改变了传统农业市场形态，形成竞争性效应，产生兼并等市场行为，提高农业增加值，获得复合市场绩效，从横向和纵向上延伸了现代农业体系。王昕坤（2007）提出农业产业融合有利于企业横向和纵向拓展，有利于技术扩散和产业结构升级，并用数学公式描述了技术创新的扩散曲线。梁伟军等（2010）分析了现代农业产业融合发展的"三农"效应：农业产业创新及产业结构优化效应、农村生态改善效应、农民收入增加效应。方世敏等（2013）基于社会、经济、生态效应维度建立了农业与旅游业融合效应评价指标体系，并用熵值法对南洞庭湖区旅游业与农业融合效应进行了测度。袁中许（2013）从产业互动与要素凝聚理论角度出发，阐述了旅农耦合对农村第一产业、第三产业分别产生牵动效应和促动发展效应的机理，并基于序列经验数据，运用模型进行了实证分析。

（三）关于农村三产融合的模式研究

赵海（2015）梳理了农户主导型、农民合作社主导型、龙头企业主导型和"互联网＋"型的四种类型。李国祥（2016）指出，农村三产融合发展，有的可通过农业经营主体直接发展，有的要通过增值分享和风险共担等机制把不同主体联结起来。在互联网时代下，新型经营模式会不断涌现，并催生出新的业态，这些模式要在实践中加以完善，并需要有针对性的政策引导和激励。龚晶（2016）指出农村三产融合形态，从所涉及产业的关系来看，可分为横向和纵向产业融合，前者主要是指产业链的拓宽，即农业具有了其他产业的功能，后者主要是指产业链的延伸，即农业与其他产业联系在一起。王山等（2016）则分析了互联网背景下的农业产业融合模式。姜长云（2016）将农村三产融合发展的主要路径归结为按顺向融合方式延伸农业产业链、按逆向融合方式延伸农业产业链、农业产业化集群型融合、农业功能拓展型融合和服务业引领型融合 5 条路径。三产融合模式还可以分为农业产业内部整合型融合、农业产业链延伸型融合、农业与其他产业交叉型融合和先进技术要素对农业的渗透性融合等（孙鸿雁，2017）。

（四）关于农村三产融合的动因和影响因素的研究

农村三产融合发展的动因主要包括技术供给（王昕坤，2007）、多功能农业的需求（席晓丽，2007）及现代农业的功能不断拓展（李俊岭，2009）。技术创新是产业融合的内在原因，管制放松是产业融合的外在原因（马健，2002）。降低交易成本和创新构成了三产融合的动力机制。梁伟军（2010）基于交易成本理论，分析了现代农业的纵向和横向产业融合发展机制。周蕾（2016）分析农旅融合发展的耦合机制，并评价了两者的耦合程度。王兴国（2016）指出农村三产融合发展的制约因素包括农产品加工业大而不强、农村资源环境严重透支、对农业多功能性认识不足、休闲农业和乡村旅游发展水平不高等方面。

（五）关于促进农村三产融合发展的对策研究

何立胜等（2005）认为政府部门应制定合理的产业技术政策、打破部门分割、加强农业与其他产业管理部门的协调、积极为产业融合提供公共服务。张勇（2017）认为，应该充分发挥改革在农村产业融合发展中的作用，大胆探索、勇于创新，破除体制和机制障碍。在经济新常态背景下，完善工商资本进入农业的相关政策，采取强有力的组织保障和财税支持，鼓励技术和商业模式的创新和普及，推进农业产业集群和综合农协发展（张义博，2015）。激活多种要素，拓宽产业融合融资渠道（葛新权，2017）。农业新型生产经营主体是推动农村三产融合的重要力量（孙洁，2016）。企业要从研究需求出发，推进技术的创新融合，并通过混合兼并、战略联盟等形式实现资源的合理流动（吴颖，2005）。农民应积极学习农业科技知识，树立新的生产和市场观念。在制度保障方面，应形成有助于经营主体之间实现风险共担、互惠共赢的完善的利益联结机制（芦千文，

2016）。创新农村服务业发展理念和体制机制（姜长云，2016），健全农业科技创新机制（梁立华，2016），建立有利于调整产业结构、建立消费导向机制（赵海，2015），以及提高人们认可程度的引导机制和鼓励新型经营主体发展新型产业的激励机制（王乐君，2017）。此外，还有学者对金融支持农村三产融合发展问题进行了研究（张红宇，2015；汪思冰，2017）。

二、关于湖南省农村三产融合发展的研究

从实践可知，农村三产融合的要求和趋势的集中体现是农业产业化经营。农业横向产业化表现在一二三产融合催生各个新业态，开发农业所具有的生态保护、文化传承的功能；农业产业纵向深化伴随着价值链、组织链、创新链的整合，从一二三产业融合的角度来看，是第二产业和第三产业中相对先进的生产要素和相对先进的生产模式对农业的渗透和融合（匡远配，2017）。李明贤等（2017）分析涟源市农村三产融合的典型案例发现，企业合作为一二三产业融合创建条件；在企业与农户的连接中，专业合作社发挥了重要的组织联结作用；同时配套资金的投入和技术的支撑有助于提升农村一二三产业融合水平。武陵山区主要有农旅一体化带动型、纵向一体化延伸型、基层党组织引领型和电商平台助推型四种典型的三产融合模式，分析其高效的运行机制可知，它主要由宏观、中观和微观三个层面的一系列机制构成，在宏观层面主要形成了政府扶持机制和市场主导机制；中观层面主要是产业利益共享机制；微观层面新型农业经营主体是动力机制（欧阳胜，2017）。

三、研究述评

国外学者对产业融合的基础理论以及特定行业的产业融合进行了较为全面的研究，但涉及农业的较少。我国"农村三产融合"概念提出时间不长，研究尚处于起步阶段。农村三产融合属于产业融合在农业领域的延伸，已有研究基于产业融合和日本的"农业六次产业化"理念等方面，涵盖了农村三产融合的内涵特征、现状问题、发展模式和典型案例以及对策建议等方面，但就农村三产融合在理论方面的凝练提升还不够。具体而言，现有文献多停留在对实践经验的介绍，对其背后的体制机制问题缺乏探讨，对三产融合中各主体的功能定位尚未明确，以及对融合规律的认识还不够深入。未来研究的着力点在于继续探索农村三产融合模式并进行经验总结推广，健全三产融合的体制机制研究。

第三节 研究的总体思路、主要内容及主要方法

一、研究思路

本书首先基于对产业融合及农村三产融合的相关理论梳理，明确农村三产融合的目标、内容和主要形式及其对乡村振兴的重要意义；其次结合湖南农村三产融合发展的具体情况和实践创新，总结农村三产融合的发展模式和经验，并分析农村三产融合发展中体制机制的具体内容和作用方式，找出农业产业中各主体的利益联结机制；再次发现湖南农村三产融合发展中存在的问题，以及制约融合发展的因素；最后提出促进产业融合的主要措施和政策建议，以保障农户分享三产融合的收益促进农村三产融合的持续、稳定发展。

二、主要内容

首先，本书介绍了湖南推进农村三产融合发展的背景、目的和意义，探索了农村三产融合发展基本内涵和理论基础，分析了湖南农村三产融合发展的基础和经验，在了解湖南各地农村三产融合发展概况的基础上，介绍了融合的模式、进展、面临的问题和制约因素。湖南产业融合处于初级阶段，财政政策支持效率不高，部门协调不足，利益联结机制松散，内在运行体制机制有待完善优化，还受到经营主体培育、技术水平、农村金融市场及外部发展环境等因素制约。其次，从供给侧结构性改革和乡村振兴战略两个背景分析了湖南农村三产融合发展的重要性和重点方向，研究湖南促进农村三产融合的体制机制，包括产业链构建、新型经营主体培养和利益联结等方面体制机制。农业产业化、农产品加工业发展和农民合作组织是农村三产融合发展的"三驾马车"，新业态、新产业、新技术和新模式是农村三产融合发展的新动能，品牌强农、质量强农、特色强农、科技强农和开放强农是政府在农村三产融合中的推进行动，需要从支撑体系和公共服务平台建设构建湖南省农村三产融合发展的"六个载体"。最后，提出农村三产融合发展的顶层设计和政策建议，从根本上解决农村三产融合中的问题，提供制度保障和持久动力。

三、基本研究方法

（一）案例分析法

通过案例研究法分析湖南农村三产融合发展中的典型做法，分析成功的经验和总结失败的教训，总结三产融合的经验和模式，探讨其内在的运行机制，丰富农村产业融合的理论和模式，发现湖南农村三产融合发展问题，形成和提炼理论假设，并与现有的文献和实证数据形成印证。

（二）归纳研究方法与演绎推理方法

把归纳研究和演绎推理相结合，运用归纳研究方法对湖南农村三产融合发展实践中的体制机制及利益联结机制；运用演绎推理的研究方法，推演出农村三产融合发展的一般规律和主要运行机制，结合现实条件对湖南农村三产融合发展的体制机制创新进行丰富和一般化，为其他地区三产融合发展提供经验。

（三）机制设计理论的运用

通过机制设计，构建农户与新型农业经营主体、工商企业等农村三产融合相关主体的利益联结机制，努力实现各主体行为的"激励相容"，促进农村三产融合中的利益分享机制的建立和健全，帮助农户实现农村三产融合带来的价值增值和利益分享，提高农户收入。

第二章　农村三产融合发展的基本内涵和基础理论

产业融合是在经济全球化、高新技术迅速发展的大背景下，产业提高生产率和竞争力的一种发展模式和产业组织形式。前提是生产要素自由流动。组织特征和过程特征是在技术和需求等因素驱动下，两个以上产业经过模块化的纵向分解与横向整合，形成具有新产业属性、新业态的复杂性产业网络系统的自组织过程（肖建勇，2012）。本质上是一个产业界限逐渐模糊或消失、原本独立的产业相互渗透的过程，突破固定化产业边界的限制，塑造出新型横向、纵向产业结构，产生边缘、交叉产业，催生新的产业领域，形成新的经济增长点（孙中叶，2005），甚至引发整个产业体系架构历史性变迁的变化。

第一节　产业融合理论与农村三产融合发展

一、产业融合理论

（一）产业融合的分类及其演进

产业融合的划分不是绝对的，产业融合之间没有严格的划分界限（见表 2.1）。鉴于互相关联的产业在分布格局上保持内在的成长性和彼此间的相对协调性（吴少平，2002），产业融合可从融合方式和融合范围两个维度来进行理解。

（1）融合方式。产业融合包括技术融合、产业边界演化、产业组织融合和产品融合，其影响机理也是不同的。一是技术融合、产业边界和市场 SCP 机理。

随着某些技术的广泛使用和传播，创新活动发生的结果是制造不同产品而采用相同技术的现象（Rosenberg，1963）。植草益（2001）将产业融合定义为技术创新和技术创新放松限制的整合。产业融合是对产业边界固定化及产业分立的根本否定，是新的产业革命（周振华，2003）。因此，技术的进步、技术变革（尤其是信息技术）引发产业边界重新界定（Lind，2005），产业边界逐渐模糊或消融，从而促进产业融合的发生及扩散，进而对市场结构、市场行为、市场绩效（SCP）等产生重大影响。二是产业边界演化与产业结构机理。适应产业增长而发生的产业边界收缩或消失的产业融合（Greenstein，Kharma，1997）。产业边界包含产业的技术边界、业务边界、运作边界和市场边界。产业边界演化改变了产业结构。三是产业组织与竞争力提升机理。企业之间要采用新的技术战略和发展路线实现产品融合（Yoffie，1997），改变产业模式、组织结构和竞争模式。商业模式是一个完整的产品、服务与信息流体系，发挥着价值创造和价值获取两个重要功能，商业模式创新在融合过程中具有决定性作用。

表 2.1　产业融合的划分维度

划分标准		具体分类
融合方式	融合阶段性步骤	技术融合、产品融合、业务融合、市场融合（植草益，2001）
	融合方向	纵向融合（沿着产业链的纵向一体化）与横向融合（围绕产业的多功能性开发的融合）（朱瑞博，2003）
	融合技术性质	分为替代性技术融合和互补性技术融合
	融合产品	产品替代型融合、产品互补型融合与产品结构型融合
	市场供需	需求融合和供给融合
融合范围	融合的内容	功能融合与机构融合
	融合的程度	全面融合和部分融合。直接消耗系数与需求系数反映了产业间的直接关系（直接融合），而影响力系数与感应度系数反映了产业间的间接关系（完全融合）
	融合技术新奇性	应用融合、横向融合与潜在融合
	融合的结果	吸收型融合（产业间融合形成能实现产品功能的集成、扩大和延伸的共同产业）和拓展型融合（产业融合产生新产业，催生的新产品具备新技术特性、新品质和功能）

（2）融合范围。产业融合包括狭义、中观和广义三个逐级递进的范围。一是狭义的产业融合。以技术融合为前提，基于产业组织视角的产业边界模糊论和

产业竞争关系改善，产业融合可通过技术革新和放宽限制，带来组织效应（植草益，2001）。二是中观的产业融合。从价值链、产业结构和系统论的角度出发，产业融合是价值链的分解和价值链的重构的过程，是传统纵向产业结构向横向产业结构发展的过程，是一个自组织过程（李美云，2005）。产业结构的重塑，本质上是新的融合型产业价值链的形成过程。产业融合本质上是一种模块化过程，而价值模块则是产业融合的重要载体（朱瑞博，2003）。三是广义的产业融合。是指不同产业或同一产业内的不同行业相互渗透、相互交叉，最终融为一体，逐步形成新产业的动态发展过程。产业融合直接推动了产业创新，并在融合的基础上形成了新产业、新产品，成为经济发展的新增长点（厉无畏，2002）。

（3）产业融合的全过程、阶段性特征与演进性规律。一般要经历技术融合、产品与业务融合、市场融合三个阶段，这是一个从局部到系统、从现象到本质逐渐融合的螺旋上升过程。如果缺乏其中任何一个必要的阶段，就不是真正的产业融合（Freeman，1997）。产业融合内涵实质颇为丰富，从技术维度、表征维度再到过程维度。既有微观技术创新动因的诠释，又有产业组织和产业发展形态的表达。Lind（1998）建立了产业融合的产业生命周期理论模型。由表2.1可以进一步看出，产业融合的五个维度主要包括：产业链条伸缩、产业布局的空间集聚和网络连接、产业跨度的内部整合和跨界融合、产业功能（多重、多元功能和专业特色）和融合主体（单一主体和多元主体）。

（二）产业融合的经济学本质：分工内部化视角

根据分工理论，产业融合的本质是产业间分工的内部化。产业融合是产业间分工转化为产业内分工的过程和结果。将产业纳入更大范围内的社会分工中是融合的本质特征，其实质是打破原有分工界限，形成一种新的分工关系，然后通过产业分工的重新组合建立起一种新的、有序的产业或企业内部分工关系网（郑明高，2010）。农村三产融合创造性地将农业整体地纳入到产业间分工中，获取其他产业细分部门的发展成果，从而实现农业的进步与农民的增收（苏毅清，2016）。

分工迂回与协作融合是不同的两类经济学。传统经济的本质是分工，融合经济是新经济的本质，是对分工经济的超越。分工对应于工业经济，融合对应于信息经济（姜奇平，2002）。产业融合和分工并不对立：一方面，行业分工深化到一定程度后，将会促进重新分工和产业融合；另一方面，产业融合会促进分工，产业间的互相渗透和融合会产生新产业，新产业既是分工的结果，也是促进分工的动因，产业融合不仅没有破坏分工，而且进一步促进了分工。产业融合实质就是产业间分工的内部化，是对传统产业分工的一种摒弃，形成新的融合产业和市场分工扩大的分工。总之，分工与融合在对于经济问题的解释上并不矛盾（苏毅清，2016）。产业融合不等同于产业"同一"，并非产业重叠，只是产业分工模式中的一种。分工和产业融合是在纵横两个方向上共同推动现代产业系统不断演化升级。判断各产业是否在发生融合，必须以产业间的分工是否发生了内化为标准。

（三）产业融合的基本前提、动因、动力机制和系统构成

（1）产业融合的基本前提。Yoffie（1997）认为，产业融合必须具备三个基本前提，即政府管制的弱化、技术条件的成熟和管理方式的创新，三者缺一不可。植草益（2001）认同技术的进步和规制的放松是产业融合的两个前提。

（2）产业融合的动因。学者对产业融合的动因归纳为：一是技术动因。基于技术基础和放松管制是产业融合前提的认识，考虑产业间的关联性和一定相似性（Stieglitz N.，2003），融合发生的主要动因是技术革新、相同技术的行业渗透和行业壁垒松动（植草益，2001）。技术创新为产业融合发展提供了技术可能，并在制度创新的驱动下，融合联结机制更加紧密，从而推动技术创新、产业融合走向更高水平（梁立华，2016）。技术创新与扩散是产业融合的重要推动力和催化剂。二是产业发展规律动因。产业融合是产业创新的一种新模式，是产业发展的内在基本规律，是产业结构优化和生产力提高的必然要求。产业融合发展的规律体现在：产业间的关联是前提条件，对经济效益最大化的追求是根本动力，科技创新是催化剂，跨国公司是主要载体。三是需求动因（市场动因）。推动产业融合发生的最终动力是消费者的需求，市场需求的扩大使产业融合在更大范围内出现。四是利益驱动。融合的动力是成本最小化和收益最大化（谢康，2009），融合实体发展成长形成新产业并带来新价值和利润。产业融合本质是交易成本内部化。通过积极引进产业以外的新理念、新技术、新模式等，缩短生产与消费间的交易距离以及形成跨产业存在的扁平化、柔性化经济组织，能够降低市场交易费用，实现交易成本内部化。五是政府管制的放松。激励扩展企业技术和商业模式创新的市场边界，降低市场准入壁垒往往可以带来新产品或新商业模式。

（3）产业融合的动力机制。产业融合的发展历经四个阶段，相应地发生激励机制、竞争机制、扩散机制与强化机制（激励机制具有诱导驱使功能，竞争机制具有筛选择优功能，扩散机制具有推广强化作用），逐步进入稳定的固化阶段，在该阶段，嵌入模式与嵌入关系得到不断巩固强化，形成新的、较为稳定的网络层级。由于正反馈使产业融合沿着良性循环的轨迹发展，以及自我强化作用造成了路径依赖，产业融合实质是网络行为主体嵌入层级"螺旋式"上升的过程。

（4）产业融合的系统构成。包括生产子系统、研发子系统、支撑子系统与链接子系统四个子系统。生产子系统是基础，研发子系统是关键，支撑子系统是保障，链接子系统是提升效率的路径。利益联结是不同主体和三次产业的融合剂，创新人才培养是产业融合的核心竞争力所在，政府支持是产业融合发展的关键。

（四）产业融合发展的效应

产业融合效应包括创新与经济增长效应、竞争与协同效应、成本降低与效率提升效应和综合效应。产业融合在微观上改变产品的市场结构，宏观上改变经济的产业结构；可促进企业组织模式的创新，形成一种灵活的管理体制与组织模式。对产业组织的影响主要体现为对市场结构、市场行为以及市场绩效的影响。通过对市场集中程度、产品差别化程度以及进入壁垒的影响导致市场结构变动。对市场绩效的影响主要是通过对供求的影响以及要素优化配置，形成规模经济与范围经济效应；直接推进产业改造升级，促进产业结构高级化，促进产业结构转型；模糊产业边界，改善竞合关系，内在地促进产业结构转型；也有可能促进新型产业的形成与发展；催生了新产品与新服务，促进了需求结构的改善；有助于推动区域经济一体化，促进区域经济结构的改善。

二、农村三产融合发展的含义与本质

自 2004 年以来，学术界提出了"农业产业融合"的新概念。按行业分类，农林水产业属于第一产业，加工制造属于第二产业，销售、服务等属于第三产业。国际经验表明，农业不仅是农产品的生产，还包括相关联的第二产业和第三产业。从产业分工来讲，第一产业泛指农业生产，第二产业是农产品加工业，以农业物料、动植物资源、农产品等为原料进行工业生产活动的总和，包括加工、贮藏等环节。在统计口径上，有食品加工业、食品制造业、饮料制造业、烟草加工业、纺织业、服装及其他纤维制品制造业、皮革毛皮羽绒及其制品业、木材加工及竹藤棕草制品业、家具制造业、造纸及纸制品业、印刷业（部分）和橡胶制品业共 12 个行业。第三产业是农业服务业，如流通、销售、信息服务和农业休闲旅游等。以往农村各项产业之间相互分割，不同生产经营主体一般仅局限于某产业某环节的经济活动。农村三产融合是全新的业态，是农业与其他产业的技术、产品、服务、市场等相互融合，拓展延伸农产品功能和提升附加值，创造另一种形式的价值体。农村三产融合首先是农业系统内融合，大趋势则是农业与非农产业的融合发展。

（一）农村三产融合发展的含义

农村三产融合发展就是各类经营主体以农业为基本依托，以农产品加工业为引领，以资产为纽带，以创新为动力，通过产业间相互渗透、交叉重组、前后联动、要素聚集、机制完善和跨界配置，将农村三产有机整合、紧密相连、一体推进，形成新技术、新业态、新模式，带动资源、要素、技术、市场需求在农村整合集成和优化重组，最终实现产业链条和价值链条延伸、产业范围扩大、产业功能拓展和农民就业增收渠道增加的经营方式（宗锦耀，2015）。这是广义上的农村产业融合发展的概念。其具体内容如下：

（1）总体目标。基本形成融合发展总体水平明显提升、产业链条完整、功能多样、业态丰富、利益联结紧密、产城融合更加协调的新格局，实现农业在多功能、多层次、多维度、全产业链条和空间上的发展，农业竞争力明显提高，农民收入持续增加，农村活力显著增强。

（2）总体要求。要坚持"基在农业、利在农民、惠在农村"的原则；坚持尊重农民意愿，强化利益联结；坚持改革创新；坚持农业现代化与新型城镇化相衔接，与新农村建设协调推进。因地制宜，分类指导，延伸产业链，提升价值链，拓宽增收链，建立现代农业"三个体系"，提高农业附加值，培育农村新业态、新模式，让农民从农业提质增效和二三产业发展的增值收益中分享利润；创新生产方式、产业形态和组织方式，助力农业强、农村美、农民富，实现"三农"提质；促进"三生"协调发展的融合效果。

（3）客观要求。农村三产融合实现"五化"发展：一是特色化发展。立足县域资源及经济发展实际，深入挖掘产业、文化、生态等特色优势，着重突出"特、精、优"，走好县域农业"三产融合"发展特色道路。二是集约化发展。通过产业联动、产业集聚、体制创新等方式，将资本、技术以及资源要素进行跨界集约化配置。重点是以生产要素的集约，引导带动产业集聚、集群化发展。三是规模化发展。以集群化、规模化为发展路径，提升农业发展层次和规模，带动信息化、机械化、标准化的推进，打造安全、优质、高效的现代农业。四是信息化发展。利用移动互联网、物联网等新信息技术与农业深度融合发展，有效链接产加销到物流、技术服务等产业的各环节，重构农业产业链，催生农业新发展模式。其发展实质是农业在多功能、多层次、多维度上，特别是纵向一体化上的发展。其逻辑基点在于通过推进产、加、销等三产融合发展，产业链增值收益更多留在产地、留给农民。五是品牌化发展。注重打造县域农业特色品牌，提升农产品质量水平和市场竞争力，深度挖掘农产品附加值、增加农民收入、推进农业转型发展。

（4）建设重点和工作核心。建设重点是做强现代种养业，夯实乡村产业发展基础；壮大特色产业，培育乡村产业发展增长极；提升农产品加工业，构筑乡村产业发展高地；优化乡村休闲旅游业，拓展乡村产业发展空间；繁荣乡村服务业，增强乡村产业发展动能。工作核心是推进四个"价值连接"：小农价值与规模价值的连接；产业价值与村镇价值的连接；农业价值与非农产业价值的连接；农民价值与企业价值的连接。

（二）农村三产融合发展的逻辑

农村三产融合应该不只是三次产业各自分立发展，而是有至少两个产业交叉重组或相互渗透（种养重组的循环经济型融合实际上是农业内部的融合，但是国务院将其归入农村三产融合发展的范围）。其运行逻辑如图 2.1 所示：

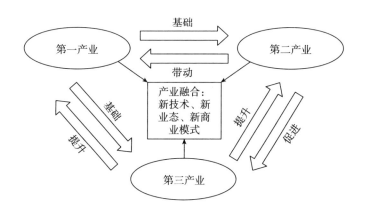

图 2.1　农村三产融合运行逻辑

三大产业之间存在相互依存、相互依赖、相互制约的循环促进关系（第一产业是基点，第二产业是重点，第三产业是亮点；第一产业起家，第二产业发家，第三产业旺家），同时强调了农业的基础性和重要性。产业融合推动三次产业的逻辑圈循环运转，在农业产业链上有衍生服务，创造了岗位和增收渠道。农村三产融合具有内生性，是技术进步、需求变化、供给推力、发展压力、效益驱动综合作用的结果，具有一系列的本质特征。

（三）农村三产融合发展的本质

一是以农业为基本依托（母体），本质为农。将农产品加工和农业服务做细做优，延伸产业链，提升专业程度，衍生新型业态，拓展新功能，培育新增长点，带动和服务于"三农"发展。在新的分工体系下，农村三产融合将新的分工过程控制在农村地区，所有参与融合的生产要素围绕农业生产要素进行组合，既能保障新分工体系下生产效率的提高，又能保护农民的主体地位。

二是利益共同体。政府扶持与农户利益紧密连接，突出农民对非农产业的参与，在内在属性方面，要看农业价值提升中收益是否实现合理分配，让"三农"更多分享到融合红利（张红宇，2015）。新技术（生产、管理）和新业态相继产生。农业与信息、生物、旅游等产业呈现出融合发展的趋势，出现了信息农业、生物农业、旅游休闲农业等产业。在新产业和原产业之间重新分工，改变原有产业内部结构和利益分配机制，把更多的利益留在农村、留给农民。

三是创新与增值。马歇尔认为，产业集聚得益于"公开散发在空气中"的知识溢出效应，获得递增报酬。要促进知识共享必须要建立在合理的、内在的动力之上（庄晋财，2019），注重产业间分工内部化的地位差序性。技术融合与产业融合是分工在同一层次（同一产业）中展开，但它们在农村内部化中有着不同程度的体现。产品和业务融合是中间阶段农村内部化的跨行业分工。农业主要是生产功能，非农产业是实现价值增值功能，三产在产业链方面实现融为一体。

四是可持续发展。打破三大产业并列分割的局面，跨越了产业边界。建立更大程度上的产业融合组织，依靠产业集群实现发展。农村三产融合发展实质是把新技术、新型经营主体和新商业模式等引入农业生产，用产业链、供应链、价值链等现代产业发展理念引导农业发展，促进农业与工业、现代服务业的纵向与横向融合发展，打破产业界限，形成三产交叉融合的现代产业。农业组织化演进是分工演化的结果（向国成，2007），农村三产融合是三次产业间分工在农村实现内部化。

（四）农村三产融合的利益诉求和综合效应

农村三产融合发展通过产业延伸、产业整合、产业交叉和技术渗透等方式，改造传统农业实现农业现代化，有利于拓展农业功能，培育农村新的增长点。

（1）农村三产融合的利益诉求。一是产业链延伸带动价值链提升。农村三产融合的基础是农业，农业链条的延展性不足制约其增收能力，延伸产业链条是现实选择。农村三产融合核心是充分开发农业的多种功能和多重价值，使农民能够分享到产业链延伸的价值。增加农产品附加值，让农民在产业融合发展中居主体地位，分得更多的利益（郭军，2019）。将加工流通利润留给农民，将农村资源要素和人气留在农村。二是创造就业带动增收。农村三产融合将拉长的产业链条细分出无限的环节、就业岗位、增收机会，将农业流出到工商业和城市的就业岗位和附加价值内部化，将加工流通、休闲观光和消费环节的收益留在本地、留给农民。三是全要素生产率提高增加收入。农村三产融合归根结底是各方面资金、人力资本、技术水平的多样化再组合，资源有效利用、交易费用降低、产业结构升级、规模效应，对农民增收具有多变复杂的促进机制（苏毅清，2016）。四是溢出效应带来收入。基于产业间知识溢出效应，农村产业融合可促进农业部门全要素生产率的增长（Liu，2011）；可以通过适度以及多类型规模经营、农业服务体系多元化、建立农业纵向融合利益和经营机制促进农民增收（黄祖辉，2015）。要素的耦合互动，实现产业联动和业态创新，将二三产业增值收益留在农村，拓展农民就业增收的渠道；激活农地和金融市场，增加农民财产性收入（王东荣，2017）。

（2）农村三产融合的综合效应。推进农业供给侧结构性改革和乡村振兴战略。一是构建"三个体系"，推动农业供给侧结构性改革。农业供给侧结构性改革需要农业形式再创新，实现向优质高效的现代化新型农业转型。改变经营方式不仅可以推进农业产业化分工，同时可增加农业附加值。农村产业融合发展突破传统农业的产业边界，有利于构建并完善具有地域特色的农业产业链，提升比较优势，促进农业产业化和新行业、新业态的发展。探索多种产业融合形式，延伸农业产业链、价值链，构建现代农业产业体系；注入现代生产要素，构建良种良法配套、农机农艺融合的现代农业生产体系，促进农业设施装备建设，助推农机服务、农资供应、农产品流通等农业生产性服务业发展；促进农业的规模化、专业化、标准化和集约化，通过分工分业催生出农业的新型经营主体，构建适度规模经营和社会化服务的现代农业经营体系，化解小生产与大市场的矛盾。利用农业产业体系、生产体系、经营体系"三个体系"的力量来弥补个体单元的不足，发挥相对较低的劳动力成本、精耕细作等生产优势，发挥互联网科技带动、种质资源丰富等优势，发挥农村生态、文化资源等优势，实现技术集成化、机械化、经营信息化和质量环保法制化，不断提高土地产出率、资源利用率和劳动生产率，提高农业国际竞争力。

二是全产业链构建和利润分享。共享农业产业链的延伸价值，有利于优化农业产业化规模效益，推动农业发展由"生产导向"向"消费导向"的根本转变。拉长农村三产融合产业链，形成从田间地头到餐桌及各个环节紧密关联的全产业链，健全产业链利益联结机制，实现更多的价值增值，形成紧密的利益联结机制和有机衔接的分工安排，让农民有机会分享到更多收益，吸引年轻农村人留在农村成为新型职业农民。创新产业融合投融资机制，拓宽资金渠道；加强基础设施建设，完善产业融合服务。吸引城市和工业资源要素向农村流动，促进城乡要素双向流动和平等交换，构建新型工农城乡关系，激发农民的创造、创新、创业活力，建立农民增收的长效机制推进。

三是产业兴旺和乡村振兴。产业兴旺是满足日益增长的美好生活需要、解决发展不平衡不充分主要矛盾的基本前提。抓住产业兴旺，才能从根本上推动新时代主要矛盾的解决。产业兴旺是全面建设小康社会任务实现的坚实支撑。以现代农业"三个体系"为基础支撑，以促进农村三产融合为联结纽带，以农村新产业新业态为重要组成，以农村改革和创业创新为引领带动，形成分工明确、紧密衔接、运行高效的多元化产业形态和多功能产业体系。从产业发展、生产发展到产业兴旺，从新农村建设到乡村振兴，这既是"三农"工作的传承，又是一次跃升和发展。产业兴旺提出了更高的标准和更高的质量要求：依靠三产融合发展将各个环节紧密关联，促进农业的增值增效，实现农业的综合效益，使农业农村的多功能性价值得到充分实现，从而补齐绿色化和农业现代化"短板"，是促进"四化"同步发展和补齐农村这块全面小康"短板"的重要抓手。农村产业融合是工业反哺农业、城市支持农村的一个重要手段。增强农村经济发展动力，优化县域空间发展布局，推进产城融合发展，促进农民增收和乡村振兴。

第二节　理论基础

一、农业多功能理论和农村三产融合发展

（一）农业的基本贡献理论和产业融合发展

农业是农村经济的初始产业和基础性产业。在二元经济结构中，农业地位相对落后甚至让渡工业经济。根据西蒙·库兹涅茨的经典分析，农业对经济发展有四种形式的贡献：产品贡献、要素贡献、市场贡献和外汇贡献。目前，中国农业在国民经济中的基础地位没有变，在产品贡献、收入贡献、就业贡献、创汇贡献、生态贡献、文化传承贡献等方面作用更加凸显。为了适应社会经济发展的客观要求，就必须从根本上促进农村在更高水平的社会分工基础上向综合经营转变。延伸农业产业链条，打造农业全产业链，拓展农业多种功能，发展新型农业业态，走农业产业化道路，是我国农业现代化的客观要求。农村三产融合发展是

农业现代化的新内涵，也是传统农村经济向现代农村经济转变的重要标志。未来的农村是三产相融合的，是用工业化的理念发展农业、用现代服务业方法经营农业、实现三产的深度融合，并带动农业转型升级和农业发展方式转变。

（二）农业多功能性与农村三产融合发展

（1）农业多功能性概念。日本为了保护其"稻米文化"提出了农业多功能性概念。国内外学者对农业所包含的功能提出各种观点。陈秋珍（2007）提出，农业除了具有经济功能外，还具有与环境、景观、生物多样性相关的环境功能，与就业、粮食安全、文化传承等有关的社会功能。现代农业应当具有多重功能，农业与相关产业融合发展是农业多功能化的客观需要。农业功能的变换表现为三个阶段：在农业经济时代，农业的主要功能是解决人们的生存问题；在工业经济时代，其功能体现为提供高质量、有安全性的产品；在后工业经济时代，其功能包括保障食品安全、维护生态环境、文化传承载体，等等。

（2）农村三产融合与农业多功能的联系。深入挖掘农业价值，可以为农业产业融合提供依据。农业产出具有多功能性，农业的多功能性可以满足人们不同层次的需要，势必会出现农业产业融合现象。农村三产融合与农业的多功能性联系紧密，相互联系，相互促进：一是农业和乡村特殊功能的发现，为新型融合产业业态发展提供了空间。农业具有提供农产品的价值外，还有涵养水源、提供农业景观、休闲与体验等功能；乡村不仅具有生活价值，也具有社会和文化传承价值，是适合养生、养老、养心的理想空间。二是开发和利用农业多功能有利于三产融合发展。随着农业功能的拓展，现代农业形成了包括食品纤维农业、生态农业、能源农业、休闲农业等内容的多功能、多层次的产业体系。三是农村三产融合可丰富农业多功能的内容。产业融合优化农业资源配置，推动原有产业升级，扩大农业生产规模，就业增收，增加农业综合效益和社会功能。

二、产业结构理论和农村三产融合发展

（一）产业结构演变和三次产业划分的理论

经济结构主要包括产业结构、要素结构、需求结构和其他经济结构。产业结构转型是经济转型的基本内容，要素结构调整是经济转型的必由之路，需求结构是经济转型的长期战略方针。产业结构（国民经济的部门结构）是指生产要素在各产业部门之间的比例以及相互依存、相互制约的关系和联系方式。一般以产业增加值/国内生产总值或产业就业人数/总就业人数来度量。它包含产业组成、产业发展水平和产业间的经济技术联系三个基本侧面，产业组成是社会资源在区域的配置状态；产业发展水平反映社会再生产进行的状态和各产业在系统中的地位（是分析产业结构演进的基础）；经济技术联系是研究产业结构变动规律和探索其合理化进程的重要依据。产业结构理论研究产业结构的演变及其对经济发展的影响。例如，影响和决定产业结构的因素，产业结构的演变规律，产业结构优化，战略产业的选择和产业结构政策，产业结构规划和产业结构调整等。

经济发展阶段的划分和产业结构的演变历经了不同历史时期（张培刚，1999；罗斯托等，2001；钱纳里等，2015）。三次产业划分的依据是物质生产中加工对象的差异性。费歇尔首先提出三次产业的划分方法，克拉克总结出三次产业结构的变化规律及其对经济发展的作用。在工业化初期，三次产业的 GDP 比重呈现"一二三"的格局，伴随技术进步与经济发展，会沿着很多路径和模式演变，最终演变为"三二一"的格局。但是，随着产业边界的日益模糊，产业融合在整个经济系统中越来越具有广泛性。因此，三次产业划分理论难以解决当前经济转型升级面临的挑战，难以指导开放经济条件下经济结构的战略调整。

（二）产业结构理论对三产融合的作用

农业产业结构是指在农业生产和农村社会再生产过程中，产业部门间的经济技术联系和数量比例关系。从发达国家的情况来看，农业具有相当强的延展性和增值力。世界各地区在经济、市场、政策制度等因素的影响下，农业及其关联产业呈现差异化的发展特征（朱文博等，2018）。产业结构软化是农业与相关产业融合的发生机制。在产业结构软化过程中，产业融合现象主要体现在：各产业内部子产业间的融合，譬如农业内部种养殖业融合发展；顺次的产业之间交叉和延伸形成 1.5 次、2.5 次和 3.5 次产业；产业后向软化过程中形成工厂农业、生物农业、农业服务化、制造业服务化等产业融合现象。

农村的三产融合是农村三次产业之间以及农业部门内部在企业跨产业经营的基础上进行的产业创新过程和产业创新结果，其主要特征是产业间以及产业部门间的界限日趋模糊并产生农业新形态。基于产业融合的视角理解，产业结构前向和后向软化过程就是新工具、新要素、新技术或者新理念渗透到农业部门。基于产业融合和农业产业结构升级的视角看，农业是新兴产业渗透融合的对象，为新技术、新工艺、新理念等提供了广阔的发展空间。通过调整农业产业结构，会产生一种"结构效应"。因此，可以将促进加工业、流通业发展作为推动三产融合发展的主要突破口，迫切需要健全农产品及其加工品的分销体系（朱文博等，2018）。

（三）农村三产融合发展推进产业转型升级和竞争力提升

产业结构优化是基于经济效益最优的目标通过对产业结构的动态调整，推动产业间协调发展和不断升级，即达到产业结构合理化和高级化的过程。拓展产业优化升级空间是产业融合发展的新趋势。产业融合是产业结构演进中的必然阶段，是产业结构体系的重大调整，它不仅能带来产业边界的模糊化和经济服务化，更能带来产业新型竞合关系和更大的综合效应（周振华，2004）；导致产业发展基础、产业关联、产业结构演变、产业组织形态和产业区域布局等方面的根本变化；融合中产生的新技术、新产品（服务）可提高需求层次；同时，融合催生出的新技术可融合更多的产业部门，改变其生产与服务方式，促使其产品（服务）结构升级，促使市场结构趋于合理化；通过建立新的联系而改变竞争范围，促进更大范围的竞争，使市场从垄断竞争向完全竞争转变，经济效率大幅度提高。

农村三产融合推进农业及其关联产业发展。农业与第二产业、第三产业的融合，形成了信息农业、生态农业、观光农业、工厂化农业、综合型农业等新型产业，推动农业发展和经济增长。三产融合推进农业高质量发展，农业高质量发展既包括产品质量好、产业素质高、产业竞争力强，又包括经营效益高、农民收入多、生态环境好。两者兼顾就是实现农业多功能（宋洪远，2018）。农村三产融合发展能拓宽产业发展空间，推动产业结构优化，为新一轮农业结构调整、转变农业发展方式和农业现代化，为稳增长、调结构、促改革、惠民生做出贡献。

农村三产融合发展有助于产业竞争力的提高。产业融合与产业竞争力的发展过程具有内在的动态一致性。在技术革命与产业变革中，企业、产业将实现优胜劣汰。不同产业内、企业间的横向一体化加速了产业融合进程，提高了企业竞争力和产业竞争力。现代农业高度融合了现代工业、服务业、信息业，是多功能、多层次的开放式"大农业"系统。因此，要加快产业融合以优化农业产业结构，构筑现代农业产业体系，提高农业产业国际竞争力和实现农业现代化。

三、产业关联与农村三产融合发展

（一）产业关联及其效应

里昂惕夫的产业关联理论（产业联系理论）侧重于研究产业之间的中间投入产出关系，还可以分析各相关产业的关联关系（前向关联和后向关联）和产业的波及效果（包括产业感应度和影响力、生产的最终依赖度以及就业和资本需求量）等。罗斯托在研究各国经济发展的效率时发现，主导产业部门可以对其他产业产生扩散作用，包括回顾效应、旁侧效应和前向效应。赫希曼在《经济发展战略》一书中指出，产业结构优化应通过选择那些能带动其他产业发展的产业来实现。产业关联度高的产业对其他产业产生较强的后向关联、前向关联和波及效应，对经济增长率的贡献就会越大。筱原三代平在《产业结构论》一书中提出，随着部分产业生产要素禀赋的变化，产业比较优势也会发生变化；产业结构优化应率先在生产率上升快的主导产业中实现。

（二）产业关联理论对农村三产融合的作用

农业产业体系就是农业与其相关产业的组织结构和经营机制构成的有竞争力的系统，是由多部门组织的农业产加销、服务等相互作用、相互衔接、相互支撑的综合体，是实现全产业链协调发展的有机整体。现代农业产业体系是一个产业高度分工和融合的有机产业体系，在广度和深度上极大地拓展了农业产业体系的内涵：从横向上看，农业从农产品生产向医药、保健、化工、休闲旅游、文教、生态环保等领域拓展，拓展经济、社会、生态、文化等多种功能。从纵向上看，深化农业产业化经营，围绕价值创造和实现的全过程进行跨产业的纵向分工深化和协作整合，延伸农业产业链条、提高农产品加工度或价值增值程度。横向扩展和纵向深化实质是农村产业融合在技术渗透和制度构建两个层面的不同表现形式。三产融合发展通过深加工、市场信息服务、核心技术改进、文化价值深度挖掘等，将产业融合贯穿于产品全链条、全过程，实现对农业的产业创新和产业业态创新等。

四、农业产业链和农村三产融合发展

（一）产业链概念和农业产业链的概念

（1）产业链内涵。亚当·斯密将产业链定义为：获得原材料和零配件的外部采购，并通过生产和销售活动，产品将被传递给零售商和用户的进程。后来，马夏尔发展和推进了亚当·斯密的产业链思想，并提出产业链发展到一定阶段，企业内部的分工会扩展为企业间的分工。后来有许多学者把产业链定义为由供应商、制造商、经销商和消费者一起形成的存在着物流、商流和信息流一个系统。对产业链的研究主要从供应链、价值链两个方面去展开。产业链是各个产业部门之间基于一定的技术经济关联，并依据特定的逻辑关系和时空布局关系客观形成的链条式关联关系形态，涉及产品链、产业链、价值链、供需链、创新链、资金链、信息链、组织链、利润链和空间链等。

（2）农业产业链内涵。农业产业链是产业链中特殊的一类，是把农产品作为其中的构成环节和基本要素。农业产业链是产业链在农业领域的具体应用。Mighell 等（1963）提出了农业纵向协调的产业发展路径，认为农业产业链是指原材料生产、加工、储存、运输、销售等在内的一系列活动过程。傅国华（1996）证明农业产业链的构建和整合能够带动传统农业的内在演变，提高农业竞争力。农业产业链是指依托市场对资源和农产品的合理配置，集中生产要素，种、养、加、运、销围绕某一具体产品进行链状结构。产业链涉及农产品生产、加工、运输、销售等诸多环节，包括农业全产业链的各部门、组织机构及关联公司以价值链、信息链、物流链、组织链缔结的有机整体（万俊毅，2019）。

农业产业链的属性。农业产业链伴随着基于大生产、大市场、大流通、大品牌为特征的大农业格局，通过"空间层面"促进三产融合发展，实现物理属性价值、结构化学属性价值、生物属性价值、品质信任属性价值、差异功能属性价值和社会心理属性价值等产业价值再造，前三者是功能因子属性，后三者是象征意义属性。产业链的"横向层面"主要表现为促进农业生产结构、区域布局的优化升级。产业链的"纵向层面"体现为产业链拓展。产业链的长度和宽度将直接决定产业融合发展的广度和深度，进而影响产业发展质量和效益。必须重视组织、共享、参与"多环推进"和组织链、物流链、信息链的"多链管理"以及横向、纵向、空间的"多重集成"，推动资源向农业和涉农产业流动，进而提高资源配置效率。

农业产业链的功能。一是产业链以市场为导向，加速农业生产社会化、专业化和商品化，构建产业链全程追溯体系，实现原料端、生产端、流通端、监管端等无缝衔接，进行"从田头到餐桌"的产业链管理，形成安全、营养、健康的食品供应全过程。从源头化解质量安全风险，确保品牌信誉，为农产品质量安全提供可靠保证。二是产业链的优化和构建节约了交易费用，减少了流通环节避免农产品价格的大幅波动，使得农业上下游的利益紧密结合。三是对生产要素优化组合，发挥规模经济效益，促进农业科技创新和应用，培育参与产业链的新型经营主体，增强产业链的现代化和科技水平，通过与全产业链的结合提升综合竞争力。

（二）农业产业链的现代化

农业产业链现代化就是推进基础产业高级化、技术经济联系强化、提高农业产业链与创新链、资金链、利益链和人才链嵌入的紧密度，构建现代农业三个体系，增强产业链的高度韧性、价值集成模式创新以及产业融合创新能力。无论是何种产业链运作模式，经济主体都是主要驱动力：①可充分发挥"稳定剂"和"催化剂"的双重功能，拉动产业链上游的农户和生产基地，推动两者逐步成为产业融合中产业链的"供应者"；借助于电商平台和一体化物流中心，推动对农产品的消费。②具有重要的价值集成功能。产业链中不同成员之间，存在休戚相关的利益关系。依靠"拉动上游"和"推动下游"，把整条产业链的价值整合为"完整的价值链"（见图 2.2），最终推动不同主体参与产业链的建设与运营。③具有重要的创新功能。其产业化过程既涵盖技术创新，又包括体制、制度创新，通过融合的方式形成新业态，推动农业内部结构升级。因此，要把产业链、供应链、价值链等现代产业组织方式引入农业，推进农村三产融合发展。

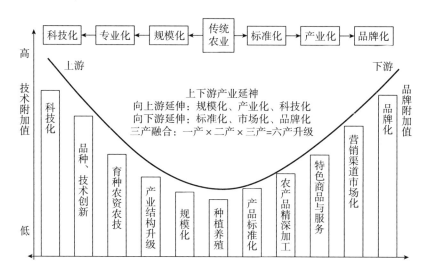

图 2.2 农业产业链与价值链

（三）农业产业链与农村三产融合发展的联系与区别

（1）产业链注重其内部的组织结构整合和协调，而农村三产融合发展更加注重要素融合。农业产业链是不同农产品链的集合体，是联结生产资料供应、农产品产、加、运销和消费等环节的有机整体。把产业链理念植入农业，延伸产业链，打造供应链，形成全产业链。农业产业链注重其内部效应、相互作用方式和程度，达到价值增值的过程。三产融合发展是要通过要素跨产业集约配置，使得农村三次产业紧密相连，达到产业链延伸、产业范围扩展和农民增收的效果。

（2）农业产业链和产业融合相互乘积构成块状农业产业链。农业产业链如果是单一或线性发展的，并不能形成新业态，只是其内部组织结构的发展；如果产业链是横向扩宽的，就形成了产业融合。以"龙头企业＋基地＋农户"为典型的纵向一体化发展模式，打破了农业产前、产中与产后部门的分离格局。以合作社为组织载体的横向一体化经营，是农业产业化的新路径，是矫正农业弱质特性的根本途径，包括技术创新、体制制度创新和产业融合。可见，农村三产融合在实践中有纵向与横向融合的双重模式，具有块状农业产业链性质。三产融合发展是产业链发展的扩展和延伸。产业链融合是产业融合发展的重要内容。

（3）农村产业融合的价值链是具有网络结构特征的"综合一体化价值链"。农村产业融合常常基于农业生产经营为基础，逐步把高新技术、经营理念、经营业务"渗透"到农业，不断拓展农业的增值机会和增值空间，逐步加宽、加长农业产业链，增加农业市场化的增值环节，提高农业产值和竞争力。农业产业链整合模式呈多样化（见表2.2）。但是，中国传统农产品价值链仍面临其他挑战，包括小农户经营、交易成本高、产业链过长、超时空交错、信息流失真等，仍然是阻碍农业现代化的主要矛盾和经典难题。在全国范围内将2.3亿小农户和超过10亿消费者连接，是"天量生产者"对接"海量消费者"，需要付出高昂的交易成本和物流成本。中国分散的小农户决定了农业产业链的基本状态——相对低效能、高损耗、高成本的产业链体系。农村产业融合既有"纵向一体化产品链"，也有"横向一体化产业链"，是"综合一体化价值链"（见图2.3）。产业融合发展，要求在产地分级、加工基础上，依托先进的全国物流体系，建立起包含小商贩、产地批发市场、销地批发市场、超市集贸市场，再到消费者的农产品供应链；需要线上线下全供应链融合发展，实现从田间到餐桌的全产业链融合，实现从生产到生态的全生物链融合，实现从农民个体到新型经营主体的全利益链融合，解决"最后一公里"的难题，形成了全新的生产要素和价值分配机制。

表2.2　农业产业链整合模式

类型	内容
专业市场带动型	由地方政府建立农产品专业批发市场，大批中间商在专业市场进行批发交易，中间商再分别联系农户和消费者，整合产业链
农民合作组织带动型	农户在自愿互助的基础上成立各种类型的合作经济组织，合作经济组织自己从事农产品的加工和销售，向产业链后端延伸
龙头企业＋合作社（基地）＋农户型	龙头企业通过订单农业、股份合作、全程（半程）服务等形式形成紧密合作关系，构建"市场牵龙头、龙头带基地、基地联农户"产业链经营
产业集群驱动型	加工（流通）企业在空间（产业）集聚，带动特色或优势农产品的基地化生产和服务集聚，形成"产业园区＋物流＋服务基地＋区域农业产业"体系
功能拓展型	将农业生产与文旅融合，形成休闲农业等新兴农业产业链

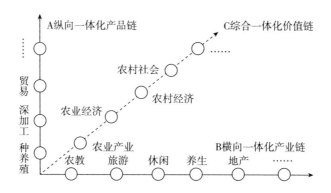

图2.3 农业产业融合的综合一体化价值链示意图

（四）农村产业融合的产业链思维和多层治理体系

目前，企业和产品之争，转变为产业链竞争。延链、补链、强链是农业发展的重要突破点，逐步实现农业产业链延伸和价值链、利益链不断升级，让农民充分享有全链条的增值收益，成为促进农业增效、农民增收的必然选择。农业产业融合及其产业链运作机制有待完善的问题主要有：产业结构协调性差、农业社会化服务体系发展滞后、现代农业产业组织体系发育水平低以及农业产前、产中、产后环节发展失衡。农村产业融合涉及全产业链的上下游产业体系，以产品、技术、服务为桥梁，有选择地介入全产业链，促进产业融合经营。农村产业融合形成现代农业产业体系的支撑框架和动力机制，不断培育与发展组织链、物流链、信息链，壮大新型农业经营主体带动，促进农业产加销、物流、研发示范等相互融合，逐步实现整条产业链上下游密切互动、紧密衔接，且不同主体协同参与产业运作。完善产业融合价值链运作的"多层"治理体系。横向层面治理体系要增加产业融合体系的技术含量和分工集约度，提升其价值链环节的科技贡献率，塑造基于知识、技术等高级要素为主导的产业融合体系，不断推动产业结构优化升级和区域产业融合的科学、合理布局；纵向层面治理体系要促进农产品加工业转型与升级，健全差异化农产品市场的流通体系，健全农业社会化服务体系；空间层面治理体系要推动物联网、互联网等信息产业与农业的融合，推动农业多功能拓展和不同经济主体的"利益联结机制"创新（韩江波，2018）。

五、产业创新理论与农村三产融合发展

产业创新是技术创新引起的行业形成知识和技术溢出，从而使得行业整体层面创新的过程。属于中观层面的产业创新，既包含了宏观层面的产业结构约束，同时又更多地体现为技术创新、管理创新、市场创新及组织创新等内容的高度集成，是微观企业具体创新的更高层次的追求和归属。逆向攫取超额利润和市场失灵是产业创新的重要特征，难以体现（具有）社会性、基础性与深刻性。

六次产业理论就是创新驱动的产业经济学，就是创新经济学的产业经济学，就是创新时代的产业经济学（张来武，2018）。推进农村三产融合发展，要以科技创新为核心的全面创新，以技术创新向三次产业渗透融合，要开展自主创新、协同创新、开放创新，全方位、多途径扩大食物来源，建立多元化食物体系，保障国家食物安全、产业安全、生态安全和质量安全。农村三产融合发展需要加快推进国家农产品加工技术研发体系建设，构建"产学研推用"有机融合的科技创新体系。当前，大数据正快速发展为发现新知识、创造新价值、提升新能力的新一代信息技术和服务业态，已成为国家基础性战略资源。随着信息化和农业现代化深入推进，农业农村大数据正在与农业产业全面深度融合，逐渐成为农业生产的"定位仪"、农业市场的"导航灯"和农业管理的"指挥棒"，日益成为智慧农业的神经系统和推进农业现代化的核心关键要素。

六、交易费用与农村三产融合发展

产业融合的初始动因和最终目的都是为了节约交易费用，改善产品（服务）的供给效率。可以说，产业融合的本质是企业交易成本的内部化，农村三产融合也是如此。农村三产融合通过技术创新和制度创新两条路径实现交易成本内部化，能够优化农村跨产业价值链，实现产业链中各市场主体的整体最优，降低单一产业链内部各环节间以及跨产业链间的市场交易费用（李治、东阳，2017）。一方面，通过互联网等信息技术缩短农产品生产与消费间的交易距离。农村三产融合依托技术进步和服务创新，改变农产品销售方式，有效地缓解了小生产与大市场之间的矛盾。全方位地收集市场需求信息，由复合型市场经济组织统一完成农业多功能开发，增强农产品供给结构对其需求结构变化的适应性，实现供需一体化。以农业供给的多样性，拓宽市场需求边界和农业供给的时空半径。强调以特色小生产直接对接分散多样的市场需求。电子商务减少中间环节，实现产与消直接对接，降低交易费用（解安，2017）。另一方面，跨产业存在的扁平化、柔性化经济组织能够降低市场交易费用，发挥生产要素的集聚效应。在农村三产融合中，不同产业的企业利用战略联盟、兼并收购等组织创新，通过农业与文旅、创意等产业的横向融合以及产加销、服务等环节的纵向融合，节约交易费用。

七、规模经济、范围经济与农村产业融合发展

加法效应意指延长产业链，乘法效应意指三产之间的交互融合，即形成新业态。农村三产融合可分为工序性融合和结构性融合两大类（陈学云，2018）。前者是指产业链条上的融合，结果是创造新产品。后者是指三大产业的跨界融合，结果是产生新功能、创造新业态。加法效应实现工序性融合，使生产可能性曲线内的点外移到曲线上；乘法效应实现结构性融合，使生产可能性曲线外移。马歇尔认为规模经济形成有两条途径：第一条途径，加法效应是外部规模经济作用的结果。农村环境的改善、农业经营主体的协同、专业合作社的服务是实现三产融合外部规模经济的根本途径。第二条途径，乘法效应是规模经济和范围经济共同作用的结果。基于农业系统的基本经济技术特征，产出多元化和投入的多元化，农业农村产业存在着相互溢出效应（外部性），可用范围经济理论解释三产融合的机理。范围经济的存在能促成相关过程之间的相互交叉和融合，其产品能满足个性化需求（贺琨等，2015）。在农村三产融合的过程中，加法效应和乘法效应同时存在，实现价值增值。

第三章 湖南农村三产融合发展的基础和经验

湖南是农业大省，素有"湖广熟，天下足"的美誉，一直是全国重要农产品生产基地，是国家级现代农业产业基地和长江流域国土综合整治示范区。随着工业化、信息化、城镇化的加快推进，湖南工农业、城乡发展加速融合，农村比较优势不断加强，产业发展基础日益坚实。近年来，湖南深入贯彻落实"着力推进农业现代化"的重要指示要求，把它作为新时代做好"三农"工作的基本遵循，坚持以农业供给侧结构性改革为主线，着力实施"百千万"工程，大力推进以精细农业为特色的农副产品供应基地建设，成效显著，为实施农村产业融合发展和乡村振兴战略奠定了坚实基础、创造了有利条件。

第一节 湖南三产融合发展的基础和比较优势

按现代农业"三个体系"建设的要求，迫切需要推进农村三产融合发展。湖南农业生产条件得天独厚，适合多种农作物生长；资源优势和区位优势明显，温光水热土等资源丰富、配置合理；农村基础设施较好，现代服务业发达，休闲农业、观光农业和红色旅游资源丰富，都市型农业发展较快，产业集约化程度高；农村中小企业较发达，农民文化素质较好，农村信息化基础较好。新型农业经营主体发展壮大且向全产业链、高价值链方向发展，形成龙头企业引领、新型经营主体支撑、农民参与的融合格局。农村资源要素初步激活，新技术、新产业、新业态、新模式蓬勃发展。

一、产业融合发展的基础：有依托、有牵引、有方向、有保障

湖南农业农村工作取得的阶段性成就，为农村三产融合发展打下了良好基础。近5年来，支持县市整体推进农村三产融合试点，鼓励创建国家级农村三产融合先导区，实施农业强镇行动。

（一）农业生产条件较好，三产融合发展具备了厚实依托

湖南启动了农业供给侧结构性改革，逐步实施"藏粮于地、藏粮于技"战略。农业综合产能大幅提高，供给结构不断优化。1949～2018年，粮食产量由64亿公斤提高到302亿公斤，生猪出栏由190万头增加到5993.7万头，油料、蔬菜、茶叶、水果、水产品等增长幅度均在20倍以上。产业结构由"粮猪独大"逐步向粮经饲统筹、农牧渔结合转变，湖南农林牧渔业增加值达3265.9亿元。

（1）农业经济总量大。粮食等主要农产品生产稳定，粮食综合产能稳步提升。粮食总产量多年稳定在300亿公斤左右，水稻播面、产量均位居全国第一，是中华人民共和国成立以来从未间断向国家提供商品粮仅有的两个省份之一。高标准农田加快推进，农业机械化水平不断提升，农业生产社会化服务体系不断完善。生猪、油料、水产品等产量位列全国前茅，生猪外销、出栏、存栏数分别位居全国第一、第二、第三。油茶面积、产量、产值及油菜面积及苎麻产量均位居全国第一，柑橘产量位居全国第三，烤烟和茶叶、淡水产品产量位居全国第四，蔬菜位居全国第七，水果位居全国第九。农业生产经营水平、农业科技支撑能力和农业生产能力稳步提升。

（2）农业结构逐步优化。紧紧围绕市场需求发展生产，加大农业结构调整力度。2018年，湖南三次产业结构调整为8.5∶39.7∶51.8。优质农副产品供应基地建设加快，种植结构得到实质性调整。经济作物占种植业产值的比重提高到72%以上，牛羊禽肉产量占肉类产量的比重提高到16%以上，农产品供给体系更加合理。自2015年以来，湖南加大特色农产品开发，大力发展生态米、有机茶、富硒菜、放心肉、瘦身鱼、低温奶等产品，丰富供应链、延伸产业链、提升价值链。

（3）农产品质量效益不断提高。2018年湖南主动调减水稻种植面积3.4万公顷，发展优质稻100万公顷。虽然全年粮食总产减少5亿公斤，但湘米品质得到改善。2018年湖南出栏生猪仅5920.9万头，仅为最高年份的75%。出栏总量减少了，规模养殖占比提高了。改良老橘园、老茶园2.4万公顷，增加高效经济作物面积近667万公顷；新增人工草地5万公顷，牛羊草食牧业稳步发展；开展

"水稻＋"示范种植模式,稻鱼、稻鳅、稻虾、稻鳖的种养面积达到14万公顷,平均每公顷增收45000元以上。农村产业融合发展带动农产品加工业、网上购销、休闲农业、乡村旅游等一批新产业、新业态发展。湖南黑茶实行小圆饼、小片状等各式各样销售,消除市场对接的"堵点";靖州在杨梅产业链上下功夫,生产鲜果、酿酒、化妆品;炎陵的黄桃、水府庙火焙鱼、隆回金银花等,从小商小贩进化到精致包装(晨风,2019)。这些为农村三产融合树立了榜样,奠定了坚实的基础。

(二)农产品加工业实力较强,为三产融合发展提供了强劲牵引

湖南的农产品加工业运行良好,信心指数提升,呈现"生产成本平稳、产量总体增加、盈利能力提升"的态势,已经成为国民经济支柱产业之一。目前,湖南农产品加工企业发展到4.8万家,其中,规模以上企业有4500家,过100亿元企业有4家,649家省级以上农业产业化龙头企业实现销售收入5910亿元。2017年,湖南农产品加工业实现销售收入1.5万亿元,约占工业总量的1/5。成为全国农产品加工总量突破万亿元的9个省份之一,跻身全国七强。农产品加工业产值与农业产值之比达到2.3:1。湖南农产品加工企业连接基地600万公顷,带动近1000万户农户,约占湖南农户数的60%。农产品加工企业直接安置就业226万人,劳动报酬558亿元,年人均报酬2.47万元,对农民人均纯收入贡献率超过15%。

(1)农业全产业链发展初具规模。初步测算,2017年湖南农业产值6269亿元,农业全产业链产值约1.84万亿元(按官方计算,农业全产业链产值＝农产品加工销售收入＋农业产值×(1－加工转化率))。全年规模以上农产品加工企业达3750家,实现销售收入7500亿元。从图3.1看出,从优势产业发展来看,畜禽、粮食、蔬菜产业全产业链产值已突破2000亿元,水果、水产、茶叶的全产业链产值约600亿元(唐宇文,2018)。

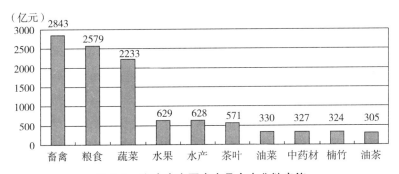

图3.1 湖南省主要农产品全产业链产值

（2）实施了农产品加工业振兴规划。《"十三五"农产品加工业发展规划》明确了湖南农产品加工业发展思路、发展目标和主要任务，细化了粮油、畜禽、果蔬茶、水产、中药材、竹木等八大主导产业的发展目标与培育重点，对指导和引领"十三五"时期农产品加工业的发展意义重大。加快发展农产品加工业，扶持农业产业化龙头企业做大做强，充分发挥龙头企业带动引领作用。克明面业、道道全油脂、金健、长康等粮油品牌走向全国；286 个农民专业合作社开展了农业生产全程社会化服务；137 个合作社开展了农产品加工、销售服务，并创建了独立品牌；9 家农产品加工龙头企业与合作社以订单生产或股份合作形式联合建立了原料生产基地。

（3）农产品产地初加工补助项目实施成效明显。自 2013 年试点实施补助政策以来，通过以奖代补、先建后补，共扶持补助农户、合作社新建贮藏烘干设施8733 座，新增贮藏（烘干）能力 50 万吨，累计补助资金 1.84 亿元，带动社会资本投入 14 亿元，产后减损增收 10 亿元，带动了 6.5 万农民增收脱贫。加快了通风、冷藏、干燥等设施设备建设，促进了农产品提质增效、农民就业增收、优势产业发展、市场稳定供应以及初加工技术的加速推广，同时，政策实施发挥了项目引领作用，探索了惠民工程引领实现三产融合发展的有效路径。

（三）农村新产业、新业态不断涌现，为三产融合发展指引了明确方向

农村三产融合的业态丰富多样，呈现出"农业＋"多业态的发展趋势。"种植＋林牧渔"形成循环型农业；"农业＋加工流通"形成延伸型农业；"农业＋文教、旅游、康养等"形成体验型农业；"农业＋信息产业"形成智慧型农业。

湖南大力发展电子商务，完善配送及综合服务网络，农村电商发展来势较好。2018 年，农村电子商务交易额约 1800 亿元，同比增长 50% 左右；以物流中心、网上交易中心、"农超对接"等大市场为渠道，不断探索新业态，推动互联网、物联网、云计算、"大数据＋现代农业"。截至 2018 年年初，湖南共有 33 个县进入全国电子商务进农村综合示范县行列，共建成村级电商服务站 12000 多个。健全农业信息监测预警体系，有序推进智慧农业公共平台建设，推广应用智慧湘农云、湘农科教云等客户端。国家农村农业信息化示范省综合服务平台建设取得阶段性成果，新农村农业物联网、农业移动互联等应用服务不断完善。发展农业生产租赁业务，探索个性化定制服务、会展农业、农业众筹等新型业态。智慧农业、精准农业、创意农业、休闲农业、生物农业、设施农业等新产业不断涌现。

休闲农业和乡村旅游的快速发展，在湖南促进农业调整产业结构、转变发展

方式过程中的地位与作用日益凸显。农旅融合带动三产融合发展。人民群众对优质农产品、生态农产品、乡村旅游的需求更加迫切。按照绿色发展要求，大力推动养殖废弃物无害化资源化利用，实施化肥、农药使用量零增长行动，长株潭重金属污染耕地修复及农作物种植结构调整试点加快推进，农业标准化基地建设稳步推进（隋忠诚，2018）。休闲农业高速增长。2012～2019年，湖南休闲农业经营总收入保持年均25%以上的高速增长率，经营总收入（休闲农业综合产值）800多亿元，带动相关产业产值约500亿元，带动就业人数85万人。目前，湖南有休闲农庄4400个，农家乐和民俗旅游接待近2万户；年接待游客1.4亿人次；创建全国休闲农业和乡村旅游示范县12个，省级星级休闲农庄696家，国家级112家。具有特色各异、业态丰富的田园农庄、农家乐、采摘篱园等数千家。在湖南形成种类丰富、特色突出、品质较好，能满足人们观光休闲度假需要的乡村旅游发展格局。

（四）农村基础设施和社会化服务业体系完善有力保障三产融合发展

加强农村基础设施和服务平台建设。近年来，各级财政部门重视加强对农村基础设施建设。例如安排农田水利建设资金24.93亿元，重点支持"五小"水利、农田水利设施建设和水土保持等，着力提高农田灌溉和综合生产能力；安排防汛抗灾和水库除险加固资金24.84亿元，支持防汛抗灾、水库除险加固、山洪地质灾害防治、江河湖库水系整治、洞庭湖综合治理等，提升水利防灾减灾能力。项目建设为农村三产融合发展提供了强大支撑。

以现代服务引领现代农业发展。加快培育代耕代种代收、大田托管、统防统治、农机作业、农资购销、粮食烘干等农业社会化服务组织。目前，社会化服务组织4.5万个。积极推行"六代一包""九代一包"等新型农业社会化模式。主要农作物农业机械化水平达48%。湖南是全国唯一的移动电子商务试点示范省，湖南14个市州全部建立了"12396科技服务指挥中心"，60%的县市区设立了服务工作站，建设"三网融合、三产融合"应用示范区，实现了全地域、全网络覆盖。"农信通"乡村全覆盖，实现气象12121、农业12316等涉农服务呼叫热线全覆盖。基本建成了农业信息服务体系和减灾防灾信息体系。农村综合信息服务体系覆盖率达95%，初步形成了农村信息服务推进优势产业发展的模式和长效机制。

在服务平台建设上，省财政支持升级"农业12316"官方微信公众号，合作开发农业特色客户端，为新型农业经营主体提供生产资料、病虫害防治等公共服务信息。全面推进农业标准化生产，建立标准化种植面积4200万亩，湖南"三品一标"有效认证总数达到 2274 个。农产品安全监测合格率为 98%。大力发展农业生产全程社会化服务。2017 年，省财政统筹安排 5000 万元支持农业生产全程社会化服务，项目县的农业社会化服务体系不断健全，现代农业新型主体培育壮大，农村生产要素潜力得到了释放，农业整体素质和竞争力逐步提升。

二、产业融合发展的优势：强效能、新主体、高科技、好环境

（一）构建优势农业产业体系，农业生产能力显著增强

通过延长农业产业链，农业产业体系逐渐完善。通过将农业生产产前、产中、产后环节联系起来，实现农产品产、加、贮、销的顺利承接，农业外部链条延伸促进了内部紧密联结，农业科技水平提高。坚持调结构与强产业并重，优化农业结构，做大做强优势产业，夯实产业基础。突出稳粮保供给，实施做优做强湘米工程，大宗农产品生产稳步增长。推进标准化健康养殖，出栏生猪 6110 万头、牛 172 万头、羊 708 万只、家禽 4.15 亿羽；大力发展高效特色经济作物，蔬果菜茶油的面积和产量稳中有增。创建 57 个蔬、茶、果的标准园。湖南形成了粮、畜、果、蔬、油、茶、水产和棉麻八大优势产业体系。

（二）实施"百企千社万户"现代农业发展工程，农业生产经营水平提高

湖南培育经营服务主体、实施人才强农战略。出台《关于深入推进农业"百千万"工程促进产业兴旺的意见》（湘政发〔2018〕3 号），实施新型农业经营主体带头人轮训计划、现代青年农场主培养计划、千名优秀农民境外培训计划，提升农业经营主体综合素质。湖南重点扶持了 102 家龙头企业、1000 个现代农机专业社和 6932 户家庭农场，带动了各类经营主体竞相发展。2018 年的省政府 3 号文件提出，对纳入"万户"工程的家庭农场，省财政补贴 100 元/亩·年，每户每年不超过 2 万元，并连续补贴 3 年。2013 年来，省财政整合资金 5.68 亿元用于"万户"家庭农场工程，带动家庭农场自发投资 218.7 亿元，农业"百千万"工程推动了家庭农场"井喷"式发展。到 2019 年，家庭农场认定数 3.98 万户，比 2018 年增长 10%；家庭农场土地经营面积达到 56 万公顷，其中，流转面积 2~6 公顷（适度规模）的占 80%，规模化、专业化和产业化经营水平得到提升，形成了种植、养殖、种养结合、休闲观光等特色鲜明、结构合理、类型多样的家庭农场格局（袁延文，2018）。

（三）实施"百片千园万名"科技兴农工程，农业科技支撑能力稳步提升

湖南省科技创新能力和科技引领作用进一步加强，创新已为农业农村发展注入强劲动力。潇湘科技要素大市场投入运营，技术合同成交额快速增长。科技创

新基地建设加快，重点推进"三区一极"和"三谷多园"建设，建设 2 个国家创新型城市试点，建设 3 个国家首批创新型县。高新技术产业密集，农村科技发展具有良好的基础，有科技人才 179 万（位居全国第七）。加快农业新品种、新技术研发和推广应用，超级杂交稻的单产（17235 公斤/公顷）刷新世界纪录，耐盐碱杂交稻成功试种。在杂交水稻、生猪、油菜、辣椒、鲤鲫鱼、茶叶的研发方面处于国内领先水平。组建了 5 个省级现代农业产业技术体系创新团队，组织了 1 万多名科技专家、农技员开展精准服务，创建了 273 个农业科技试验示范基地；农业科技进步贡献率达到 60%，主要农作物良种覆盖率达 96%，高于全国水平；农机总动力达 6000 万千瓦，主要农作物综合机械化水平达 44%，比 2010 年提高 24.5%。农村教育特别是职业教育快速发展，农村实用人才和新型职业农民培育力度不断加大，2015 年湖南培育新型职业农民 4.5 万人，建立了 50 万人的培养对象信息库。乡镇农技推广体系改革与条件建设全面完成，加快建设基层农技推广体系和农业信息服务网络。整县推进 14 个国家现代农业示范区村级信息服务站建设，利用农业信息网站、12316 服务热线、农业短信、微信等平台开展信息服务。实施农机"千社"工程，2019 年扶持建设 800 家现代农机合作社，奖励 200 家示范社，对符合条件工程实行"先建设后奖补"。从 2016 年起，省农机局将生物质制肥机纳入财政农机购置补贴范围（补贴 5 万元/台）。从 2019 年起，拟将水稻收割打捆一体机列入补贴范围。

（四）深入推进农村综合改革与制度创新，农村三产融合发展环境良好

自党的十八大以来，湖南把深化农村改革作为稳固基本盘、增强新动能的重要举措，逐步探索出一条具有湖南特色的农村改革新路子。一是出台了一系列支持农村改革发展的文件和措施。目前，共实施了 72 项农村改革任务，出台了 37 个农村改革专项文件，开展了 28 项改革试点。农村集体产权制度改革、供销合作社改革、农垦改革、涉农资金整合统筹等改革有序开展（隋忠诚，2018），为农业农村持续健康发展提供了基础支撑和制度保障。二是深化农村土地制度改革。全面完成土地承包经营权确权登记颁证，有序推进农村承包地"三权分置"，加快推进房地一体的农村集体建设用地和宅基地使用权确权登记颁证。开展农宅合作社和城乡合作建房试点，鼓励各地利用城乡建设用地增减挂钩政策推进农村空心房、废弃建设用地整治复垦。三是深化农业农村"放管服"改革。进一步下放审批权限，清理规范涉农行政审批中介服务，统筹推进农村综合服务平台建设，提高农村公共服务质量和效率。同时，进一步深化供销合作社、农业水价、集体林权等综合改革或试点改革，为全面推进乡村振兴战略提供制度

保障。

第二节 湖南农村三产融合发展的做法和经验

湖南农业农村经济发展稳中向好、稳中向优，农林牧渔业增加值增幅稳中略升，产业结构不断调优，新动能加快形成，现代农业"三个体系"逐步完善，乡村振兴有序推进。湖南以改革创新为动力，积极谋划推动农村三产融合发展战略实施，跨界配置农业与现代产业要素，增强产业链的互联互通性，促进农业与关联产业高位嫁接、交叉重组、渗透融合，催生出新产业、新业态、新模式，形成多模式推进、多主体联动、多机制联结、多要素发力、多业态打造的农村产业融合发展体系和发展格局，依靠"农业大省"的雄厚基础和"大农业、大食物、大资源、大生态"的全新定位，以"四链融合"为途径，完成融合发展、集聚发展、示范发展和共享发展的任务，大力促进农村三产融合发展，为引领乡村产业转型升级提供了驱动力量。

一、湖南农村三产融合发展的政策与实施

按照农业供给侧结构性改革和"产业兴旺"的要求，湖南围绕主导产业，支持做"强"领军企业，做"优"农业产业示范园、特色园和聚集区，做"响"区域公共品牌。从2015年起，每年创建10个整县推进示范县，从2018年起，每年支持建设30个农业强镇（见表3.1）。加快农村三产融合发展，发展壮大新型农业经营主体，不断激活农村资源要素，蓬勃发展新产业、新业态和新模式。

表3.1 2018年省特色农产品优势区和省级优质农产品供应示范基地

项目类型	入选乡镇
省特色农产品优势区（10个）	临武（临武鸭产业）、祁东（黄花菜）、桃源（大叶茶）、沅江（芦笋）、张家界（人工养殖大鲵）、永顺（猕猴桃）、武冈（铜鹅）、新化（红茶）、岳阳（肉鸽）、望城（红鲌）
省级优质农产品供应示范基地（14个）	资阳（黑茶）、洪江（柑橘）、桑植（大鲵）、临武（鸭）、永兴（冰糖橙）、保靖（黄金茶）、芙蓉（种业）、永顺（猕猴桃）、雨湖（蔬菜）、茶陵（红茶）、汉寿（甲鱼）、新化（红茶）、洞口（蜜橘）、衡东（贡椒）

资料来源：湖南省农业农村厅官网。

严格执行试点建设内容，落实建设重点，主攻融合环节，积极探索新模式，总结新经验。

（一）强调围绕农业优势特色产业的农村三产融合发展（2015 年）

在 2015 年 8 月国务院办公厅发布的《关于加快转变农业发展方式的意见》中提出，要把发展多种形式农业适度规模经营与延伸农业产业链有机结合起来，推进三产融合发展。围绕产业融合模式、主体培育、政策创新和投融资机制等，实施农村产业融合发展"百县千乡万村"试点示范工程。综合考虑农林牧渔业总产值、规模以上农产品加工业主营业务收入、农村地区社会消费品零售总额占全国的比重、农业产业化经营组织规模与数量，适当考虑脱贫攻坚等因素，确定各省（区、市）试点示范县。2015 年，中央财政给试点省拨款资金 1 亿元（按照 1000 万元/县的标准，每省安排 10 个试点县），湖南被列为全国首批农村三产融合发展十个试点省份之一，在长沙等 10 县开展试点。第一，推动本地优势特色农产品生产、储存、加工和销售一体化融合发展。延伸农业产业链，建立现代农业产业体系，提高农业附加值，培育农村新业态，拓展农民增收渠道，探索农民在农村三产融合发展的利益共享机制和实现机制。第二，围绕农业优势特色产业。以湖南优势特色农业产业规模经营为切入点，以农业综合园区为支撑，围绕解决优势特色产业适度规模经营和社会化服务存在的难题。试点县必须具有产业特色优势明显、三产融合发展的农业综合园区。第三，创新利益联结机制。严格按照农、财两部的相关要求，认真编制项目实施方案，探索产业融合模式，全面创新利益联结机制。第四，注重"六好"评价标准。好产业要有特色优势；好规划要科学论证，规模适当；好主体要有龙头发挥主体作用带动；好资金是指要把资金使用好，发挥应有的作用；好效益就是让企业和农民得到好的效益；好模式就是具有推广价值。

（二）注重粮食安全的农村三产融合发展（2016 年）

2016 年，根据农业农村部和财政部《关于做好 2016 年现代农业生产发展等项目实施工作的通知》（农办财〔2016〕40 号）文件精神，构建三产交叉融合的现代产业体系，促进农业提质增效、农民就业增收和农村繁荣稳定。2016 年 3 月，印发了《湖南省消费导向型旅游投资促进计划》，大力发展休闲农业和乡村旅游，打造特色浓郁的休闲农业旅游景区集群，促进农村三产融合。2016 年 4 月，印发了《2016 年省预算内基建投资"农村一二三产业融合发展专项"实施方案》，明确将新增安排专项资金 4000 万元，支持 15 ~ 20 个重点项目。2016 年 6 月，印发了《关于做好 2016 年农村一二三产业融合试点工作的通知》，决定将竞争性选拔 15 个县进行试点。宁乡等 15 个县（区）入围国家农村产业融合试点示范工程。第一，重点向贫困地区以及以粮食产业为主的融合模式倾斜。突出支持优势特色产业融合发展的重点领域和环节，推动农业相关产业联动聚集、生产要素跨界配置和粮食适度规模经营、农产品产加销等相关服务业的有机整合。第二，强化资金整合，试点县由 2015 年的 10 个增加到 2016 年的 15 个，扶持资金仍为 1000 万元/县。重点支持带动农民分享农外增值收益的经营主体，用于农产品加工流通和直供直销、农村电商、农业多功能拓展、产业扶贫等工作。规定约 1/3 总资金用于第一产业。第三，项目竞争立项，促进财政资金公开、公平、公正分配。发挥财政资金的引导作用，建立目标任务导向的全过程绩效管理和奖罚兑现机制。

（三）农业供给侧结构性改革和园区引导的农村三产融合发展（2017 年）

根据农业农村部和财政部《关于做好 2017 年现代农业生产发展等项目实施工作的通知》（农财发〔2017〕11 号）文件精神，湖南把农村三产融合发展作为推进农业供给侧结构性改革的重要抓手，作为农业农村经济转型升级的有效途径，因地制宜强化政策落地和机制创新，实施支持项目，加强示范引导。第一，建立目标瞄准机制。以促进农民增收为核心、发展绿色农业为着力点，以延伸农业产业链、完善利益联结机制为切入点，发展优势特色农业产业，持续优化农业结构。第二，建立关键领域切入机制。重点向贫困地区及以现代农业产业园为载体的融合模式倾斜，竞争性选拔 15 个县试点和 5 个乡（镇）试点，重点向美丽乡村、特色产业优势区倾斜。整县推进的试点县资金 1000 万元/县，每个试点乡镇安排资金 200 万元。第三，建立奖励优秀的机制。根据《关于表彰 2015 年农村一二三产业融合试点县市区的通报》（湘农联〔2017〕15 号）文件精神，对被评为良好等级以上的试点县给予一定支持，被评为优秀等级的有涟源、长沙、桃源，良好等级有衡山、靖州、湘潭、冷水滩和华容。第四，实施区域实现机制。主攻精细化，提质增效强产业，湖南打造以精细农业为特色的优质农副产品供应基地（生产技术更精细，经营管理更精细，业态发展更精细，要素配置更精细，市场对接更精细）。按照四大功能板块布局农业产业，初步形成了洞庭湖生态经济区、长株潭都市农业区、大湘南特色农业区、大湘西旅游特色农业区。发展精细农业，四大板块功能区分更细，特色更鲜明。第五，用现代农业产业园引领农村三产融合发展。2017 年 8 月，国家印发了《国家农村产业融合发展示范园创建工作方案》，提出到 2020 年建成 300 个融合特色鲜明、产业集聚发展、利益联结紧密、配套服务完善、组织管理高效、示范作用显著的农村三产融合发展示范园（首批 148 个创建单位）。湖南建立了国家现代农业产业园创建工作联席会议制度，建立"省市县三级共建，以县为主"的工作机制，形成了上下联动、合力推进的现代农业产业园创建格局。根据湘政发〔2014〕5 号、湘农业联〔2014〕54 号文件精神，明确现代农业产业园建设基本要求。2017 年，印发了《关于认定湖南省现代农业十大产业集聚区（省级现代农业产业园）的通知》（湘农联〔2017〕305 号），既体现中央要求，又契合省情、农情，是指导现代农业产业园建设和三产融合发展的重要政策性文件。

（四）乡村振兴战略引导农村三产融合发展（2018 年）

乡村振兴战略是新时期做好"三农"工作的重要遵循。2018～2022 年，是实施乡村振兴战略的第一个五年，处在"两个一百年"奋斗目标的历史交汇期，乡村振兴既要为全面建成小康社会提供有力支撑，又要为农业农村跟上全面建设社会主义现代化国家新征程的步伐打下良好基础（吴晓，2018）。湖南提出了《关于实施乡村振兴战略开创新时代"三农"工作新局面的意见》，为乡村振兴指明了方向。按照中央统筹、省负总责、市县抓落实的工作机制，落实乡村振兴战略领导责任制。湖南省编制了《湖南乡村振兴战略规划（2018－2022 年）》《关于深入推进农业"百千万"工程促进产业兴旺的意见》（湘政发〔2018〕3 号）等促进乡村振兴的文件，科学谋划具有新时代特征和湖南特色的乡村振兴道路。2018 年 4 月，发布了《农村一二三产业融合发展年度报告（2017）》，这标志着农村三产融合上升到国家战略层面。跨界配置要素，促进产业深度交叉融合，形成"农业＋"多业态发展态势。①农村三产融合发展将迈入"升级版"，呈现多模式推进、多主体参与、多利益联结、多业态打造的新格局。2018 年发布了《关于深入推进农业"百千万"工程促进产业兴旺的意见》（湘政发〔2018〕3 号）。②在 2018 年省财政预算中，新增乡村振兴专项资金 3 亿元。根据湘政发〔2018〕3 号文件设立湖南农业产业兴旺基金。进一步调整财政支出结构，整合资金投入。③根据湘政发〔2018〕3 号文件和《关于创建省级农村一二三产业融合发展示范县和农业产业强镇工作（2018－2020 年）的通知》（湘农联〔2018〕109 号）文件精神，确定望城区等 10 个县为 2018 年省级农村三产融合发展示范县。确定双江口镇、曲兰镇等 30 个镇（乡）为 2018 年省级农业产业强镇，确定中方、新化、永定、常宁、永顺为 2018 年全国农村三产融合发展先导区。根据湘农联〔2018〕127 号文件，确定临武（鸭产业）等 10 个县为省特色农产品优势区创建单位；根据湘农联〔2018〕105 号文件和湘农联〔2018〕112号文件，确定资阳（黑茶）等 14 个县为省级优质农产品供应示范基地创建单位

（见表3.2）。以产业集聚能力、科技创新能力、产村融合能力较强，种养加服务一体化的基地为载体，促进产业兴旺。

表3.2 2019年湖南省农业特色强镇、省特色农产品优势区

项目类型	入选乡镇
省首批十个农业特色小镇	安化黑茶小镇（田庄乡），柏加花木小镇（包括跳马镇、云田镇），华容芥菜小镇（三封寺镇），邵东廉桥中药材小镇（廉桥镇），湘潭湘莲小镇（花石镇），新宁脐橙小镇（黄龙镇），汝城辣椒小镇（泉水镇），炎陵黄桃小镇（中村乡），靖州杨梅小镇（坳上镇），常宁油茶小镇（西岭镇）
省特色农业强镇	宁乡煤炭坝门业小镇、浏阳社港医养小镇、醴陵五彩陶瓷小镇、湘潭青山桥皮鞋小镇、祁东黄土铺黄花小镇、邵东仙槎桥五金小镇、临湘浮标小镇、汨罗长乐甜酒小镇、西湖牧业小镇、南县南洲小龙虾小镇、双峰永丰农机小镇、新化洋溪文印小镇
省培育特色农业强镇	隆回小沙江金银花小镇、嘉禾塘村锻造小镇、凤凰国际文艺旅游小镇、靖州渠阳茯苓小镇、冷水滩伊塘果蔬罐头小镇、武陵源民族文旅小镇

资料来源：湖南省农业农村厅官网。

（五）全面小康和特色产业推动农村三产融合发展（2019年至今）

全国农村产业融合发展暨农业产业强镇建设现场会强调，以农村产业融合发展为路径，推进政策集成、要素集聚、服务集合、企业集中，加快建设一批农业产业强镇，推动农村产业融合再上新台阶。建设一批产业园区、农业产业强镇和农村产业融合集群。强化政策扶持，为农村产业融合营造良好环境。根据农财发〔2018〕13号和农财发〔2018〕18号文件精神，选择部分县围绕农业优势特色产业，重点推进"一县一业"三产融合发展。以促进农民增收为核心、发展绿色农业为着力点，以"一县一业"或乡镇为平台，以特色优势主导产业为基础，发展农产品精深加工，建设冷链物流设施，延伸产业链。强化农产品品牌培育、拓展农业多功能性、发展休闲农业和乡村旅游，挖掘保护重要农业文化遗产，支持农业产业化，培育新产业、新业态和新模式，建成一批产业兴旺、经济繁荣、绿色美丽、宜业宜居的产业强县（或农业强镇），进一步促进农业提质增效、农民就业增收和农村繁荣稳定。一是为了壮大特色产业、发展县域经济、促进城乡融合，设立省级特色产业小镇。特色产业小镇是一定范围内具有鲜明产业特色、

浓厚人文气息、优美生活环境，实现产业集聚和人口承载的发展空间平台。2019年，煤炭坝门业小镇等12个乡镇被授予首批省级特色产业小镇。二是确定耒阳市等10个县为2019年省级农村三产融合发展示范县。拟确定高桥镇等30个乡镇为2019年省级农业产业强镇。小沙江金银花小镇等6个乡镇属于拟培育小镇。2019年7月，省委农村工作领导小组办公室公布省首批十个特色农业小镇名单（见表3.3）。据湘农办产业〔2018〕99号文件精神，发挥休闲农业示范创建的引领作用。2019年，湖南创建70个"省休闲农业集聚发展示范村"和60个"省休闲农业示范农庄"。认定望城区等9个县为"省休闲农业与乡村旅游示范县"，认定学华村等36个村镇、谷丰生态园等60家休闲农庄为"省休闲农业示范点"。

表3.3　农业发展新阶段农村产业融合发展的框架

维　　度	理　　解
背景	新时代、经济发展新常态和农业发展新阶段
重点	增强产业实力，激发产业内生动力，打破产业的界限，形成农业和二三产业交叉融合的现代产业
核心	完善惠农、富农的利益联结机制，让农民真正分享产业链延伸、产业功能拓展的好处
根本路径	把新技术、新业态和新的模式引入农业，用现代理念来引导农业、用现代技术改造农业，从而提高农业竞争力
关键	充分发挥市场配置资源的决定性作用，调动市场主体的积极性

二、湖南省农村三产融合发展的主要做法

贯彻落实中央一号文件和农业农村部部署，稳步提升产业融合水平，提质增效农产品加工业，快速发展乡土特色产业，深入推进创新创业，新产业、新业态不断涌现，着眼于新时代农业农村发展和乡村振兴战略目标，湖南农村三产融合发展将如何进行谋篇布局？

（一）明晰总体思路

坚持"基在农业、利在农民、惠在农村"的原则，结合湖南省情、农情和产业特征，以农业为基本依托，以保障粮食安全为前提，以促进农民增收为核心，以制度创新、技术创新和商业模式创新为驱动力，以构建现代农业三个体系为载体，以完善利益联结机制为纽带，以延长产业链、价值链和拓展农业多功能

为抓手，以农业适度规模经营、加工业和休闲农业为切入点，坚持"三带动、一促进"（项目带动、龙头带动、园区带动，促进开放型农业发展），推进农业产业横向拓展和纵向深化，重点推进典型融合模式，用好市场和政府"两只手"，促进农村三产融合互动发展，推进农业供给侧结构性改革、农业发展方式转变，形成城乡一体化的发展新格局，促进农业增效、农民增收和农村繁荣。

（二）清晰发展目标

力争到 2020 年，基本形成具有湖湘特色的农村产业融合发展的制度框架和政策体系；到 2022 年，农村产业融合发展的框架和政策体系逐步健全，产业融合业态丰富、农业功能逐步拓展、生态宜居美丽乡村建设取得重要突破；到 2035 年，农村产业融合发展取得决定性进展，产业融合成为农村经济基本面组成部分，农业农村现代化基本实现；到 2050 年，农村产业融合发展欣欣向荣，乡村实现全面振兴，三湘大地富饶美丽幸福新乡村全面展现，真正实现"农业强、农民富、农村美"。

农村三产融合发展的目标概括为"四链、三化、两更加，一个改善"：延伸产业链，完善供应链，提升价值链，优化利润链；农业功能多元化，农业业态丰富化，融合模式多样化；利益联结更加紧密，产城融合更加协调；"三农"问题得到改善。

（1）产业基础目标。培大育强主导特色产业，努力夯实"接二连三"基础。围绕主导特色产业，实行区域化布局、规模化生产、一体化经营、项目化推进、重点龙头企业带动，促进产业化和农业产业集群的形成。

（2）主体培养目标。开展农业产业化龙头企业提升行动，推进规模拓展、质效提升、技改扩能、创牌创新、联农带农"五大"行动，致力促进农产品加工业持续健康发展、跨越式发展。以品牌建设带动农业标准化生产和绿色农业发展，推广农业产业化经营和农业综合服务模式，构建完善三产融合发展的长效机制。

（3）项目建设目标。扎实推进重点项目建设，推进农业产业强镇、融合产业园区和省特色农业强镇。把现代农业的现代农业示范园区、农产品加工集中区、农产品批发市场"三大载体"作为示范区和集聚区。

（4）新兴业态目标。加强农产品流通设施和市场建设，加快推进区域性农产品批发市场建设和特色农产品销售。适应"互联网＋"的新形势和现代农业发展需要。积极推进"现代农业＋乡村旅游"，加强农村电子商务和农产品冷链物流体系建设，形成线上线下齐头并进、实体虚拟全面突破的农产品流通格局。

（5）农业功能拓展目标。大力发展休闲观光农业、康养农业等，充分拓展农业的多种功能。

（6）组织保障和工作机制目标。完善农村三产融合发展组织领导与协调机制，强化顶层设计。成立了多部门参与的省级联席会议制度，协调解决试点示范中的重大问题，形成了沟通协商、部门协作、合力推进农村三产融合发展的工作机制。政府支持、部门联动合力推进农业"接二连三"工程的实施。组织开展银企、银农对接活动，助力农村产业融合发展。商务、旅游、工商、粮食、供销、科技等涉农部门合力推进农村产业融合发展。

（三）突出重点任务

湖南以规模农业、特色农业、农业产业化、农产品加工、农旅融合等为"融合点"，以产业链条价值链条延伸拓展为"融合线"，以试点县、产业强镇、产业园区和产业聚集区为"融合面"，以大中小产业化联合体为"融合体"，融合主体不断壮大，融合业态丰富多样，融合模式持续创新，融合机制更加多元，推进三产融合高质量发展。

（1）搭建产业融合发展的载体。一是建设农村三产深度融合现代农业产业体系。从产业体系整体规划，着力推进产业链和价值链建设，实现"一产强、二产优、三产活"。二是建设农村三产的深度融合的农业生产制度。着眼于市场规划生产，形成更加合理的结构。转变产业发展方式，推动农业转型升级、创新驱动和产业集聚发展。三是加快建设农村三产的深度融合的农业经营体系，发挥农业适度规模经营引领作用。通过土地流转和农业科技推广，积极培育新农业管理的主体，形成现代农业管理体系。

（2）发动农村产业融合发展的引擎。一是制度创新。创新农村三产政策体系，从科技、金融、土地管理等方面提供政策支持，加强与农业政策的协调，不断提高农业效率。开展高标准农田建设综合改革，深化小型农田水利工程产权制度改革、粮食收储制度改革、集体林权制度改革和供销合作社综合改革，加快推进农垦改革、农村综合改革、农村改革试验区等工作。二是技术创新。加强科技人才创新与创业激励机制。增加领先企业研究的投入，提高创新能力和市场竞争力，积极探索品牌创新能力建设。三是商业模式创新。开展"互联网＋"现代农业行动，实施信息化进村工程，创新产销渠道提高农业产业化的广度和深度。选择产业融合新动能，实现绿色方式推动、科技创新驱动、质量效益拉动、品牌引领带动、新型主体联动和产业融合互动。

（3）抓住产业融合发展的纽带。促进经营主体之间持续形成风险共担、互惠共赢、激励相容的关系，更好地带动农民参与农村产业融合。创新发展订单农业。在平等互利的基础上引导"龙头企业 + 农民（家庭农场、合作社）"签订农产品买卖合同，形成稳定的买卖关系。鼓励贷款担保、农业保险、产销合作和联合营销基金联盟，实现利益分享。鼓励发展股份合作，利用"保底收益 + 按股分红"、农民以土地等投资，实行廉租套餐等优惠分享模式，使农民最大化行业公平份额。强化工商企业社会责任，健全风险防范机制。鼓励产业链模式创新，推动"政产学研"多重利益机制。

（4）把握产业融合发展的抓手。一是大力发展农产品加工业，加工链不断巩固。大力推进精深加工、综合利用技术，提高技术装备水平，推进加工园区建设引导加工业发展。二是推动龙头企业向农业全产业链环节延伸，实现产业链纵横向双向发展，增强农村产业融合的市场引领和创新驱动能力。三是发展农业新产业新业态，拓展农业功能。实施国家休闲农业和乡村旅游精品工程，推进农业与旅游、健康、教育、文化产业深度融合，支持发展休闲观光农业、乡村旅游、森林生态旅游。将休闲农业发展成为生态文明、景下优美、特色文化的现代农业。

（四）瞄准重点支持对象

（1）以试点县为瞄准对象。县具有承上启下功能，具有相对独立性，也是国家政策传导的主要载体。湖南支持农村三产融合发展是以县为支持对象，2015年遴选了 10 个县为试点，2016 年试点县为 16 个，扩大到武陵山区和罗霄山区扶贫片区，重点是扶持湘西自治州，农业产业专项和融合项目重点向贫困地区倾斜。2017 年在 16 个试点县的基础上，增加了 5 个产业融合强镇的支持。2018 年和 2019 年在 10 个试点县的基础上，增加了 30 个产业融合强镇的支持（见表 3.4）。树立一批可复制、可借鉴的农村产业融合示范样板，让农业产业强镇成为资源要素的聚集区、县域经济的增长极、城乡融合的连接部、宜业宜居的幸福地、乡村振兴的样板田。

表 3.4　2015～2019 年湖南省农村三产融合发展试点县（乡镇）

单位：亿元

年份	产业融合县（乡镇）	资金
2015	长沙县、华容、桃源、冷水滩、赫山、湘潭、隆回、靖州、涟源、衡山（10）	1
2016	涟源、永定、茶陵、中方、冷水滩、浏阳、安仁、邵阳、鼎城、龙山、永顺、屈原、南县、沅江、常宁、湘乡（16）	1.6

续表

年份	产业融合县（乡镇）	资金
2017	望城、祁东、炎陵、韶山、洞口、平江、安乡、永定区、赫山区、汝城、桂东、零陵、洪江、新化、凤凰、花垣（16）	1.6
	衡南、邵东、桃江、江永、通道以乡镇为单位（5）	0.1
2018	望城、岳塘、衡南、新宁、澧县、慈利、东安、资兴、双峰、鹤城（10）	1
	宁乡双江口镇、衡阳曲兰镇、常宁塔山瑶族乡、耒阳龙塘镇、衡东三樟镇、炎陵鹿原镇、株洲朱亭镇、茶陵严塘镇、湘乡东郊乡、邵东廉桥镇、武冈龙溪镇、华容插旗镇、汨罗市川水镇、桃源茶庵铺镇、武陵芦荻山乡、永定王家坪镇、慈利零溪镇、沅江四季红镇、资阳新桥河镇、道县梅花镇、祁阳茅竹镇、零陵邮亭圩镇、安仁灵官镇、宜章莽山瑶族乡、涟源桥头河镇、冷水江渣渡镇、娄星杉山镇、芷江大树坳乡、洪江岩垅乡、龙山洗洛镇（30）	0.6
2019	耒阳、渌口、武冈、临澧、武陵源、桃江、桂阳、江华、冷水江、古丈（10）	1
	长沙高桥镇、宁乡沩山乡、衡南江口镇、衡山永和乡、石鼓角山镇、茶陵湖口镇、攸县皇图岭镇、荷塘仙庾镇、湘潭花石镇、新邵潭府乡、城步长安营镇、华容三封寺镇、汨罗长乐镇、鼎城十美堂镇、桃源杨溪桥镇、西湖西洲乡、桑植陈家河镇、南县三仙湖镇、大通湖金盆镇、苏仙栖风渡镇、临武汾市镇、东安大庙口镇、双牌茶林镇、新田龙泉镇、沅陵官庄镇、溆浦大江口镇、涟源金石镇、双峰荷叶镇、凤凰廖家桥镇、花垣石栏镇（30）	0.6

资料来源：湖南省农业农村厅官网。

（2）重点支持农产品加工产业及其园区。制定了《"十三五"农产品加工业发展规划》，明确湖南农产品加工业发展思路、发展目标和主要任务，细化粮食、油料、畜禽、果蔬、水产、茶叶、中药材、竹木等主导产业的发展目标与培育重点。出台了《关于支持农业产业化龙头企业发展的实施意见》（湘政发〔2013〕2号），提供财税、金融投资保险、科技、用地用电等扶持政策。《关于深入推进农业"百千万"工程促进产业兴旺的意见》（湘政发〔2018〕3号）提出重点打造的六大千亿产业。推进强农"六大行动"、构建"四大体系"（金融支持、社会化服务、创业服务、电商服务）和搭建"三大平台"（农业综合产权交易、综合信息服务、农技服务），促进加工业和龙头企业的发展。建设农产品加工产业园区，创建农业产业化示范基地和现代农业示范区，实施"十大农业企业品牌"培育计划。推进冷链物流建设，实施产地初加工补助政策。发展农产品精深加工，实施"湖南优质粮油"工程、"百企"培育工程，形成农产品集散中心物流配送中心和展销中心一体化，促进品牌建设和质量安全工作，促进产业融合发展。

(3) 支持新型农业经营主体和规模化经营。新型农业经营主体已成为推进现代农业、精细农业建设的新主体、新载体，在提高农业组织化程度、拓展农业多元服务、推进农业现代化建设等方面发挥了突出作用。出台了一系列政策支持新型农业经营主体提质发展。例如《关于支持农业产业化龙头企业发展的实施意见》(湘政发〔2013〕2号)、《关于加快发展农民合作社的意见》(湘政发〔2013〕34号)、《关于加快培育发展家庭农场的意见》(湘政办发〔2015〕106号)。切块安排资金到县，支持新型农业经营主体发展。将农业"三项补贴"合并为农业支持保护补贴，用于支持耕地地力保护和粮食生产适度规模经营两个方面。出台《"百千万"工程加快现代农业建设的意见》(湘政发〔2014〕5号)，2014～2017年，省财政共安排"百千万"工程专项资金228.78亿元(扶持113家企业，718家现代农机合作社，136家农机合作示范社和10022户家庭农场)。统筹实施三产融合发展、"互联网+"现代农业和农业绿色发展三个行动。加大专题培训，连续举办湖南农村三产融合发展专题培训班。探索适当的融合路线，推进农业规模经营有效发展，提高资源利用率与经营效率。

(4) 支持农业新兴业态。下发了《关于发布"一县一特"主导特色产业发展指导目录的通知》(湘农联〔2018〕94号)，印发了《湖南省农业产业化龙头企业"千企帮千村"行动方案》(湘农发〔2018〕92号)，在全省开展"千企帮千村"三年(2018～2020年)行动，引导农业产业化龙头企业到贫困地区建基地、联农户，建立健全利益联结机制。创新对企业从事涉农电商、休闲农业、设施农业、创意农业等新业态的补贴政策，推广"田头市场生产+电商企业销售+城市配送+消费者"等创新营销模式，并在"百企"培育项目、农产品加工引导项目、特色产业园项目、农业综合开发项目等方面给予重点支持和优先安排。

三、湖南农村三产融合的效益分析

农村三产融合是农民增收的重要途径以及农村的转型发展道路，湖南探索了产业融合模式、利益联结机制，农村产业融合发展进程加快、模式增多、内容拓展、质量提升，呈现出多模式推进、多主体参与、多利益连接、多要素发力、多业态打造的新格局。在促进农业增效、农民增收、农村繁荣方面的作用日益显现，为实现乡村产业兴旺奠定坚实基础。湖南农村三产融合发展通过提高资源的利用率、降低交易费用、促进产业升级与经济增长，越来越多的农民实现了利益共享和农户增收，新产业、新业态、新模式已成为农业农村发展新活力和新动能，探索出了一条全新的农村三产融合发展道路。因此，这种效果是综合的，包括经济效益、社会效益和生态效益等。

（一）湖南农村三产融合发展的经济效益

2015 年的中央一号文件明确指出，农村三产融合是促进农民增收的关键路径。农村产业融合能够促进农户收入增加，李云新（2017）研究表明，参与过产业融合的农户家庭的平均农户收入水平要高于未参与产业融合的农户家庭。相较于传统农业单一发展模式，农村三产融合的农户增收效应在 50% 以上。农村三产融合提高农户收入主要是通过拓展收入范围、发展多种形式的产业融合、紧密利益联结、完善多渠道农村产业融合服务等途径实现的。利益的紧密联结强化了农民的主体身份，能够利益共享、风险共担，分享农村产业融合带来的增值收益，实现农业产业链延伸，价值链增值和功能拓展。

（1）分散家户从事种植业效率太低，融合产业的关联度高、行业覆盖面广，通过模式创新、链条延伸、主体参与、要素激发、业态打造等。农业产业链不断延伸、价值链不断提升、供应链不断完善。农村居民人均可支配收入由 1949 年的 45.23 元增加到 2018 年的 14093 元。

（2）农村三产融合发展使农民增收从相对狭窄的农业领域向更为宽广的产业领域持续拓展，从农业生产单环节向全产业链的持续拓展，从农业内部向农外持续拓展。农村产业融合方式包括订单农业、企业务工、土地入股、土地流转、土地托管和农业经商等方式，形成以一种或多种方式发生关联且多样化的利益联结。"获农金、收租金、挣薪金、分股金"的农民跨界增收、跨域获利的格局基本形成。通过发展订单契约农业、开展股份经营合作、实行产业服务带动等多种利益联结机制，农民已成为产业融合发展的利益共同体中的重要部分，充分分享到了产业融合的增值收益。据统计，自 2015 年以来，湖南项目区农民比非项目区人均增收 380 元左右，累计为农民增加收益近 20 亿元。

（3）农村三产融合发展成为县域经济发展的重要支柱。推进农村三产融合发展，事关农业现代化进程，事关农民全面小康，事关农村繁荣稳定和经济社会发展全局，从当前和今后一个时期来看，农村三产融合发展已成为稳增长、调结构、促改革、惠民生的重要力量，成为应对经济下行压力的重要支撑。农村三产融合解决了农产品产量过剩、供需时间和空间不匹配等造成的资源浪费，实现农业、农民、农村与工业、市民、城市的对接，提升了产品竞争力和农业经济效益，有利于推进乡村振兴战略的进程。2016～2018 年，湖南试点县农村三产融合发展产值达 8000 亿 ~10000 亿元,农业产业增加值占 GDP 的 35%,对 GDP 的贡献率达 40% 左右,对财政收入贡献率达 45% 左右。农产品加工业与农业总产值之比达 2.2∶1。其中规模农产品加工企业将增加 1500 亿元左右,年加工产值 4000 亿元,税收 50 亿元左右,企业增加利润 70 亿元。

(二) 湖南农村三产融合发展的社会效益

一是促进结构调整和产业聚集。随着在空间布局、产业分工和服务功能等方面的完善,实现商流、资金流、信息流、技术流的有效集聚,并将带动农业、金融业、物流信息业、交通运输业、印刷包装业、商贸服务业快速发展。

二是推动城镇化发展。三产融合提升周边区域集镇的商业价值,促进房地产、餐饮、住宿的行业发展,对城镇化的贡献率达 35.2%。三产融合引导更多的农村二三产业向县城、重点乡镇及产业园区集中,推动了产城融合发展。华容县、屈原管理区的现代农业综合产业园,创新体制机制,引进金融资金,探索"产学研"合作之路;大通湖的水产、洞口的柑橘、靖州的杨梅等特色产业园,都有龙头企业带动,科技有力地促进了产业升级。

三是促进就业创业。试点县农村三产融合发展将新增就业人员 120 万人,对新增就业的贡献率约 35%。返乡下乡创业人员中 82% 以上创办的都是农村三产融合类项目,广泛涵盖特色种养业、农产品精深加工业、休闲农业和乡村旅游、信息服务、电子商务等产业,带动了农民增收。2016 ~ 2018 年,农村三产融合发展带动农民年均增收 1500 元左右。

四是减贫效应。农村三产融合整合资金投入、项目开发、人员培训、设施建设等扶持政策与精准扶贫紧密结合,发展了一批特色产业,培育了一批龙头企业,不但有效开发和利用了贫困地区的资源优势、特色优势,从根本上找到了产业扶贫、产业脱贫的着力点和突破口,改变了贫困地区特别是深度贫困地区脱贫致富的环境条件,奠定了贫困地区产业兴旺的基础,激发了贫困人口脱贫内生动力,扩大了扶贫成果,提高了脱贫质量。农村电商体系不断完善,交易产品涵盖农作物、果蔬、生鲜、餐饮、旅游等实物类与服务类,依托"电商扶贫",实现湖南 51 个贫困县 (市、区) 6924 个贫困村 445 万贫困人口长期、稳定、直接脱贫,湖南 1200 亿元农村电子商务交易额中,51 个贫困县的交易额占 40% 以上。

五是行业标准不断优化,国家确定了农产品深加工、精加工的发展方向,对产品的品种、品质和质量安全提出更高的要求。大湘西 (即湘西地区) 创建"湘西仙米"省级公用品牌,实现好山好水出好米。湖南重点支持打造"常德香米""南洲虾稻米""永顺松柏大米"等地方区域公用品牌,用品牌引领生产、提升效益、拓展市场。

（三）湖南农村三产融合发展的生态效益

农村三产融合把绿色发展理念融入到农业的每一个环节、每一个领域，成为提高农产品质量安全、打造绿色品牌、推进"三品一标"建设的"催化剂"。借势农村三产融合发展，标准化、清洁化生产深入推进，"三品一标"产品规模化持续发展，农产品质量和安全水平进一步提升。农村三产融合发展延伸农业产业链条，农村生态环境得到有效的保护和改善，推动"两型"农业的发展。

绿色发展促进农民增收。通过实施粮油绿色高质高效创建，大力发展"高档优质稻+虾、鱼、蟹"等模式的稻田综合种养，每亩平均纯收入3000元以上。高档优质稻生产订单化，每百斤收购价格比普通稻高20元以上，农民每亩至少增收300元。政府需要逐渐重视利益联结机制的构建，并强调科技创新的重要作用。积极引导龙头企业发挥辐射带动作用，采取"公司+农户"的发展模式，带领农民标准化、科学化、产业化发展种植优质稻。由企业与农户签订保价收购协议，确保农户种植增收。湖南龙头企业优质米销售比重由不足10%提高到了50%以上，其中湖南粮食集团年销量从七八万吨增加到五十多万吨，优质米占94%，进入全国粮食行业五强行列。据了解，南县打造了7个万亩集中连片稻虾生态种养示范基地，稻虾种养规模发展到40万亩，为农民增收1亿元以上。

四、湖南三产融合发展的经验探讨

坚持"产业链支撑、主体带动、科技提升、业态创新、品牌建设、社会化服务、利益链接、政策创新、改革驱动"等原则和方向，落实政策引导融合，推动落实财政、金融、税收、科技人才、用地用电等扶持政策落地生效，扶持一批县、乡镇、村发展农村的融合发展先导区、示范园，培育融合发展的企业主体。

（1）构建全产业链，实现产业化、合作社和农产品加工"三驾马车"齐发力。农村三产融合发展延伸农业产业链条，促进了农业生产、加工、物流、仓储、营销链式发展。产业链在市场导向下做加法，农业生产布局更趋合理，区域化布局、专业化分工趋势逐步形成，形成了各具特色的优势农产品产业带。更多关注农业功能的拓展和农业发展的阶段性演进，展示农业功能拓展后的"乘数效应"，深度融合产生新业态、释放高效益。引导带动农民合作社延长产业链和价值链、促进农民分享加工流通增值收益、推进农村三产融合发展等。把农民合作社作为农产品加工业新的增长点进行重点培育和扶持，农民合作社创建了"合作社+公司+基地+农户"的新产业化模式，成为推进农村三产融合发展的有效载体。龙头企业引领示范，带动农户和合作社发展是三产融合成败的关键点。同时，合作社也发挥在各主体之间的连接作用，发挥其在带动农民增收、农业提质增效中的作用。农产品加工企业构建全产业链、价值链，成为产业融合发展的主导力量。

（2）新型农业经营主体培养和"三农"工作队伍建设。近几年，省委省政府把加快培育农村人才和新型职业农民作为深化农村改革、推进现代农业发展的重大战略措施来抓。提升新型农业经营主体的经营管理水平和创新能力。落实湘政发〔2014〕5号文件精神，通过实施"百千万"现代农业发展工程，发挥农村三产融合参与主体的推动能力，以农民专业合作社、龙头企业为主要生产主体，并相互衔接、相互合作的新型农业生产体系正在形成。自2014年以来，湖南确定培育对象55万人，组织各类培训17万人次，累计认定新型职业农民5万多人。截止到2017年年底，湖南农村实用人才总量达85.5万人，其中生产型人才30.01万人、经营型人才28.13万人、技能服务型人才12.29万人、技能带动型人才5.7万人、社会服务型人才9.36万人。计划用5年时间，将湖南1万名新型农业经营主体带头人轮训一遍。形成了"政府主导、农业牵头、部门协作、上下联动"合力推进新型职业农民培育工作的良好局面。

"懂农业、爱农村、爱农民"完整地构成了新时代"三农"工作队伍的基本能力素养，湖南培育形成了一支具有一定规模、整体实力不断增强的农业农村干部人才队伍。引导和鼓励高校毕业生、有志青年返乡创业，将新技术、新知识带到农村，将各行各业的人才吸引到"三农"工作队伍中来。以中组部、农业农村部农村实用人才带头人和大学生村官示范培训工作为牵引，培训种养大户、家庭农场主、合作社负责人及村"两委"成员、大学生村官等共2800余名。在115个县市区开展新型职业农民培育工作，湖南培育新型职业农民17万人，累计认定新型职业农民49497人。同时，还开发了湘农科教云，推动新型职业农民互联网上培育工作。实施了农产品加工和休闲农业企业在职职工培训，结合"蓝色证书"培训，自2015年以来累计培训4.85万人；加强农技推广人才队伍建设，完成了基层农技人员的轮训工作。优化农业农村人才队伍建设环境，增强人才发展活力。

（3）科技提升产业融合层次。围绕产业关键技术，加强农业主导产业科技攻关，湖南加快农业新品种、新技术研发和推广应用，农业科技进步贡献率达58%，农业农村综合信息服务体系覆盖率达95%，农作物新品种培育和更换速度大大加快，良种覆盖率达96%以上。科技在农业中的引领作用得到加强。一是水稻育种在国际上占有领先地位，从超级稻到海水稻，单产不断取得突破。二是以省级现代农业产业技术体系建设为契机，以解决产业实际问题为导向，选育了一批新品种，集成一批适用技术，解决了一批技术难题。实施"百片千园万名"科技兴农工程，打通科技入田"最后一公里"，引领新一轮农业结构调整。在长沙等22个主产粮县开展高产创建和绿色增产模式示范；蔬、油、茶等开展"三品"（品种、品质、品牌）提升示范；稳猪保禽促牛羊水产，环洞庭湖生态渔业、湘西南肉牛肉羊、湘南湘中优质湘黄鸡形成示范片，推广标准化健康养殖。动植物新品种、栽培养殖技术、主要农作物重大病虫害以及重大动物疫病防控技术的大范围推广。以农业科研院所为重点组织开展科技攻关。2017年共同发起成立了"湖南省农业科技创新联盟"，围绕水稻、油菜、柑橘等重点产业开展科技攻关，提升创新效率。

（4）丰富新业态、新产业促进产业融合。产业融合边界的模糊化能产生新业态，农业与加工流通、休闲旅游、文化体育、科技教育、生态旅游、健康养生、电子商务等深度融合催生形成农村新产业、新业态、新模式，呈现出主体多元化、业态多样化、设施现代化、服务规范化和发展集聚化态势，这些成为农业农村发展新活力和新动能。湖南农业新产业、新业态发展势头良好。2012～2016年，湖南休闲农业保持年均25%以上的高速增长率；农村电商发展来势较好。截至2017年底，湖南共有33个县进入全国电子商务进农村综合示范县行列，共建成村级电商服务站12602个。全年农村电子商务交易额约1800亿元，同比增长50%左右；智慧农业公共平台建设有序推进，智慧湘农云平台，湘农科教云等一批App推广应用。湖南国家农村农业信息化示范省综合服务平台建设取得阶段性成果，湖南新农村农业物联网、农业移动互联等应用服务不断完善（卞鹰，2018）。"互联网＋"已成为湖南农村三产有机融合和现代农业跨越发展的全新引擎。农村电子商务平台涉及农业产、加、销及生活各个环节，农业众筹平台总数突破20个，建立物联网示范基地94个。农村创业创新活力迸发，80%以上创业的是产业融合项目。约90%是抱团创业，形成了一大批农村产业融合利益共同体。

（5）品牌建设促进农村三产融合发展。湖南制定了推进品牌强农的湖南层面行动方案，从目标任务、实施路径、保障措施三个方面细化了农业品牌建设培育的具体措施和扶持办法。加强对湖南十大农业区域公用品牌监测管理，制定完善区域公用品牌的扶持办法，不断提升湖南农业品牌的影响力和市场竞争力。2018年3月，湖南古丈毛尖、麻阳冰糖橙、崀山脐橙、江永香柚、炎陵黄桃5个农产品区域公用列入央视"广告精准扶贫"免费推荐项目，有力地提升了湖南特色农产品品牌的知名度和影响力，对推动贫困地区特色农产品销售、促进贫困群众增收致富产生了积极的作用。2018 年，湖南安排强农行动资金近 20 亿元，扶持内容涵盖区域公用品牌创建、农业企业品牌（企业股改）建设、特色农产品品牌打造、优质农副产品供应示范基地（省级农业特色产业园）建设等内容。

（6）加快发展农业社会化服务。通过农业社会化服务为农产品生产、加工、销售提供支持，实现农产品的商品化。目前，湖南开展了生产托管等农业生产社会化服务试点，探索了订单式、托管式、站点式、平台式、合作式等多种典型模式。各类新型农业服务主体快速发展。市场化运作的龙头服务企业不断壮大，农业生产型服务的产业形态越来越明晰。湖南现有社会化服务组织数量 3.5 万个，其中，农民合作社 1.9 万个、农业企业 3.16 万个，服务对象 299.67 万个；接受服务的农户 252.98 万户，服务面积 75 万公顷。积极培养统防统治、农机作业、农资购销、粮食烘干等农业社会化服务组织，推行"订单式""套餐式""六代一包"等新型农业社会化服务模式，从事社会化服务的专业人员达 12.6 万人，机械作业、病虫防治、烘干仓储等现代服务设施明显改善，服务能力全面提升。推广农机与农艺融合新品种、新技术、新模式，支持农机服务向农技服务拓展。2018 年机械化插播率达到 33.16%；湖南油菜机收面积 80 万公顷，机械化收割水平超过 51%；中央分配湖南农机补贴资金 6.39 亿元。供销社参与农村三产融合，向农业生产全程社会化服务的工作全面启动，启动了茶叶产业、水稻生产社化会服务、水果、蔬菜食品加工、休闲观光农业等产业融合项目试点。

（7）构建主体之间利益联结机制。健全利益联结机制，通过发展订单契约农业、开展股份经营合作、实行产业服务带动等多种利益联结机制，农户成为产业融合中的共同利益者。形成了订单生产、股份合作、产销联动、利润返还等紧密型利益联结机制，探索出了"保底收益 + 按股分红""固定租金 + 就业 + 农民养老金""土地租金 + 务工工资 + 返利分红"等产业共同体、利益共同体，实现了向"资源变资产、资金变股金、农民变股东"的跃升。据测算，农村产业融合使订单生产农户的比例达 45%，经营收入增加了 67%，农户年平均获得的返还或分配利润达 300 多元。目前，与农户订单收购的企业占比达 81.3%，自有生产基地的企业占比达 56.3%，比全国平均水平高出 10% 以上；67.2% 的企业向农户或合作社提供种子、种苗、化肥等生产资料，高出全国 11% 左右。

（8）财政支持政策创新促进农村三产融合发展。为充分发挥中央财政资金的引导作用，湖南加大了试点工作配套资金投入：一是省级农业项目资金向示范县、贫困县（市、区）倾斜。从 2015 年开始，省级财政围绕特色县域经济重点县建设、"三个百千万"工程和"六大强农"行动等农业项目建设，优先扶持示范县、贫困县。支持贫困县市区的资金不得低于其专项资金总额的 50%。二是整合涉农部门项目资金向示范区倾斜，强化"农村三产融合专项资金＋"的资金整合模式。建设 14 个国家现代农业示范区，在重大工程、重大项目给予倾斜，集聚合力推进示范区平台建设、提升现代农业发展水平。三是各县全力进行整合配套。大力支持搭建信贷平台，打通融资壁垒，降低融资成本，适当分担风险，农业信贷担保体系实现湖南 90 个产粮大县、51 个贫困县全覆盖。2015 年，试点县三产融合带动社会资本 29.59 亿元。四是全面加大社会资本投入。提供融资担保、奖补政策等措施，增大社会资本参与产业融合的积极性。多渠道筹措资金，构建"财、银、保、担、投"联动新模式。

第三节　湖南农村三产融合发展中存在的问题

目前，湖南农村三产融合虽然取得了一定的进展，但仍然处于初级发展阶段，在农业与相关产业融合发展的理论研究很匮乏，实践中农业与相关产业的融合发展程度也很低。大多数农村三产融合发展徘徊不前，农产品加工业的引领带动能力还不强，组织领导体系和领导方式亦不能完全适应三产融合发展的新形势等问题，必将对"四化两型"与实现脱贫攻坚进程带来不利的影响。

一、农村产业融合的动力不足

一是经济动力不足。产业发展主要取决于经济动力，也就是附加值增长空间。在产业链条和外向联系割裂的情况下，农业价值及其附加值往往在市场经济中无法实现。农村三产融合发展是提高农业综合效益、农业竞争力、促进农民增收的关键。农业的多功能性使农业融合提供了可能。经济增值来源主要在非农产业。湖南农业增加值在国民经济中所占比重已经下降，第二产业、第三产业增加值增长空间越大。农业由农产品生产向加工及其服务领域延伸，可以实现更多更快的增值。当前，经济社会发展中最明显的短板仍然在"三农"，现代化建设中最薄弱的环节仍然是农业农村。农业发展的结构性矛盾突出，农业仅局限于提供原料农产品，农村"空心化"和农村凋敝。没有经济发展和利润水平作基础，而强行推行农村三产融合，会遭遇与日本同样的问题。

二是产业公地不足。培育共同的技术基础（产业公地）是开展产业融合的根本前提。缺乏共同的技术基础，产业融合只是在某个产业内的产业化方向上的传统延伸，难以打破产业间界限，难以走出创新路子。因此，产生于产业集群的共同技术基础非常重要。产业公地培育得越好，农业与其他相关产业的融合就更顺利，最终效果也就更好。

二、农村产业融合发展层次较低、产业链条短

农村产业融合发展亮点很多，但总体上比较分散。三次产业链融合互动不足，尚未形成一个新型的产业系统和利益共同体。产业链组织化和一体化程度较低，产业链结构发展失衡，上游太分散，农产品档次低，同质化竞争严重，农业内部结构失衡，企业以种养殖及农产品初加工为主，科技创新能力普遍较低，精深加工水平低。

一是加工链总体较短，带动能力不强。大宗农产品加工水平偏低，精深加工及综合利用率不高。特色农产品产业链条较短，难以适应市场需要。大多数加工企业规模小，生产经营成本高，技术装备水平相对落后。农产品产地初加工欠缺，发达国家农产品在进入流通环节和精深加工之前，会经过净化、分级、干燥、预冷、储藏、保鲜、包装等初加工处理，避免农产品出现腐烂、变质、生虫或者发生价值减损等情况。

二是服务链发展滞后，上中下游不均衡。很多农户仍然是自服务型，独立完成农产品生产过程，对生产性服务需求不强，制约了农业服务业的发展。服务链发展不均衡，产前、产中服务发展相对较快，但农民产后急需的信息服务、金融服务、销售服务等仍很薄弱。冷链物流发展滞后。

三是功能链发展才刚刚起步，"三链"（产业链、供应链及价值链）的拓展不足。目前，休闲农业等新功能产业链还很短，缺乏体验、文化、教育等高层次项目。农业功能仍停留在提供初级农产品的供给链条底端，其在文化传承、生态科普、健康养老等方面的功能没有得到充分挖掘。种、加、销、游各干各的，与加工融合组成"产包销"一条龙的农产品加工企业，与金融行业融合组成农业生产互助银行，与旅游业融合创办乡村旅游公司等新兴业态还在摸索中。

四是产业链在不同区域、不同部门间的标准不一致、不协调，降低了产业链的运作效率。纵向融合居多、横向融合偏少，农业多功能性拓展不够。融合后的产业优势没有得到充分发挥和体现，融合延伸出的价值链条较短，对消费者的体

验需求重视不足，附加价值对地方经济的带动作用有限。三产融合根本在于延长和拓展"三链"，"三链"的拓展不足，直接影响了农村三产融合新业态的形成与发展。

三、农村产业融合发展面临要素瓶颈突出

资源要素供给不足是制约农商融合深度发展的重要因素，也是我国实现农业现代化建设必须解决的难题。目前，要素供给不足已经成为推进农村产业融合的制约因素。

（1）融资难。金融部门对农业企业和农户的支持不够，全产业链金融服务的意识和能力不强。新型农业经营主体对现有财政金融管理体制与资本运作方式普遍存在不适应，财政扶持资金比例不协调、需求缺口大；融合节点支持不足。金融服务欠缺，农业经营主体融资渠道单一，银行贷款为主，普遍存在抵押资产不足，融资难、融资贵等问题突出。大多数银行对农业产业化企业授信额度下降，续贷和筹资难度增大，农业领域金融抑制明显。融合项目难以吸引社会资本，需要打好上市体制基础及实体资质，熟悉资本市场规则、尝试股权和债权等多渠道融资，通过其培育孵化，逐步推动更多的涉农企业走上资本市场发展之路。

（2）土地紧。土地流转体系建设尚处于探索阶段，有近七成的耕地处于分散经营状态。村民意识跟不上，缺乏有效的土地流转机制和管理服务体系，且流转程序欠规范。对设施农业发展用地的支持力度不够大，同时也还存在用地不规范、利用效率不高等问题。

（3）县域农业人才缺乏。农民生计日益脱离农村，阻碍了"四化"综合水平的提高。农民居住城市化、就业非农化、生计多样化，带来了生产要素非农化、村庄主体留守化、农村"空心化"、生态环境恶化等诸多问题。县域农业龙头企业缺乏规划、设计、管理、成本核算等专业人员。缺乏熟练运用互联网、懂知识、有技术的经营管理人才。涉农的科研单位、科技研发人才集聚程度有待提升，农民科技文化素质不高，市场和信息服务滞后等，制约了农业科技自主创新能力提升、农技推广和产销对接，农商融合难以深化。

（4）农业科技贡献率低。龙头企业的创新能力不够，上游主体吸收应用新技术的能力不强，农业科技部门全产业链技术服务能力不足。农业增长方式依旧粗放，先进技术要素扩散渗透力不强，产业融合动力不足。农产品加工业新技术的研发能力不足，智慧农业的安全监控体系不健全，难以为智慧农业的发展带来

加工、运输、通信、大数据等新技术的支持，以及物联网等新的媒介平台。新型职业农民数量严重不足，农民的科技水平与现实要求有一定的差距。

四、经营主体对农村产业融合的带动能力不强

农业新型经营主体大多占据产业价值链"微笑曲线"的中低端，其整体融合性发展受到其产业化经营能力、融合带动能力、集聚集中能力水平的限制。相对而言，产业融合发展中普遍存在着主体带动能力不强的现象。

（1）主体发展质量普遍不高，有实力的主体少。家庭农场总数偏少，难以实现规模效益。龙头企业和工商资本拥有资金、技术和管理优势，但是其辐射带动力有限，难以成为融合主体。约85%的家庭农场年销售额在50万元以下，仅5%的家庭农场拥有注册商标，5%的家庭农场通过农产品质量认证；湖南合作社示范社占比仅12%左右。超过80%的合作社牵头人为农民，企业和基层农技服务组织牵头的只有10%左右。在全国农业产业化龙头企业500强中，2017年营业收入达到100亿元以上的有62家，湖南仅有8个企业入围，分别是：唐人神排在38位，大康国际食品排在44位，道道全粮油排在147位，隆平高科排在154位，金健米业排在176位，新五丰排在273位，正虹科技排在321位，太湖水殖排在395位。

（2）新型农业经营组织发育迟缓。部分新型经营主体结构单一、管理粗放、经营能力不强，大多数合作社有名无实，部分合作社不具备自我发展能力，家庭农场和专业大户规模小，参与融合能力差。家庭农场的法律地位还未明确（在注册登记、缴税、土地流转、融资担保等方面缺乏必要的法律依据），政策扶持力度还不够（大部分限于粮食种植类家庭农场），风险防控能力比较弱。同时，在发展认识、定位等方面还不是十分清晰，缺乏针对性强的扶持政策。龙头企业管理水平不高。多数涉农企业采用家族式管理，市场主体意识弱，向上下游延伸动力不足，缺乏灵活有力的经营战略，大部分没有建立现代企业管理制度。

（3）部分经营主体创新能力不足，农产品加工能力亟须提升。农产品加工业仍然大而不强，与不断升级的消费需求不相适应。加工能力有待提升，农产品品牌建设不足。2016年，湖南农产品加工业产值与农业总产值比只有2.1:1，低于全国平均水平（2.2:1）。农产品加工企业达4.81万家，是河南的1.27倍；农产品加工企业年均销售收入2769万元，是河南的45.5%；规模以上农产品加工企业4206家，仅为河南的54.06%、山东的32%左右。有影响力的品牌相对不足。截至2017年年底，湖南农产品加工企业获"中国驰名商标"多达179件，但在全国有影响力的品牌少。在 2017 年中国大米十大品牌中，仅金健入围，且排名靠后。湖南油茶占据全国四个第一（2016 年，种植面积 140 万公顷；产量 23.4 万吨；产值 300.8 亿元；科技水平全国第一），在品牌排行网主办的 2017 年度中国茶油十大品牌评选中，湖南无一品牌进入三强。区域公用品牌也面临类似窘境。2017 年地理标志农产品达到 72 个，仅 3 个入围全国百强农产品区域公用品牌。

五、产业链利益联结和分配机制不完善

构建利益联结机制的过程具有长期性、艰巨性和复杂性的特点。对于提升农户发展能力、引导农户参与发展的重视不足，不注意循序渐进，期望立竿见影，超越发展阶段片面地追求"紧密型利益联结机制"，影响了农民持续稳定增收机制的形成。产业利益联结机制不健全，分享全产业链增值收益不合理，没有形成利益共同体。将完善农户利益联结机制等同于促进农民增收，忽视培育农民增收的内生动力。农产品专用性高、生产周期长，对市场需求变化反应滞后，导致农企之间难以保持长期稳定的合作关系，农户注重短期收益与企业投资周期长之间的矛盾制约产业链发展。

在"龙头企业＋合作社（基地）＋农户"的模式中，上游种养环节的经营主体在信息、流通、销售方面缺乏相应的技能，基本上没有价格谈判能力和权利，在利益链条上处于弱势地位，难以公平分享全链条增值收益。龙头企业往往控制着产业链的关键环节，产业链收益明显向其倾斜。公司的低成本垄断模式获取超额利润，农户在谈判中同样处于劣势地位。没有建立起农民与产业发展的紧密利益联结机制和利益共同体（李勇，2018）。订单是农户参与产业链的主要方式，但订单普遍缺乏约束力，一旦市场环境发生不利变化，两者都容易出现不合作行为，双方利益都得不到有效保障。农企互相信任不足，存在"契约约束的脆弱性和协调上的困难"的缺陷，容易导致道德风险、逆向选择等问题，机会主义行为严重，存在较高毁约率，合同履约率仅为 20% 左右，严重影响了农村三产融合发展。

农户与新型经营主体之间的巨大反差容易侵蚀完善利益联结机制的实效，按照股份制或股份合作制的运作逻辑，普通农户难以形成利益分配甚至经营决策的话语权和影响力。普通农户人数多而散，出于"搭便车"心理，缺乏足够动力和能力去争取共同利益。一体化的新型农业经营组织缺乏稳定性，形成负向循环。

六、农村产业融合发展存在管理体制和政策障碍

①部分地方对产业融合认识还不足，政策落实不到位。行业壁垒无法迅速打通，土地、资金、劳动力、信息、技术、管理等要素跨界流转不畅，阻碍扶持政策的层级传递。当前中国的农户日益成为高度异质性的群体，对农户分化趋势及其影响关注不足，对不同类型农户的差异性需求重视不足。此外，法律体系建设滞后，缺乏农村三产融合法律法规等文件来助推其有序进行。②缺乏统筹规划和安排，管理不够规范，办事效率低。缺乏产业融合发展总体规划和布局，难以统筹协调和有序推进。产业链条的管理被割裂，导致管理体制部门分割、职能不清、协调困难。管理部门间缺乏协调规划和灵活调度。例如，缺乏与休闲农业相关的建设、安全、餐饮、住宿、环保、卫生、服务等行业性标准或规范，涉及财政、土地、农业、科技、旅游、商务、质检、工商等管理部门，需要花费大量精力协调，办事效率低。不同管理部门在工作目标、工作方法、工作机制上都存在差异，没有跨界合作交流平台，难以形成落实政策的协调机制，跨界融合效率低下，不利于对三产融合做出全面、长久有效的发展规划。③部分政策生产导向过强、消费导向不足。目前各地制定和执行的政策主要突出增加产品供给，不重视按需引导农村产业融合发展。补贴政策多以产量定补贴，重产轻销、重量轻质。补贴的不平衡且不利于产业链条的延伸与服务行业的兴起，二三产业的发展滞后。

第四章　农村三产融合发展的宏观背景：供给侧结构性改革和乡村振兴战略

　　加快农业供给侧结构性改革和实施乡村振兴战略，是党中央对我国今后一段时期内"三农"发展的重大战略部署。中国农业发展的主要矛盾已由总量不足转变为结构性矛盾，供给侧结构优化促进了乡村产业高质量发展，产业融合发展正引领和驱动乡村产业迭代升级。乡村振兴战略的实施为乡村产业提供强力驱动和发展空间。需要完善生产要素供给机制以及创新农业生产经营体系、创设新型业态等来推进农业供给侧结构性改革，落实乡村振兴发展战略。推进农村三产融合发展，将调动资源要素进入农业农村，推进中国农业发展与产业兴旺。需要打造特色精细农业、推动农业结构改革，推动中国农村产业发展提质增效。技术与产业交互联动、深度融合，形成经济发展新动能。

第一节　农业供给侧结构性改革对农村三产融合发展的支撑与驱动

一、农业供给侧结构性改革的背景和含义

　　进入全面小康社会后，农业增长平台正在转换，消费结构将加速升级，对农业产品功能（优质农产品与优美生态服务）的要求越来越高。消费结构加速升级、大众化、多元化、个性化、品质化的消费特征更加显现。从需求侧来看，新的消费需求对农产品安全、品质提出了更高的要求，这决定了必须由增产导向转向提质导向，优化供给结构和质量。我国农业生产与市场需求不匹配，根本上是

供给侧出了问题。从供给侧来看，农业生产要素投入边际报酬递减，环境成本的内部化与分类有序退出超载的边际产能，都会影响到中国农业的增长速度。从进口替代来看，2004年以来农产品贸易逆差在波动中呈现长期上升趋势，进口替代对农业生产、小农生计产生影响。如何走好中国特色的农业现代化道路，避免农业的系统性衰落，摆脱农业发展的困境。消费结构升级背景下，迎合城乡居民的需求，有必要从农业供给侧去调整结构，主动适应和引领需求的变化和调整，促进产城（镇）融合、产村融合与三产融合。

农业供给侧结构性改革是要改变农产品供给的品种、品质和数量，本质是要改变和提升农业生产方式和生产过程，要培育新型农业主体。加强农业供给侧结构性改革，提高农业供给体系质量和效率，真正形成结构合理、保障有力的农产品有效供给。农业供给侧结构性改革是转变农业发展方式的必然要求，是提高农业竞争力和农业现代化的必由之路。农业供给侧结构性改革工作主要是抓结构调整、促进农业提质增效和抓三产融合延伸产业链条。在促进农业供给侧结构性改革的基础上推进农村三产融合发展，将会顺势解决长期以来困扰中国"三农"发展的难题——"谁来种地、如何种地、怎样增收"等问题。

二、农业供给侧结构性改革与农村产业融合发展之间的关系

（一）农业供给侧结构性改革是推进农村三产融合的主线和方向

农业供给侧结构性改革就是围绕市场的需求进行农业生产，优化农业资源的配置，扩大农产品有效供给，增强供给结构的适应性和灵活性。高质量、有效率的农业供给体系，能够促进产业链、供应链的协同和效率的提升，促进农业价值链的延伸和整合，充分发挥三产融合的乘数效应，使加工环节强起来，流通环节活起来，完善利益链，扩大分享效应。目前，我国农业存在"六低并存"：抵御自然灾害与市场竞争的能力低、资源利用效率低、科技成果转化率低、农产品附加值低、农产品品质低、农民收入低。同时，农产品品牌化和标准化生产体系建设滞后，农业社会化服务体系仍不健全，总体不适应农业生产发展的需要。农业供给侧结构性改革亟须根据市场形势的深刻变化，转变农业发展方式、构建现代农业"三个体系"，拓展农业功能，实现农村三产融合发展。推进农村融合发展，要以供给侧结构性改革为主线和方向。

（二）推进农村产业融合发展是经济结构调整的有机部分和重要途径

农村产业融合发展已成为构建现代农业产业体系重要内容，成为实现农村现代化的重要途径。农村产业融合发展的第一要义是保障主要产品与服务的供给，

为农业供给侧结构性改革提供新力量，为经济社会发展全局提供支撑。农业供给侧结构性改革要求农产品价格不仅要反映供求，而且更要反映品质，必须融通产业链。现代农业竞争本质上是产业链竞争，应把产业链整合作为推进农业供给侧结构性改革的重要内容。推进农村三产融合发展，有利于解决农业自身封闭循环、农业比较效益偏低等问题，有利于要素配置机制协同高效和提高全要素生产率，实现高质量的投入产出、高质量的供给，满足高质量的需求。产业融合推动农业形式创新，催生新型产业，改变经营方式，推进农业产业化分工，增加农业附加值。有利于农业结构调整和产业集聚，为农村经济发展注入新动能，实现传统农业向优质高效的现代化新型农业转型。三产融合是促进农业现代化与新型城镇化相衔接，推动城镇化发展进程和新型工农城乡关系，为城乡融合发展增添新途径。用产业链构建来统领三产融合等政策，增强统筹利用国际国内两个市场、两种资源的能力，充分发挥区域比较优势，提升农业产业链竞争力。供给侧结构性改革的内涵是很丰富的，包含推进产业融合发展的任务。

三、农业供给侧结构性改革下湖南三产融合发展的具体步骤

农业供给侧结构性改革是一条主线，有力地促进了湖南乡村产业高质量发展和农村三产业融合发展。尽快落实中央和省委的决策部署，抢抓农业供给侧结构性改革新机遇，加快推进农村三产融合发展，具体实施步骤如下：

（一）转变观念搞好农村三产融合发展的规划

结合湖南农业"十三五"规划，高起点制定湖南农业供给侧结构性改革、优化产业结构和推进农村三产融合发展的具体规划和办法。产业融合发展要与当地产业优势、产业规划、经济区位、绿色发展和资源承载力相匹配。规划布局科学、因地制宜、重点突出。全面统筹布局生产、加工、物流、研发、示范、服务等功能板块。紧扣"质量变革（首位）、效率变革（导向）、动力变革（关键）"推进产业结构优化升级。以产业结构升级为抓手，推动创新引领、增强区域协调，形成以培育商业新模式、产业新业态倒逼传统产业组织运营方式革新的反馈机制，促进城乡融合与乡村振兴。

（二）着力破解农村三产融合发展中的重点难点

主要体现在"调、去、降、补、强"五个字：①调结构：统筹推动粮经饲统筹、农牧渔结合、种养加一体，提高农业供给体系质量和效率。湖南实施农业供给侧结构性改革，核心任务是要调优种植业结构。优化种植业区域布局和生产结构，适当调减双季稻生产。按照"一县一特"的总体思路，培育十大主导产

业，调优调精调特农业生产力布局。将全省划分为"四大"区域板块，引导各地按照区域功能定位，完成"四带八片五十六基地"特色农业产业发展布局。推进粮食生产功能区和重要农产品生产保护区"两区"建设。有序推进农作物品质升级，深入实施做优做强湘米工程，开展经济作物良种繁育体系建设。重点推动安化黑茶、湖南红茶、湖南茶油等公用品牌的打造。②去库存：在摸清底数的基础上，政府出台相应政策，搭建相应平台，组织湖南农产品"外卖内销"，鼓励企业、商贸实体收购和消化库存的农产品。③降成本：政府指导企业自身创新升级，实行种养、储存、研发、加工、销售"一条龙"产业化，走"内延"发展道路，鼓励农业产业化龙头企业提高精（深）加工能力，支持其品牌建设和市场营销；与此同时，进一步优化环境，提供相应社会化服务，帮助其降低其生产成本。④补短板：支持农村金融改革、支持新兴产业融合发展，重视高品质、高附加产品，提高农产品质量安全水平；实施"企业＋现代农业＋互联网"行动，推进现代信息技术在农业生产经营管理和服务。实施农产品加工业提升行动，加快发展乡村旅游观光、农家休闲度假、农耕文化体验等农村服务业，构建集生产、经济、生态、文化功能于一体的新型农业。⑤强实体：下决心支持现代农业实体经济，尤其是创新型、高效的特色粮油、特色经济企业和实体，将各种优惠政策整体"打包"给这些实体，同时减轻其负担。

（三）扶持融合发展主体

找准供给侧结构性改革与三产融合发展的主体。政府起支持和指导作用。重点扶持农业产业化经营主体，提高农业供给的有效性，加速推动农业产业内部的重组、融合。要注重发挥新型经营主体作用，发展产业化合作联盟模式，充分发挥专业合作社、生产大户和家庭农场等主体的生产运作优势，使其成为连接工商资本与小农户的纽带和载体，利用其在项目开发、精深加工、市场开拓、品牌建设等方面的优势，发挥主导带动作用；把小农生产、小农户引入现代农业发展轨道；发挥市场主体的参与作用，积极调动农户的主观能动性，提升农户的收益水平。大力培育从事加工流通、仓储物流、休闲旅游、金融服务和电子商务等业务的新型农村中小企业，逐步实现主体多元化、业态多样化、设施现代化、发展集聚化、服务规范化，拓宽产业融合发展新途径。

（四）支持实施质量兴农战略，深入推进农业供给侧结构性改革

围绕建设以精细农业为特色的优质农副产品供应基地，推进六大强农行动，加快建设农业强省。推进产业发展精细化，要精准投入，精细、精准配置要素资源，提高农业供给的质量和效益。精细对接市场需求，落实标准化生产，创新生

产系统，推进农业立体式循环发展，实现农业节本增效和可持续发展。实现农业全产业、全链条开放式发展，走农业全程精细化的路子。在乡村规划建设田园综合体项目，实施农业供给侧结构性改革，全面推进符合绿色生产方式的两型农业。将以品牌强农为引领，通过重点扶持打造区域公用品牌、特色农产品品牌和农业企业品牌，形成湖南农业产业品牌体系，提升湖南农产品的市场美誉度、占有率和附加值。同时，着力推进优质农副产品供应示范基地、现代农业产业园、农民专业合作社和家庭农（林）场建设，加快形成"一县一特""一特一片"特色农业发展格局。

（五）出台和落实支持政策

制定支持农业供给侧改革、优化产业结构和农村三产融合试点示范区、园、产业、企业的政策，给予"干货"实实在在的支持。建立相应制度支持龙头企业和专业合作社基地建设和育（选）种；建立相应收储制度，支持具备条件龙头企业承担政府主粮、副粮（旱杂粮、经济作物等）储备任务，提高其收储保障能力，确保结构性调整产品和数量"优化优配"。建立支持参与供给侧结构性改革创新的企业和实体创新、专利、知识产权和科技含量高、绿色、优质、安全产品的品牌建设支持政策。制定有利于产业结构调整，传统产业改造提升的政策。出台投资奖（激）励政策，政府资金投资方式实行股权投资和引导投资、奖（激）励投资相结合，引导更多社会资本和企业投资。

第二节　乡村振兴战略对农村产业融合发展的要求

产业兴旺是乡村振兴的根本和重点，是加快推进农业供给侧结构性改革的首要任务。乡村振兴战略既要推进农村生产力发展、生产关系调整，又要调整城乡关系、优化国家发展战略布局，是一个事关"两个一百年"目标大局能否顺利实现的重大战略决策部署，是新时期"三农"工作的新旗帜和总抓手。农业农村现代化是实施乡村振兴战略的总目标，站在农业农村发展新的历史起点上，湖南切实增强推动乡村振兴的思想自觉和行动自觉。充分发挥农业大省优势，积极谋划和扎实推进乡村振兴战略实施，描绘勾勒湖南乡村振兴的美好愿景和蓝图。

一、乡村振兴战略对农村产业融合发展的影响

乡村振兴战略20字方针中，产业兴旺是核心和支撑。产业兴旺是解决农村

一切问题的前提，关涉到农村全局、全面、全方位，更加突出结果导向，强调产业发展效益与竞争力。

（一）湖南乡村振兴战略的思路和目标任务

（1）湖南乡村振兴战略的思路。坚持以习近平新时代中国特色社会主义思想和党的十九大精神为指导，把解决好"三农"问题作为湖南工作的重中之重，按照乡村振兴战略 20 字的总要求，紧紧围绕"五大振兴"，统筹推进农村"六大建设"，健全城乡融合发展体制机制和政策体系，以农业供给侧结构性改革为主线，以促进农民持续增收为目标，以"百千万"工程为总抓手，以深化农村改革为动力，加快构建现代农业产业三个体系和政策支持体系，构建农业农村智慧产业体系，大力推进质量变革、效率变革、动力变革，推动湖南由农业大省向农业强省跨越。坚持把加强党的领导贯穿乡村振兴全过程，把农业农村优先发展落到实处；坚持把新发展理念贯穿乡村振兴全过程，打造以精细农业为特色的优质农副产品供应基地；坚持把以人民为中心的工作导向贯穿乡村振兴全过程，不断改善农村民生；坚持把推进治理体系和治理能力现代化的要求贯穿乡村振兴全过程，促进共建共治共享。

（2）湖南乡村振兴战略的目标任务。以科学布局优化乡村产业发展空间结构，以产业融合增强乡村产业发展聚合力，以发掘资源价值增强乡村产业持续增长力，以创新创业增强乡村产业发展新动能。坚持与党中央的决策部署保持同步，力争到 2020 年，基本形成具有湖南特色的乡村振兴制度框架和政策体系，全面建成小康社会的目标如期实现；到 2022 年，乡村振兴制度框架和政策体系进一步健全，生态宜居美丽乡村建设取得重要突破；到 2035 年，乡村振兴取得决定性进展，农业农村现代化基本实现；到 2050 年，乡村实现全面振兴，三湘大地富饶美丽幸福新乡村全面展现。

（3）湖南乡村振兴战略中产业兴旺的主要内容。聚焦促进乡村产业振兴目标，主要任务是要强化"三个统筹"。一是统筹农业内部产业协调发展。第一产业往后延，第二产业两头连，第三产业走精端，推进粮经饲统筹、农牧渔循环、产加销一体、农文旅结合和三产融合发展。二是统筹农业外部相关产业协同发展。与工业、商贸、文旅、物流、信息等跨界融合，推动乡村产业在生产两端、农业内外、城乡两头高位嫁接、相互交融、协调发展。三是统筹各方力量合力推进。部门协同推进，促进科研院校与企业双向对接，形成上下联动、内外互动、多方助动的工作格局（曾衍德，2019）。

（二）乡村振兴战略背景下农村产业融合发展的走向

从"生产发展"到"产业兴旺"，反映了产业融合的新要求。湖南牵住了产业兴旺的"牛鼻子"，对湖南产业兴旺工作进行通盘谋划和布局。湖南农村产业融合方式灵活多变，产业融合新型主体多元，利益联结机制形式多样，农村产业融合服务渠道多种，探索完善了共享发展机制。

（1）农村三产融合是实现农村产业兴旺的重要途径。生产力决定生产关系，是乡村振兴一直坚持的底层逻辑。农村的主要发展动力在产业，而产业发展的重心在产业兴旺。产业的发展是乡村振兴重要的突破口，产业融合是乡村振兴的动力和路径。日本的"一村一品"和"六次产业化"，韩国的"新村运动"，加拿大的农村协作伙伴计划等都是产业振兴行动。需要深入推进农村各项改革，增强创新动力、厚植发展优势，要把产业更多地留在乡村。推动农产品加工业向转型升级、创新驱动、产业集聚转变。提高农业产业的适应性和灵活性，推动农村业态升级、产品升级、模式升级、产业链整体升级。培育发展分享农业、定制农业、创意农业、养生农业，推进农业与旅游、教育、文化等产业深度融合，创新利益联结机制。通过支持政策与带动农民分享利益挂钩，激励企业承担社会责任，大力发展农民共享产业。

（2）加快构建乡村产业体系是产业融合的根基。乡村产业是根植于县域，以农业农村资源为依托，以绿色发展为引领，以农民为主体，以三产融合发展为路径的产业体系，是彰显地域特色、体现乡村气息、承载乡村价值、适应现代需要的乡村产业体系，是创新创业活跃、业态类型丰富、利益联结紧密的产业体系。乡村产业源于传统种养业和手工业，主要包括现代种养业、乡土特色产业、农产品加工流通业、休闲旅游业、乡村服务业等，具有产业链延长、价值链提升、供应链健全以及农业功能充分发掘、乡村价值深度开发、乡村就业结构优化、农民增收渠道拓宽等一系列特征，是提升农业、繁荣农村、富裕农民的产业，是姓农、立农、兴农的产业（余欣荣，2018）。乡村产业判断是否先进或有先进潜力有四个维度：一是地域特色。产业是否有特色？能否发挥地域资源（不仅指土地、气候、人口、财政等有形的资源，也指文化、声誉、顾客心智等无形资源）优势？二是农户参与。参与度是否高？参与面是否广？能否分享产业发展的红利。三是溢价空间。经济效益是否高？需求弹性是否大？市场前景是否好？四是竞争优势。与湖南、全国甚至全球相比是否占优势？产能占整个行业的份额是否高？上述四个维度，地域特色和农户参与符合资源基础论，溢价空间和竞争优势符合市场中心说。

（3）新农民、新产业、新技术、新业态和新模式是产业融合的主要动力。农村产业融合"五新"特征明显：一是新农民日益增多。在乡村振兴战略的吸引下，大量新农民到农村创业创新，新型农业经营主体等大量出现，农民工、院校毕业生、退役士兵、企业主、科技人员等返乡下乡，双创人员成为乡村振兴的生力军。二是新技术日益创新。新科技革命催生智能制造、生物工程和现代信息等新技术应用在农业领域。采用耕种收全程农机装备，实现"机器换人"，综合机械化率超过80%。在农业全产业链建设中，应用综合协调配套技术，推广绿色生产储藏包装技术。产品信息采集、网络结算成为新技能，手机成为"新农具"，产品销售电商化。三是新产业快速发展。新技术和农业融合催生出一大批新产业。绿色农业快速发展，加工业向精深方向发展，休闲农业和乡村旅游蓬勃兴起，农业生产性服务业快速发展。四是新业态层出不穷。农业与技术跨界深度融合形成"农业+"多业态。"农业+林牧渔"催生了稻田养鱼（虾、蟹）、林下养鸡等循环农业。"农业+加工流通"催生了中央厨房、个人定制等延伸型农业。"农业+文教、旅游、康养"等催生了创意农业、教育农园、民宿服务、康养农业等体验型农业。"农业+信息产业"催生了直播农业、数字农业、农业众筹等智慧型农业。"农业+城镇"催生出特色小镇、美丽乡村、田园综合体、产业园区等产城融合型农业。五是新模式不断涌现。农业产消对接中形成了智能化生产模式、新平台经营模式、终端物流配送模式、产业联盟发展模式和资源共享模式等新商业模式。

（4）项目推进、强力行动和明确分工是工作方式。坚持三产融合发展理念，以整县推进试点县为基础，加快先导区建设，实施农业强镇行动，打造农业特色优势产业体系，以创业创新促进融合、强化产业支撑融合、完善机制带动融合。一是依托主要行动强力推进。加快六大强农行动，实行县域瞄准和产业强镇"双轨制"。竞争性选拔10个整县推进试点县市区。2018年，农业农村部实施农村产业融合的四大行动：大力实施农产品加工业提升行动、乡村就业创业促进行动、休闲农业和乡村旅游升级行动、农村三产融合发展推进行动。这四大行动是推进乡村产业振兴的重要举措。二是产业融合分工明确。明确农业部门项目实施主体责任、财政部门资金监督主体责任的实施方案，引导要素向农村产业融合集聚。县级政府在用地保障、财政扶持、金融服务、人才支撑、农民就地城镇化等方面出台相关政策。省里完善了湖南农业信贷担保体系，创新"财银保"贷款保证保险项目。

二、以产业兴旺促湖南乡村振兴战略实现的政策

湖南牵住了产业兴旺的"牛鼻子"，出台了《深入推进农业"百千万"工程促进产业兴旺的意见》，通盘谋划和布局湖南产业兴旺工作。另外，出台了湘政发〔2014〕5 号、湘农业联〔2014〕54 号、湘政发〔2018〕3 号和历年来的《关于做好现代农业特色产业园省级示范园申报工作的通知》等文件。正确高效地发挥好政府的统筹协调作用，因地制宜、循序渐进推动乡村的产业融合发展。

（一）顶层设计是农业农村产业兴旺的引领

加强农村产业规划对接和顶层设计，科学确定湖南乡村振兴战略和产业兴旺的阶段性目标和任务，深化农业供给侧结构性改革。通过深化体制机制创新，走质量兴农、绿色兴农之路，实现农业结构优化和发展方式转变。全面梳理对接、用好用活用足中央重大政策举措，切实把政策机遇和红利转化为农村产业发展的动力和活力。以大视野统领大产业，坚持农业农村优先发展，持续深化农村改革，构建湖南农业大格局，为实现乡村振兴战略奠定坚实的产业基础。以科学布局优化乡村产业发展空间结构。强化县域统筹，推进镇域产业聚集，构建县乡联动、以镇带村、镇村一体的格局。引导湖南各市县抓品牌、抓特色、抓质量、抓融合、抓创新、抓产业链、抓龙头企业、抓农产品精深加工等，推动乡村振兴、产业兴旺实现逐渐破题、良好的开局。

（二）农业基础设施建设是农业农村产业兴旺的保障

紧扣民生需求提供更好的公共基础设施和更完备的公共服务水平。构建多元的投入保障体系，强化常态化的农业投资项目推介长效机制，统筹协调乡村振兴工作机制。设立湖南农业产业兴旺基金，重点支持湖南农业产业化龙头企业做大做强。要优化"三个重大"投资的重点方向与优先序，聚焦"三大工程、三大计划"。聚焦农业高质量发展，实施质量兴农重大工程；聚焦产业融合，实施农村三产融合发展工程；聚焦生态环境建设，实施生态保护与环境整治工程。聚焦公共服务配套，实施农村公共服务覆盖提升计划；聚焦人才队伍建设，实施乡村振兴人才支撑计划；聚焦治理体系建设，实施乡村社区发展治理体系构建计划。

把财政支持基础设施重点放在农村。包括路、水、电等基础设施的建设和升级，农村生产性基础设施达到"四好"标准。重点建成一批高标准农田，实施"藏粮于地、藏粮于技"战略。加快农田水利建设。继续推进高效节水灌溉，加快小农水项目县和"五小水利"工程建设和达标提质。突出抓好灾后薄弱环节治理。根据任务清单和三年行动计划（2018～2020 年），突出抓重点、补短板、强弱项，系统整治工程短板和信息化等问题，着力提升湖南防灾减灾能力。实现公共服务向乡村覆盖，推动实现城乡之间的社会保障一体化，包括养老制度设计上的一体化、医保制度和低保制度的城乡一体化等，让城乡福利体系和社会保障体系对接。启动实施"千村美丽、万村整治"工程，开展全域推进美丽乡村创建。

（三）产业融合载体搭建是农业农村产业兴旺的关键

推进政策集成、要素集聚、功能集合、企业集中，建设产业集聚区。建设农业产业强镇。依托镇域资源优势，聚集资源要素，健全利益联结机制，建设一批基础条件好、主导产业突出、带动效果显著的农业产业强镇，培育乡村产业"增长极"。完善农业产业强镇考核监督办法，认定一批成效显著的农业产业强镇。建设乡村产业集群。以资源集聚区和物流节点为重点，促进产业前延后伸、横向配套、上承市场、下接要素，构建紧密关联、高度依存的全产业链，培育集生产、加工、流通、物流、体验、品牌、电商于一体的产业集群，打造乡村产业发展高地。加快形成一批"一乡一业""一县一业"的产城融合典型县（乡镇），认定一批农村一二三产业融合发展先导区。

（四）制度政策创新是农业农村产业兴旺的重点

一是以壮大县域经济、推进新农村建设和产业扶贫为抓手，编制《湖南乡村振兴战略规划（2018－2022年）》，助力农村全面建成小康社会，这为三产融合发展奠定了良好政策基础。作为全国首批试点省，围绕农业优势特色产业，贯彻"融合区域在农村，重点带动的是农业，重点惠及的是农民"精神，重点扶持优质稻和经济作物产业融合。从主导产业和农产品加工产业园区建立完整产业链，形成农业经营主体的利益共同体，以及推进主体契约融合、共同发展、农民共享等方面先行先试。二是健全财政金融支持体系。贴近湖南工作实际，研究出台农村产业兴旺的财政金融扶持政策，推进农村三产融合发展。通过以奖代补、产业基金、抵押担保的方式，发挥财政资金的杠杆效应。完善金融支持体系。健全适合农业农村特点的农村金融体系，提升金融服务能力和水平。借鉴苏州工业园区小微金融创新服务的模式。改革农业补贴体系。重点在支持农业绿色发展、风险分担、金融支农、农民培训等突破，提高补贴效率。

第五章　农村三产融合发展的"三驾马车"：农业产业化、合作社与农产品加工业

　　推进农村三产融合发展，最为关键的是要有相应的组织载体、利益联结和融合模式。无论农业组织形态如何变化，始终绕不开龙头企业和农户之间的关系。组织载体影响牵引力，利益链接决定凝聚力，两者共同形成不同融合模式。农业产业化是产业链条的纵向延伸，包含了利益联结关系，是现代农业发展的方向，是农业经营体制机制的创新。专业合作社是自愿联合、民主管理的互助性经济组织，关涉利益链建设，它可以成为产业融合主体的横向合作，可以从事农产品的加工和销售。农产品加工是产业或新业态的贡献者，关涉价值链提升，既可以嵌入纵向延伸，也可以横向融合，还可以拓展农业产业功能，加工企业空间集聚可带动基地化生产及服务业集聚。打造全产业链，搭建组织载体，创新业态，创新融合模式，有利于构建三产融合发展的长效机制。如果将三者放在同一层面的话，就是分别突出产业链、利益链和价值链，它们是能够实实在在推动农村三产融合发展的主要力量和现实出路。

第一节　农业产业化带动农村三产融合发展：打造全产业链

　　市场竞争已经转变为整个产业链的竞争（王志刚，2019）。过去就农业抓农业，种养业搞种养，没有把加工、流通、销售等连接起来，这是有缺陷的，要全产业链、全价值链打造，推动农业不断增值、增效和农民增收。现有的分散经营

无法使经营主体分享产业链、供应链的产品附加值，难以跳出农业收入"低水平陷阱"。推进农业产业化经营组织形式，不断创新和完善，是农业农村发展的必然要求。通过增值分享和风险共担等机制把不同主体分别经营的三次产业或者其中的某些环节有效地联结起来，一般称之为"产业化"。

20世纪80年代末，山东最早提出了农业产业化，各地探索出了"公司+农户""公司+大户+农户""公司+合作社+农户"等一系列产加销一条龙、农工商一体化等模式，但早期农业产业化存在契约不完善、组织稳定性难以保证等问题（周立群、曹利群，2001）。农业产业化要形成完整的产业链条和建立健全的、高效的社会化服务体系，来解决结合不紧密、融合不深，政策支持力度不够等问题。全产业链是一种战略思维，也是一种经营模式。农业全产业链融合是通过制度、技术和商业模式创新，将农业与农产品加工、流通和服务业等渗透交叉，形成新产业新业态新模式，实现产业跨界融合、要素跨界流动、资源集约配置、联农带农紧密的经营方式。打造"从田间到餐桌"的农业全产业链是推动湖南农业高质量崛起的有效选择（卞鹰，2018）。

一、农业产业化与农村三产融合发展的有机联系

20世纪90年代，农业产业化发展推动乡村产业从种养环节拓展到加工流通环节，从农业拓展到二三产业，在创新产业形态、拓展产业空间上做出了重要贡献。从历史的角度来看，由于工农城乡发展不平衡，资源要素交换不平等，乡村发展环境不优、农村产权制度不完善、经营机制不灵活、资源优势难体现、集聚效应难形成，农业产业化发展存在一些问题，但是并不妨碍其成为农村三产融合发展的重要内容和发展源头。农业产业化从经营规模、生产工艺、产品附加值、影响水平和营销能力五个方面提高农业企业的内在价值。

（一）农村三产融合发展的要求和趋势就是农业产业化经营

农村三产融合在外延上包括但大于农业产业化，是新时期农业产业化的根本任务，是农业产业化的延伸版和拓展版（见表5.1）。产业融合发展的产业边界更加模糊，业态创新更加活跃，利益联结更加紧密，商业模式创新更为丰富，技术创新更具有整合集成和跨界融合的特征，经营主体更加复杂多元，产业功能更加多样（陈晓华，2012）。农村三产融合是经济转型的重要突破口，转换主导地位和拓展资源配置范围，是农业产业化的产业化，是农业产业化的扩展与升级（苏毅清等，2016）。因此，通过三产融合可实现安全农业的可持续性。

表5.1　农业产业化与农村三产融合发展的有机联系

维度	农业产业化	农村三产融合发展
主体地位	农业产业化实质上没有实现农民的主体地位	以新型经营主体为生力军，合作制形式使农民处于主体地位
资源配置	更多地被局限于农业内部	实现资源的跨界整合，拉长农业产业链条，扩大农业获利空间
农民的理解	农民是单纯的"生产型"	农民转变为综合的"经营型"
农业的理解	以传统农业为基础，对经营方式方面的改造	农业内涵和外延得到扩展，丰富的经营方式和产业模式促进业态升级

（1）农业横向产业化促进农村三产融合。农业横向产业化伴随农业功能扩展，是农业从食品等产品向文教、休闲、环保、创意、服务等领域扩展，增加农业产业化幅度的过程。其表现为靠技术进步和需求升级过程中农业内部横向分工深化而催生新产业的过程。农业横向产业化引发技术创新、提高农业生产率和品质，具有极强的综合性、联系性。新业态包括以食品和纤维产业为主题，涵盖了休闲农业、生态农业、能源农业、医药农业、保健农业等。

（2）农业纵向产业化促进农村三产融合。农业纵向产业化是将农业产前、产中、产后一体化经营，是把农业生资供应、产加销等链接成一个有机的整体，并实现经济主体间要素的组织和协调，实质上是农业产业链的构建、整合和延伸过程。同时，也伴随着价值链、组织链、创新链的整合。农村三产融合是农业产业链条拉长的过程，表现为农业产业链中间环节增多、加工度提高和价值增值程度提高，是农业围绕价值创造实现纵向分工深化和协作整合的过程。从产业链维度分析，主要有加工销售型、产加销综合型、休闲体验型、直销型和产城融合型等。美国以"农业综合企业"为实体打造连接产加销与服务全过程的产业链。

（二）农业产业化联合体是推进农村产业融合的有效组织

联合体是农业现代化的必然产物，是农业产业化经营的组织形式创新（孙正东，2015）。在交易成本、风险规避、技术创新、要素需求等内生因素与市场环境、政策培育等外生因素作用下，农业生产通过主体相互融合，结成利益共同体，形成分工协作、优势互补、互惠互利的农业产业化联合体。2018年10月，六部门联合发布的《关于促进农业产业化联合体发展的指导意见》提出了指导思想和总体要求。农业产业化联合体是以农业产业链为依托，由龙头企业、合作社、家庭农场及利益相关者组成的产业化经营组织联盟（芦千文，2017）。其中，龙头企业是组织创建与经营发展的关键带动主体，农户和家庭农场是基础，合作社是纽带。根据《关于促进农业产业化联合体发展的指导意见》，湖南大力推进农业产业化联合体的发展。2017年，湖南649家省级以上龙头企业均与合作社有业务合作，60%的省级以上龙头企业领办、创办了合作社，4500家规模以上农产品加工企业都与合作社开展了合作，40%以上的规模企业领办、创办了合作社。湖南48%的农产品加工企业经营了休闲农业，开发了种植基地观光、养殖基地观光，有工厂参观旅游、产品体验店服务等。

农业产业化联合体是农村三产融合发展最前沿的组织创新形式和路径创新（王志刚，2019），其实质是一种产业融合，其基本动力是农业产业链分工细化、农业技术进步以及农产品市场格局转变。农业产业化联合体具有高度专业分工和稳定要素流动机制，具有内部产业链条完整，产业分工细化、契约紧密交易稳定、增进要素共享、产业链条的多元交叉融合、改善规模经济、扩大范围经济等优势特点。联合体可有效解决经营主体功能定位不清、稀缺要素导入不畅、产需失调等问题，破解农村三产融合发展的"瓶颈"。联合体通专业化分工形成优势产业集聚、品牌化经营、集聚生产要素和规模经营，提高农业综合生产效益。联合体完善协作模式、产业分工和契约体系，破除产业联结断点，提高生产效率，创造和提升组织绩效。联合体可降低交易成本，产业链与供应链交叉融合，实现整个产业链、供应链与价值链的潜在收益，提升产业链整体效益（芦千文，2017）。联合体增进核心要素流动和共享，降低生产与组织成本，形成以龙头企业为中心的横纵交叉联结的网状结构，带来更为突出的范围经济。联合体既细化产业链分工，破解交易与分工的两难困境，又提升生产效率与经营效果。

（三）农村三产融合发展"四链"融合的理论逻辑

农业产业链是一个贯通资源和需求市场，由为农业产前、产中、产后提供不同功能服务的单元组成的网络结构。农业产业链有农业的自然约束性、资产专用性以及天然弱质产业的特点，具有很大的不确定性，影响产业链的稳定性；农业产业链具有"发散型的蛛网效应"；农业产业链内部交易费用较高；农业生产具有地域性，产业链也是。农业产业链型农村三产融合发展的目标，是实现价值链基础上的供应链、生产链和消费链"三链"的有机融合、良性协同，根据不断变化的农产品市场需求，灵活高效地配置要素资源，构建起供给适应快、投入产出效益高的高质量供给体系。"四链+利润链"相互影响，形成如图5.1所示复杂的融通逻辑关系。四个链中起核心引领作用的是利益链，产业链起关联中枢作用，产业链使用符合市场需求的品种，生产出适合消费链的产品，实现供应链、产业链与消费链之间的融通。产业链要获得理想的收益，必须围绕利益链来使用肥料、农药和农机等生产要素,肥料、农药和农机供应商为其提供营养、植保和机械化等全程解决方案,并通过技物结合提供服务,实现良种良法配套,提高要素的生产率,达成供应链与产业链的融通。供应链起协同增效作用,产业链与供应链协同升级,进而提升农产品产量和质量,实现价值链的提升。消费链起导向和价值实现作用。

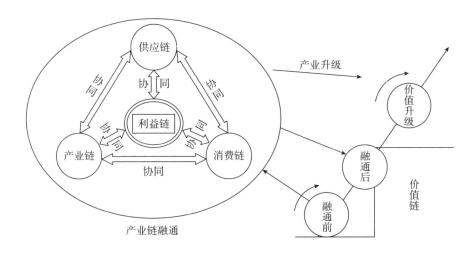

图5.1 "四链"相互影响的融通逻辑关系

随着消费的升级,消费链将更高级的市场需求反馈到产业链,产业链创新出更高品质、更高效益的产品,推动"四链"融合协同升级,产业链创造的价值链将出现阶梯式上升。也就是说,随着产业升级的进程,价值链是螺旋式上升的一个过程。利益链和价值链是农村三产融合发展能够实现目的的两个支柱。

（四）农村三产融合应是突出"产地"的产业融合

产地是三产融合的起点和重要载体。当前,产地建设滞后,农业生产在种养环节很少考虑加工转化和功能拓展,产加销脱节;缺乏产地预冷分选分级包装和冷链物流设施;加工企业缺少专用原料基地;农业电商等新兴业态发展受限,这是制约农村三产融合发展的主要"瓶颈"。推进农村三产融合要突出"产地"在产业融合中的核心地位。①优质原料基地是三产融合的源头。大力鼓励和扶持新型经营主体建设优质原料基地,引导农业龙头企业与基地农户或合作组织之间对接育种、种养、加工、营销、物流配送等农业全产业链延伸,实现农产品标准化生产和质量可溯源,不断提升产品品质。同时,加快农业内部融合发展,净化产地环境,保障生态安全和产品基础品质。②产地初加工是三产融合的关键。建设产后初加工设施装备，特别是田头预冷、产地干燥和保鲜等关键环节，扩大补助范围和规模，推进把产地农产品储藏、保鲜、分等分级、包装、加工等产后初加工项目作为农业基础设施重大项目的建设内容，这是利乡利城、利农利工、利国利民的大好事。③产地市场是三产融合的重要动力。农产品生产的区域化、规模化、专业化水平显著提升，迫切需要专门的集散场所对农产品进行集中、商品化处理和批发交易。加大产地市场体系建设，支持发展直销、配送、电商等农产品流通业态，构建"田头市场+电商+城市终端配送"等多种营销模式，利用"互联网+农业"，提高农产品流通效率，增加农民收入（朱明，2016）。

二、湖南以产业化带动农村三产融合发展的基础和存在问题

（一）湖南以产业化带动农村三产融合发展的基础

湖南龙头企业与加工业发展态势良好，农业产业化对于促进农民增收、提高农业竞争力、发展现代农业和建设新农村发挥了重要作用，以产业化带动湖南三产融合发展已经形成一定的基础。

（1）湖南加大财税、金融、用地等政策扶持力度，龙头企业不断壮大。龙头企业以标准、品牌和资本为"集结号"，聚集产业要素，带领农民合作社、家庭农场和农户抱团发展。一大批竞争力强、影响力大、联农带农紧密的农业产业化龙头企业已成为乡村产业振兴生力军、小农户与现代农业有效衔接的重要载体。2015 年，全年农产品加工业跻身全国"万亿俱乐部"，实现销售收入 11800 亿元，实现利润 428 亿元，完成出口创汇 25.1 亿美元。全年规模以上农产品加工企业达 3750 家，实现销售收入 7500 亿元；省级以上农业产业化龙头企业达 556 家（其中，国家级 47 家、省级 509 家、涉农上市公司 16 家），实现销售收入 4630 亿元。农产品加工业主要经济指标增速高于全国平均水平。2018 年，根据农经发〔2018〕1 号文件规定，绝味食品、三旺实业、角山米业、山润油茶、长康实业、华乐食品和湘村高科 7 家企业新递补进入农业产业化国家重点龙头企业行列。龙头企业不断壮大，形成乡村产业"新雁阵"。构建了龙头企业、新型经营主体和农户分工明确的"雁阵"体系，形成了"培育一个企业、壮大一个产业、致富一方农民"的格局。

（2）龙头企业发挥"离农业最近、联农民最紧"的先天优势，构建利益联结机制，发展契约型、分红型、股权型合作模式，形成龙头企业牵头、新型经营主体跟进、小农户参与的农业产业化联合体，开辟农民增收新空间。龙头企业与农户推广"订单收购+分红""土地流转+优先雇用+社会保障""入股+保底收益＋按股分红"等多种利益联结，让农民卖农（产品）金、挣薪金、收租金、分红金、得财金，增加农民跨界、跨域获利。

（3）深入推进产业扶贫，打造精准脱贫新样板。开展龙头企业与贫困地区对接、扶贫专家公益行等系列活动，政策激励引导龙头企业到贫困地区投资兴业，支持贫困地区龙头企业提升带动能力。2018 年出台了《湖南省农业产业化龙头企业"千企帮千村"行动方案》。龙头企业积极参与产业扶贫，利用专项资金、典型宣传、产销对接、示范引导等方式，到贫困地区发展优势特色产业，建立"三品一标"产品的标准化原料基地和加工车间，积极对接贫困户，开展技能培训、提供就业岗位，完善利益联结机制和组织模式，带领小农户、贫困户融入现代农业发展、分享产业增值收益。浏阳河农业集团、步步高、华莱生物和舜华鸭业等在产业扶贫行动中绩效显著。

（二）湖南以产业化带动农村三产融合发展的存在问题

（1）农业产业化进程揭示农业未来发展空间。湖南农业企业尚处于规模扩张阶段，行业集中度较低，产能提升和行业整合空间较大。在生产技术应用和生产工艺改进方面将逐步提高，产品品质和标准化程度也将逐步提升。农业企业管理正在改善，加工深度和品种类型多样化逐渐深入，产品附加值提升空间巨大。

（2）以产业化带动三产融合发展也存在一定的制约因素。一是从农业产业链角度来看，三产融合程度低、层次浅，融合程度不紧密，链条短，附加值不高。三产融合发展失衡，经济作物面积不到30%而年产值占种植业总产值的2/3，粮食"独大"。产值结构中生猪"独大"，生猪、草食动物、家禽和水产的产值分别为57.5%、7.8%、18.9%和15.8%。二是从组织链角度来看，新型农业经营组织发育迟缓，带动能力不强，一些主体有名无实，一些主体成长慢、创新能力较差，不具备开发新产业、新业态、新产品和新模式的能力。三是从创新链角度来看，农业基础条件薄弱，成果转换能力弱，农田灌溉"最后一公里"问题突出，"靠天吃饭"的局面尚未根本改变。涉农公共服务供给不足，农业科技推广转化难、落地见效难，湖南有60%以上的农业科研成果没有转为现实生产力。水稻机插率只有25%，蔬菜、棉花、油菜等主要经济作物及畜牧水产机械化水平不高，机耕道和机棚建设滞后。四是从价值链角度来看，利益联结机制松散，合作方式相对简单，目前湖南农产品加工业产值与农业总产值比只有 2.1∶1，处于价值链的最低端，低于全国平均水平，农产品"卖难、贱卖"现象仍然存在。产业融合采取股份制或股份合作制比例并不高，没有形成有效互惠共赢、风险共担的利益联结机制。

三、农业产业化促进农村三产融合的政策建议

省政府出台了《关于支持农业产业化龙头企业发展的实施意见》（湘政发〔2013〕2号），涵盖财税、金融投资保险、科技、用地用电等具体扶持政策。出台了《关于深入推进农业"百千万"工程促进产业兴旺的意见》（湘政发〔2018〕3号），提出的强农"六大行动，四大体系，三大平台"，极大地促进了湖南农产品加工业和龙头企业的发展。产业化如何促进三产融合发展？坚持多主体参与、多要素发力、多业态打造、多利益联结、多模式创新，建设生产联动、风险共担、利益共享的产业化联合体，促进农村三产融合发展。需要根据湖南自然禀赋和经济条件，要从区域主导产业入手，根据产业类型来延伸产业链，要聚焦产业、产品逐个研究（陈晓华，2016）；即使产业间的融合，也要遵循分工分业的规律，整合要素资源，打造融合平台。

（一）整合农业产业链，培育新型农业经营主体

产业是产业融合的基础，全产业链是以消费者为导向，从产业链源头做起，涉及农产品产、加、运、销等诸多环节，包括农业产业链上的各部门、组织机构及关联公司是一个有机整体。全产业链的根本就是产销连接、产销对接。实现农产品生产流通对接正规化、制度化和法制化。

（1）根据产业化的类型，整合农业产业链。根据分工方式、形态、关联方式、整合方式和主体不同，分情况整合产业链，产业链、供应链和功能链三大类型农业产业链发展加快。对于专业市场带动型，专业批发市场是整合产业链的关键。专业批发市场中，大批中间商参与批发交易再对接农户和消费者。对于合作社带动型，有利于构建"市场+龙头+基地+农户"的农业产业链经营模式。合作社从事农产品的加工和销售，向产业链后端延伸。龙头企业可通过订单农业、股份合作、"社会化服务等形式+合作社（基地）"，形成紧密合作关系。用产业集群驱动加工（流通）企业空间集聚，带动基地化生产及服务业空间集聚，形成"双园区（产业和物流）+基地+农业"的产业体系。对于拓展农业功能型，需要将农业生产与文旅融合，形成新兴农业产业链。因此，要因地制宜地采用多种形式发展农业产业链组织。

（2）农业产业链构建培育新型农业经营主体的途径。整合产业链的关键就是实现各主体的有效对接。让种养大户、家庭农场、农民合作社、龙头企业等成为发展现代农业的主力军，形成多元经营主体共同发展的现代农业经营体系，打造成以第一产业带动融合发展的引领力量。一是推动农民进入产业链。提升农民

科技素质，提高其具备参与产业链的能力。专业大户和家庭农场是未来三产融合的基础力量，农民合作社是农村三产融合的主导力量，可为农户、龙头企业等提供信息资源，监督服务，建立稳定的合作销售关系，让农业产业链增值的成果更好地留在农村，增加农民增收就业的机会，最终形成三产融合发展的态势。二是加强农商互联，完善农产品供应链。通过政策引导、市场参与的方式，促进流通企业与农业经营主体进行全面、深入、精准对接，实现联产品、联设施、联标准、联数据、联市场。据财办建〔2019〕69 号文件精神，打造上联生产、下联消费、利益紧密联结、产销密切衔接、长期稳定的新型农商关系，构建符合新时代农产品流通需求的农产品现代供应链体系，提升农产品供给质量和效率。此外，财政资金支持主要做好基础性、公共性工作，支持供应链体系的薄弱环节和重点领域。

（二）强化利益联结，促进三产融合发展

（1）保证要素自由流动与融合，创新流通机制。农村三产融合发展的前提因素是赋予农民对基本生产要素具有充分的配置权、获取权和交易权。通过生产经营合作、土地股份合作等形式，创新农村金融服务，促进农村产业融合发展与新型城镇化建设有机结合，引导农村产业集聚发展。鼓励农民采取转包、转让、出租、互换、抵押等形式流转土地承包经营权用于农村三产融合发展。将农村土地流转与农村劳动力转移结合起来，解决好土地流转后农民的住房安置、就业、养老、社会管理等问题。推进招商，寻求用大项目、大产业、大园区承载农地规模经营，引进一批科技含量高、带动能力强的农业龙头企业或项目。完善配套服务体系，形成农产品集散中心、物流配送中心和展销中心。

（2）完善联农带农机制，打造共生价值链。以产业化带动三产融合发展的核心是保证价值链、组织链、创新链、产业链之间的连接顺畅。引导龙头企业与小农户建立契约型、股权型利益联结机制，推广"订单收购＋分红""土地流转＋优先雇用＋社会保障""农民入股＋保底收益＋按股分红"等多种利益联结方式。可发展订单农业，引导龙头企业与农户、家庭农场、农民合作社签订购销合同，形成稳定购销关系。鼓励发展股份合作，产生"1 ＋ 1 ＞ 2"的效应，利用"保底收益＋按股分红"等较好的利益共享模式。推进土地经营权入股发展农业产业化经营试点，创新土地经营权入股的实现形式。要尊重农民意愿来选择利益连接方式。目前，各地探索了很多不同形式的农民利益连接方式，如订单农业、保底加分红、股份合作等，"到底哪种形式比较好，完全要由农民自身来选择"。

（三）培植龙头企业，推进农业产业化进程

龙头企业融合引领示范。龙头企业是经营主体融合共生的主导者，是产业环节融合互动的引领者，也是资源要素融合渗透的推动者，龙头企业是推进农业产业化经营的关键，在推进农村三产融合发展中具有重要作用。龙头企业要积极延长产业链，向产业上下游跨界发展；要提升价值链，通过精深加工和精细化管理提高附加值。促进农业转型升级，推进龙头企业与各类主体的有效对接和深度融合。2001年，全国农业产业化联席会议成立，八部门制定了《农业产业化国家重点龙头企业认定及运行监测管理办法》，明确了国家重点龙头企业认定标准和程序。各地建立了相应的工作机制并制定了认定和监测管理办法。

（1）壮大龙头企业队伍，构建乡村产业发展"雁阵"。培育龙头企业队伍。实施新型经营主体培育工程，培育一批有基地、有加工、有品牌的大型农业企业集团。加强对国家重点龙头企业监测，按照"退一补一"原则，递补成长性好的国家重点龙头企业。引导地方培育龙头企业队伍，构建国家、省、市、县四级格局，形成乡村产业"新雁阵"。推介全国农业产业化龙头企业，推介一批龙头企业典型案例和全国优秀乡村企业家。

（2）引导龙头企业开展全产业链经营。促进加工龙头企业向农业生产前端延伸，通过农业产业化联合体方式建立农产品标准化生产基地，推动产前、产中、产后一体化发展。持续推进"百千万"工程支持农业龙头企业做大做强（2014~2017年，下拨省财政专项资金29亿元）。实施"十大农业企业品牌"培育计划，通过3~5年努力，重点培育10家左右发展潜力大、带动能力强、产值过100亿元的农业产业化龙头企业。每个主导产业重点推选3~10家全产业链标杆型龙头企业。支持培育有基础、有优势、有特色、有前景、带动能力强的龙头企业申报国家级农业龙头企业。鼓励各地扶持申报省级龙头企业。

（3）培育支持农业龙头企业创建高新技术企业。省科技厅重点支持企业转型升级，培育具有核心竞争力的高新技术企业，加大科技立项、研发平台建设等支持力度。积极引导高新技术企业申报国家科技计划项目和研发创新平台，不断增强龙头企业自主创新能力和核心竞争力。通过重点研发计划等省级科技计划和专项等支持龙头企业开展关键和共性技术研发。鼓励龙头企业开展新品种新技术新工艺研发，建设科技创新平台，开展产学研协同创新等。2017年，湖南有480家农产品加工企业与中国科学院、中国农科院等120家科研院所开展科企合作，与科研单位有合作的比例达73%，70家龙头企业自主组建研发中心，其中，国家级农产品技术研发分中心达12家，转化应用科研成果400多项，70%以上的企业加工了副产物。提升农产品精深加工能力。瞄准城乡居民食品消费升级，加大产品研发和技术改造，提升精深加工能力，实现产业链与价值链同步提升。

（4）支持组建农业产业化联合体。创新发展农业产业化联合体。鼓励农户以土地经营权入股农民合作社，合作社按企业统一标准进行生产，并由企业负责回收加工，通过"保底收益＋按股分红"等方式，让农户分享加工销售环节收益，三者形成分工明确、协作紧密、利益共享的农业产业化联合体。我们将继续推进产业融合强农行动，支持农业产业化联合体的发展。以农村三产融合整县推进试点县为基础，每年申报建设 3~5 个国家级"三化一体"（标准化原料基地、集约化加工园区、体系化物流配和营销体系）和"三区"（园区、农区、镇或城区）互动的农村三产融合先导区。以试点县龙头企业为重点，不断深化三产融合发展，不断完善产业融合发展机制。

（四）以专业市场和产业园区带动全产业链整合和产业集聚发展

（1）以专业市场带动全产业链整合。鼓励长沙高桥、红星、岳阳花板桥、邵东廉桥等专业市场中间商向产业前端延伸，通过"公司＋批发市场＋中间商＋基地＋农户"，把农户有效组织起来，实现种养加、产供销、贸工农一体化经营。加快农产品标准化生产基地建设。围绕十大优势产业和特色农产品，结合农业园区建设，打造一批集中连片、优质高效的标准化种养示范基地，从源头上保证全产业链开发原料供给和农产品质量安全。加强农产品产地初加工、贮藏设施建设。重点围绕农产品产后分类分拣、分等分级、保鲜、包装等关键环节，建设商品化处理全产业链条，降低产后损失率。加快补齐农产品产地"最后一公里"短板，加强预冷库、低温库等田头收贮设施设备建设。加强品牌整合与营销推广。要大力整合现有品牌资源，通过媒体以及各类农博会、展销会等多渠道、多种形式扩大影响力，把"湘"字号农产品打出。

（2）以产业园区为载体引导产业集聚发展。在现代农业产业园区基础上，辐射带动周边区域，延伸发展农产品加工、现代物流等关联产业，促进形成上下游协作紧密，产业链相对完善的农业产业集群。建设现代农业产业园，围绕品牌打造，通过竞争立项的方式，每年支持 100 个以上省级特色产业园建设。加快现代农业资源要素集聚，推进全产业链发展，湖南每年择优创建 10 个产业特色突出、产业集聚度较高、品牌影响较大、产出效益较好的省级现代农业特色产业集聚区（现代农业产业园）。根据《湖南省支持企业研发财政奖补办法》，省科技厅实施企业研发费奖补政策。

第二节　农民专业合作社带动农村三产融合发展：
优化利益链

　　农民专业合作社（以下简称合作社）是发展农村合作经济的重要组织载体，是新时期推动现代农业发展、适应市场经济和规模经济的一种组织形式。近年来，湖南省委、省政府把加快发展农民合作社作为农业现代化建设的一个重要抓手，分别召开湖南农民合作社建设工作座谈会（2011 年）和经验交流会（2013年），总结成效和交流经验。2011 年成立了湖南农民专业合作组织建设领导小组。2006 年出台了《关于加快发展农民专业合作组织的意见》，2009 年颁布了《湖南省实施〈中华人民共和国农民专业合作社法〉办法》。2013 年出台了《关于加快发展农民合作社的意见》（湘政发〔2013〕34 号），明确了财政税收、用地用电、交通运输、人才支持等具体扶持政策。在湘政发〔2018〕3 号文件中，提出各级财政 3 年支持 1000 个农民合作社示范社；《关于开展农民专业合作社内部资金互助清理整顿工作的通知》（湘农联〔2018〕30 号），促进合作社规范管理。

一、合作社的重要地位和作用

　　农民合作社是广大农民群众在家庭承包经营基础上自愿联合、民主管理的互助性经济组织，是带动农户增加收入、发展现代农业的有效组织形式，农业合作社是发展方向，也是推动农业规模化的重要手段，有助于农业现代化发展。《农民专业合作社法》实施 11 年来，农民合作社蓬勃发展，已成长为重要的新型农业经营主体和现代农业建设的中坚力量，是实现小农户和现代农业发展有机衔接的中坚力量，是组织服务农民群众、激活乡村资源要素、引领乡村产业发展和维护农民权益的重要组织载体，在助力脱贫攻坚、推动乡村振兴、引领小农户步入现代农业发展轨道等方面可以发挥重要作用。唐仁健（2018）总结：农民合作社是一条能拓宽农民稳定增收渠道的"致富路"；是能加快小农户与大市场的联结的"信息桥和服务桥"，是能增强农户抵御风险的能力的"防火墙"，是能催生"三变"改革的红利的"摇钱树"，是能激发群众内生的动力的"连心家"。

　　（一）农民合作社是农民群众的组织者

　　合作社在作用和功能上，提高了农民的组织化程度，被农民称为"民主的大学校，小人物的大舞台"。农户生产经营分散，信息不对称，合作社能有组织地大量收集和分析市场信息，掌握市场动态，根据市场变化趋势科学决策，决定种养什么，种养多少。通过合作社的组织、联系和融通，较容易解决农民缺良种、缺技术、缺资金等难题。联合分散小农户形成生产规模，建立稳定的供销关系和渠道，提高进入市场的组织化程度和市场话语权，降低农户的经营风险。全国200多万家合作社带动农户超过1亿户，有效提高了农业生产经营组织化程度，促进了小农户和现代农业发展的有机衔接。

（二）农民合作社是资源要素的激活者

合作社立足农业农村，通过"人合"的方式，聚集了土地、农机、闲置农房等资源资产；致富能人领办合作社，通过"三变"改革把农村"三资"（资源、资产、资金）和人力等生产要素搞活，提高生产效率。农地流转租赁或折价入股，钱入股分红，部分劳动力围绕合作社的产加销就地就业，增加工资性收入。合作社开放办社为广大乡贤、大学毕业生、返乡农民、工商资本进入农业农村搭建了有效平台，聚集了人才、资金、技术和先进管理理念，形成了要素聚集效应。

（三）农民合作社是农村产业融合的引领者

合作社等新型经营主体来引领乡村特色产业，实现农产品的增值，延长产业链，搞产业扶贫；运用新技术新装备，推动标准化生产、品牌化经营，提升农产品质量安全水平，促进产业转型升级；挖掘农业多重功能，发展观光农业、乡村旅游等新产业，应用电商、互联网等信息技术，发展定制农业、网上农庄等新业态；通过自办加工或与其他经营主体对接融合，延长了产业链、提升了价值链，促进乡村产业集聚、推动产业发展、带动产业升级。因此，从产业融合来看，合作社真正起到内引外联的关键作用。

（四）合作社是农村产业融合发展的推动者

合作社的治理机制是"一人一票"，农户成员在合作社里都有话语权、决策权。有利于培养、锻炼农户成员的民主参与、民主监督、民主管理、民主决策的意识和能力。合作社由农民自愿联合、民主管理、互助合作，提升合作社质量，有助于扩大合作社对小农户尤其是贫困户的覆盖面，组织带动小农发展乡村产业，提高生产经营组织化程度，加快实现小农户和现代农业发展有机衔接；有助于促进合作社与基层党组织、自治组织、其他经济组织等乡村组织建立紧密的联结机制，实现不同组织间功能互补、协同运转。

二、湖南合作社带动农村产业融合发展的现状

合作社顺应农业多功能和农民合作多需求趋势，通过合作社把农户、家庭农场、农业企业等联合起来，与健全的农业社会化服务体系一起，构建现代农业三大体系。不断拓宽服务范围，开放共享、融合创新，引进现代要素和现代业态，集聚合作社发展新动能，实现三产融合发展。

（一）农民合作社带动产业融合发展的基本概况

湖南加大工作力度，强化指导服务，合作社呈现发展速度明显加快、服务领域明显拓宽、创办主体明显增多、带动能力明显增强的良好态势。

（1）发展速度明显加快，规模化发展水平逐渐提高。截至 2018 年年底，湖南农民合作社总数达 7.9 万家（全国 220.7 万家），合作社成员达 345.7 万户，占湖南农户总数的 24.9%。2017 年，3.3 万家合作社创办加工实体，1.6 万家发展农村电子商务，6000 多家合作社进军休闲农业和乡村旅游。合作社通过共同出资、共创品牌、共享利益成立了联合社 1 万多家，辐射带动约 50% 的农户。2007~2018 年，中央财政累计安排合作社发展资金 132 亿元，支持合作社增强市场竞争能力和抵御风险能力。

（2）服务领域明显拓宽，发展能力日益增强。一是合作不断拓展合作要素。合作社由单一要素联合向资金、技术、土地、闲置农房等多要素合作转变，开展信用合作、互助保险、土地股份等合作。为成员提供农资购买、技术信息、仓储运输、加工销售等服务。专业技术协会等专业合作组织，提供技术服务、信息服务提高生产技术水平，还开始向销售领域延伸。合作社为成员提供农资供应、农机作业、技术信息等统一服务，提供产加销一体化服务的农民合作社占比达53%。在常德市桃花源管理区、衡东县启动农户以宅基地使用权和农房财产权入股农宅合作社试点工作，目前已制定试点工作方案，待试点经验成熟后，逐步向湖南推开。二是合作社逐步拓展业务领域和产业，涵盖粮棉油、肉蛋奶、果蔬茶等主要产品生产，并且正在由种养业向农产品加工、休闲农业、观光旅游、民间工艺品制作和服务业延伸，其中种养业占 70% 以上。三是不断拓展产业类型。合作社不断适应消费多样化、个性化、小众化需求，利用生产基地开发农事体验、菜园领养、会员制消费；一批合作社"互联网+"农产品生产销售，开展直供直销和电子商务，实现生产管理可视化、产品销售网络化。有的地方将农家乐整合成标准统一、消费透明、管理严格的乡村休闲旅游合作社集群。

（3）规范化水平不断提升，服务能力不断增强。2006 年，全国人大通过了

《农民专业合作社法》，保障农民专业合作组织走上依法发展轨道。《农民专业合作社法》实施 10 年后完成修订，健全了合作社登记管理、示范章程、财务会计、年度报告、信用合作等配套制度，制定了地方性法规，建立了以农民专业合作社法为核心、地方性法规为支撑、规章制度相配套的合作社法律法规体系。全国联席会议九部委联合下发了《关于引导和促进农民合作社规范发展的意见》，细化了五大方面 25 项具体的规范化内容。合作社规范建设贯穿指导发展全程，围绕依法依章办社，合作社治理能力不断增强，紧密成员合作关系，夯实"三会"有效运行，规范盈余分配。下发了"关于转发《农业农村部关于做好学习宣传贯彻修改后的〈中华人民共和国农民专业合作社法〉有关工作的通知》的通知"（湘农经〔2018〕1 号），做好修订后农民合作社法的相关工作。2018 年初，依法按交易量（额）分配盈余的合作社数量是 2012 年的 2.5 倍。各地以示范社创建为抓手，示范社梯队逐步形成，通过"四级联创"、评定"四有五好社""十佳社""百强社"等方式，树立了一批合作社规范标杆和样板，国家级 6300 家，县级以上约 18 万家。

（二）合作社发展存在的问题

湖南合作社仍处于发展的初期阶段，已经到了提质转型的关键阶段。合作社规模小，实力弱；区域间、产业间发展不平衡；部分合作社独立于村组织之外，往往成为"孤岛"，难融入村落文化体系，与乡村社区"两张皮"，甚至出现相互掣肘现象（朱启臻，2018）。从宏观层面来看，合作社没有形成更高层面的联合，分散的小合作社与农户一样对农业风险无能为力。联合社发展不充分，带动小农户的功能作用还有空间。出现了一定数量的"空壳社"，主要表现在无农民成员实际参与、无实质性生产经营活动、因经营不善停止运行，甚至有的打着合作社的名义从事非法金融活动。与农业农村经济发展新形势和新要求相比，农民对合作社的参与程度还不够高，合作社的整体经济实力、带动能力和可持续发展能力还不够强，指导服务体系还不健全，与广大农民的期盼还有差距。许多产业扶贫任务需靠合作社去承担，目前，部分合作社的带动能力与期望还有差距。

三、合作社带动农村产业融合发展的政策建议

坚持"以农民为主体，以服务为根本，以法律为准绳，以规范促发展，创新发展"的原则，牢牢把握质量提升这个主题，把工作重点放在促进合作社高质量发展上来，充分发挥农民合作社组织优势和制度优势，发展壮大单体合作社、培育发展联合社、提升县域指导扶持服务能力，推进农村三产融合发展。

（一）完善和落实法律制度体系和政策法规体系，规范管理

一是要根据新修订的《农民专业合作社法》，出台促进合作社高质量发展的实施意见，继续完善扶持政策体系。依法为合作社的组织建设、登记注册、税务管理提供指导服务，从财税、金融、营销、人才等方面，构建符合当地合作社发展需要的支持政策体系。开展农民合作社相关法律、法规和文件的宣传工作，普及合作知识，增强参与积极性。二是促进合作社规范发展，落实九部委农经发〔2014〕7号文件精神，把合作社规范化建设摆在突出位置。健全各项规章制度和利益分配机制，强化财务管理，督促合作社向工商部门报送年度报告，加强动态管理和监督。联合工商部门对不规范的合作社进行整顿，对"假、冒、空"的坚决摘牌除名，按照"清理整顿一批、规范提升一批、扶持壮大一批"的办法，实行分类处置。促进合作社规范有序发展。有效建立合作社准入、退出机制。拓展企业简易注销登记适用范围。三是从打好防范化解重大金融风险攻坚战的高度和全局出发，落实行业部门监督管理责任，强化风险排查和监管警示。指导农民提高警惕，防止有些合作社圈钱。落实农业农村部农办经〔2019〕6号文件要求，与清理"空壳社"结合，集中开展涉农领域非法集资排查整治。

（二）增强合作社自身能力，推进合作社质量提升

（1）健全运行管理制度，提高民主管理水平。加快构建以家庭经营为基础、合作与联合为纽带的立体式复合型现代农业经营体系。加快示范合作社和家庭农场的建设，解决合作社微观动力不足问题。引导合作社提质发展，着力提升经营管理水平和整体水平。以家庭农场和农户为基础，以村落为单位的村社一体合作组织应该成为合作组织的主要形式，通过联合社建设，形成合作社网络，实现合作社规模经济。推进依章办社，完善符合自身实际的章程。推进依法登记，提高资信能力。推进机构协调运行，指导合作社依法建立"三会"，实行民主管理、民主监督。推进盈余科学分配，指导合作社执行财务会计制度，建立成员账户和档案台账，明晰合作社与领办主体的产权关系（韩俊，2018）。加强基础性制度建设，完善合作社财务制度和会计制度。要加快制修订合作社地方性法规。开展合作社法律法规教育宣传，为促进合作社规范发展营造良好环境。

（2）推进合作社的提质增效。从业务、资金结构、服务功能三个方面：一是引导合作社以主营业务为基础，向产加销多种业务拓展，向加工流通延伸。以专业合作为主，兼顾发展土地股份合作、社区股份合作、信用合作。支持合作社发展直供直销、电商等经营模式，鼓励合作社自办加工或者出资入股加工企业，支持合作社开展农业生产托管，支持规模较大、运行规范的合作社和联合社依法

开展互助保险。二是丰富出资方式。挖掘农村资源要素价值，引导农民以实物、土地经营权、林权、知识产权、闲置农房、宅基地使用权等作价出资办社入社，扩大成员覆盖面，提高参与度，迸发农民财产的活力。支持合作社建立紧密的利益联结关系，吸纳贫困户自愿入社发展。引导家庭农场组建或入社，鼓励合作社进行组织重构和资源整合。三是增强服务功能。培养有情怀、有本事、懂政策、懂交往的合作社理事长和带头人。选择产业基础牢、带动能力强、信用记录好的合作社，稳妥开展内部信用合作。推广以合作社为组织载体发展生产、供销、信用"三位一体"的综合业务合作模式。

（3）深入推进示范社建设行动。深入开展合作社质量提升整县推进试点，发展壮大单体合作社、培育发展联合社、提升县域指导扶持服务水平，创建一批合作社高质量发展示范县。建立县域内合作社登记协同监管机制。科学制定湖南示范社建设规划，创新示范社创建机制。2017 年，省财政通过以奖代补等方式，筹措资金 3000 万元，在湖南重点支持 100 个制度健全、管理规范、带动力强的国家级和省级合作社示范社，鼓励发展"三位一体"综合合作社，提升自身管理能力、市场竞争能力和服务带动能力。制定完善示范社评定监测办法，推进示范社四级联创。开展示范社评定和动态监测。完善农地流转平台，引导农地等资源向合作社集中，发展适度规模经营。重点支持联合社，扩大合作规模，提升合作层次。

（三）培育发展联合社和股份制，整县推进合作社发展

（1）合作社的联合寻求规模经济。坚持"能合则合、乡贤促合、抱团联合、多方混合"的原则，合作社、国有企业、民营企业都出资控股参股，发展横向联合，实现多类资源、多方主体、多个层级、多种所有制的最佳配置和有效组合，以产品和产业为纽带开展合作与联合，组建多种形式的联合社，扩大合作社的规模，发挥规模效应，增强合作社在市场竞争中的主动权。密切产销衔接，实现行业、区域、产业纵横联合，建设产品服务市场占有率高、品牌知名度大、市场谈判地位高、竞争力强的联合社。努力推进区域性联合，服务好当地主导产业。要以家庭农场为基础，以乡村社区为合作社基本单位，在合作社之间建立现代契约制度，实现合作社的联合。大力推进行业性联合，鼓励自愿组建若干家行业性联合社，通过共同出资、共创品牌、共享利益，实现联合社品牌响、知名度高、影响力大、竞争力强。推进产业链联合。要围绕当地特色优势产业，促进产业链各类经营主体联合发展，延伸产业链、提升价值链。创新合作社为农服务方式，推进农业服务综合化，形成"布局合理、功能齐全、机制灵活、产权清晰"的新

型供销合作服务体系（见案例5.1）。

案例5.1　供销社合作社＋农民专业合作社

桃江县供销合作社始终向农、服务"三农"，把更好服务农民作为深化改革的出发点和归宿。"桃江模式"供销社改革值得在全国推广。

一是支持发展特色产业。桃江有楠竹8万公顷。桃江供销社模式是帮助办好合作社，以适应农业规模化、专业化、社会化发展趋势。发展产业致富百姓。近4年来，供销社共领办、创办、扶持发展竹笋、水果、蔬菜、茶叶等特色产业合作社81个。桃江供销社领办了世林竹笋道关山、白鹤山、马迹塘等竹笋专业合作社，创建"龙头企业＋合作社＋农户"的产销对接模式，打造高标准竹笋示范基地，提供申请项目资金代理、更新烤制设备等服务。世林合作社的竹笋基地已由2010年的60公顷发展到2018年的2400公顷。2018年合作社共挖春笋450万公斤，收入近2000万元。通过示范，引导全县3800多户农户，促进了农民增收。

二是不断拓展经营服务领域。供销社在农村重点发展电商，拓展经营服务领域。2015年，供销社合作组建了供销电子商务公司，依托"供销e家"提供市场信息、商品流通、缴费、农技培训等综合服务。在全国率先利用"供销e家"平台，发挥供销社在农村点多面广的优势，扩大电商农村终端用户。以村为单位设立村级惠民微信群，服务农民生产生活，传播土地确权、灾情补贴等涉农信息，提供危房改造等惠民服务。自主创办了"智慧桃江"平台，注册了"三根毛竹"集体性商标，组建了"供销万联"和"供销物流"两个子公司，并建立农村网点145个。目前，"供销e家"运营中心设置农村电商网点191个，组建村级微信群41个，客户1.8万人，每天订单2000个以上。同时，借助1家县级配送中心、3个乡镇电商农贸批发市场、315个农产品经营网点，形成"小网点、大网络"现代物流体系和更便捷更精准的综合服务。

资料来源：刘慧婷，文庆勋等．始终向农，为民服务促改革［EB/OL］．http：//yiyong．redent．cn/content/2019/07/26/5570549．html．

（2）积极发展股份合作制、合作制、股份制等组织形式，打造利益共同体和命运共同体。大力发展股份合作制组织形式，使劳动者的劳动与资本有机结合，形成产权清晰、利益直接、风险共担、机制灵活的制度安排，从合作制的成员需求导向转向消费者需求导向，从一味强调民主控制转向发挥企业家作用，转向高度重视业务模式创新、重视品牌化、电商化、渠道关系的互动化和渠道利益的共同化，以适用于农业农村多种多样的生产经营活动。提倡服务成员、民主控制、自愿退出、利润返还，以适用于农民增加收入。发挥其适应市场、要素集中、权责明确、运营有效的作用。当合作社走向规模经营、走向加工流通时、追求更大附加值时，就会选择股份合作制，这不但是利益共同体，而且是命运共同体。

（四）建立多层级指导服务体系

在农业种植、物流销售、信贷保险等方面，为合作社高质量发展提供强有力的支撑。系统设计财政支持政策，引导合作社提升关键发展能力、激发内生活力，开展集约化、标准化生产，完善利益分享机制，更好地发挥带动小农户进入市场的引领作用。加强对湖南合作社辅导员培训，培育政策理论水平高、业务工作能力强、热心合作事业的业务辅导员队伍。通过成立合作社指导服务专门处室，建立省市县三级辅导、创新服务方式，提供全方位服务。加强合作社实训基地建设，强化培训品牌创建，重点围绕合作社理事长、带头人和辅导员，组织开展多形式、多层次、多渠道的培训，分级建立合作社带头人人才库。建立激励机制，对发展合作社事业做出突出贡献的单位和个人，依法依规予以表彰和奖励。构建政策支持体系，实现在税收、用地、用电等优惠政策上有较大的突破，政策扶持提升县域指导扶持服务能力。要积极跟进与中化、中粮和中国邮政签署三大企业加强合作，共同打造农业种植综合服务平台，实现农业技术标准的数据化、栽培管理的精准化和生产基地运营的智能化；打造农产品物流销售平台，提供线上线下快捷便利的物流销售服务；打造金融服务平台，提供专门的信贷保险服务。

第三节　农产品加工业推进农村三产融合发展：价值链提升

一、农产品加工业的地位和作用

农产品加工既可以是粗加工、初加工，也可以是将营养成分、功能成分、活性物质和副产物等进行再次加工，还可以是实现精加工、深加工等多次增值的加工过程。农产品加工业是延长农业产业链、提升价值链、优化供应链、构建利益链的关键环节，是推进农业供给侧结构性改革、加快农业农村现代化的重要支撑力量。农产品加工业是农村产业中非常重要的产业，没有加工的农业永远是弱势农业。

农产品加工业连接工农、沟通城乡，连接三次产业，对促进农业提质增效，农民就业增收，农村繁荣稳定有重要作用，是实施乡村振兴战略的动力核心。为耕者谋利，为食者造福，属于重要民生产业，也是国民经济重要的支柱产业，对满足人民美好生活的向往需要，提高人民生活质量和营养健康水平，关乎实现四化同步、全面建设小康社会，对经济社会持续健康发展都有十分重要的地位。

农产加工业对融合发展具有天然的连接功能，通过前延后伸，延长产业链、提升价值链，构建现代农业"三个体系"，提升农业质量效益和市场竞争力，拓宽农民就业增收渠道，培育农村新产业、新业态、新模式，壮大农业农村发展新动能，促进城乡资源要素合理流动，以产业融合促进城乡融合。促进农产品加工，对于农业提质增效、农民就业增收和农村三产融合发展。农产品加工实现有效供给，要适应消费升级需要，对农产品深度加工，提高农产品品质；推进三产融合发展对农村"三生"资源开发，"引进"消费。坚持以农村三产融合发展为工作路径，以农产品加工业为主要任务布局工作（陈晓华，2015）。

二、湖南农产品加工业发展的措施与存在的不足

2015 年，湖南农产品加工业跻身全国"万亿元俱乐部"。湖南农产品加工业积极调整产业结构，着力实施"百千万"现代农业发展工程，湖南农产品加工业总体处于平稳运行态势。2015～2019 年农产品加工业销售收入年均增长 15%，推进了农产品产地初加工工程，柑橘产后损失由 30%降低到 5%。农产品加工业主要经济指标增速高于全国平均水平。2017 年，农产品加工业总产值达到 1.5 万亿元，跻身全国八强，农产品加工转化率48%。"顺祥"小龙虾借助新冷链远销欧美，湖南橘瓣罐头"吃干榨净式"加工法领先世界，加工后的临武鸭价值链倍增，这些成功探索引领着湖南精细农业的发展之路。

（一）湖南扶持农产品加工业发展的措施：培育"加工（物流）+"动能

（1）农产品加工技术的牵引。与专用原料生产、仓储物流（含冷链物流）、市场消费等上下游产业有机衔接，与休闲旅游、文教、康养和电商等农村产业有机结合、深度融合。优化大宗农产品精深加工和综合利用产能布局，引导化解转移过剩产能和弥补短缺产能，优化产业链布局。推进秸秆等副产物综合利用，开

发新能源、新材料、新产品等。引导口粮适度加工，减少资源浪费和营养流失。加大营养功能成分提取开发力度。实施产地初加工补助政策，促进商品化处理，减少产后损失；加大技术集成应用力度，加快新型非热加工、新型杀菌、高效分离、节能干燥、清洁生产、无损和在线检测等技术升级，提升农产品精深加工水平；加快培育主食加工示范企业，推介一批中央厨房发展新模式，积极打造标准化程度高、质量过硬、安全性好的主食品牌。探索多主体参与、多层次联动的市场化收购制度，建立健全农产品市场化收购调运、仓储物流和应急供应体系。依托信息化手段，加快形成品种专用、生产定制、产销对路的精深加工引领生产发展的新模式。

（2）培育农村三产融合发展的新业态。通过融合发展促提升。实施农产品加工业提升与农村三产融合发展推进行动，统筹初加工、精深加工和后续副产物的综合利用加工，协调发展各个环节，开发多元化产品，提高产品附加值，延长产业链，提升价值链。推动加工业转型升级，培植农业"新六产"，促进农村三产融合，引导加工与休闲旅游、文教、科普、养生养老等产业深度融合。培育"生鲜电商＋冷链宅配""中央厨房＋食材冷链配送"等新业态，大力支持发展粮食精深加工，力争到2022年，湖南粮食产业新增1000亿元产值，建成湖南现代粮食产业发展体系，粮食优质品率突破85%，优质粮市场占有率突破70%，粮食加工转化率达90%，主食品工业化率提高到30%以上。

（二）湖南农产品加工业的发展存在的不足

农产品加工企业是打造全产业链最重要的经营主体，湖南农产品加工企业整体不强，农产品加工链条环节短板突出，精深加工以及配套设施不足产业链条短，上下游环节不匹配，增值空间有限，加工企业多而不强。由于农产品加工滞后、转化率低，农业经济效益低、农民增收困难，一些农村甚至出现高产低效、增产不增收的现象，严重影响了农户从事农业生产的积极性。目前，农产品精深加工水平普遍较低，加工副产物60%以上没有得到综合利用。据测算，通过精深加工可以使粮油薯增值2～4倍，畜牧水产品增值3～4倍，果品蔬菜增值5～10倍。创新发展能力不足，政策扶持不到位。政府千方百计促进农产品加工业去库存、降成本、补短板。迫切需要提高政策的指向性、精准性和可操作性，促进农产品精深加工增品种、提质量、创品牌，促进农产品加工的企业规模化、层次精（深）化、业态多元化和布局聚集化。加快转型升级发展，提高质量效益和竞争力。

三、湖南农产品加工业提升农村产业融合发展的政策建议

（一）优化产业结构，推进农产品加工业协调发展

（1）做大优势产业主推农产品加工业发展。参照工业新兴优势产业链，出台相关方案，做大、做强、做精一批农产品加工产业链。湖南应在优势产业基础上，集中资源，围绕油茶、稻米、生猪、柑橘、茶叶等优势农产品，打造 2～3 条在全国具有引领示范作用的农产品加工产业链。湖南要以"三品一标"农产品为主，按照"一县一特、一特一链"思路，建设精致、优质、高效的特色农产品加工产业链。大力培育湖南十大优势产业，力争到 2022 年，十大优势产业的全产业链产值达到 1.8 万亿元，油料、茶叶、中药材、水产、水果等产业全产业链产值均突破千亿元。

（2）开展农产品产地初加工示范基地建设，落实产地初加工补助政策。在优势特色产业集聚区，重点建设分级包装、储藏保鲜、烘干、配送等设备设施。大力发展农产品精深加工，重点提升畜禽、水产、粮食、蔬菜精深加工水平。实施"湖南优质粮油"工程，发展主食加工业，开发营养健康的功能性食品。

（二）科技创新加快农产品加工业转型升级

（1）实施科技创新驱动战略。建设农产品精深加工装备研发机构和生产创制企业，推动产学研结合，提升精深加工技术装备研发能力。支持加工企业技术改造、装备升级和模式创新，向产业链中高端延伸，向研发设计和品牌营销两端延伸，提升企业加工转化增值能力。完善农产品加工技术研发体系，依托企业建设专业化实验室、研发中心、检测中心等平台。支持企业牵头成立科技创新联盟，推动"产学研推用"一体化发展。实施农产品精深加工提升行动，加大生物、工程、环保、信息等技术集成力度，建立精深加工和综合利用加工技术装备目录，开展信息化、智能化、工程化的装备研发，支持和鼓励攻克一批关键共性技术难题。

（2）做强农产品精深加工。推动农产品加工业转型升级，促进农产品初加工、精深加工、综合利用加工和主食加工协调发展，提高农产品加工转化率和附加值。加强标准制定，制修订一批农产品加工技术规程和产品质量标准。引导龙头企业建设农产品加工技术集成基地和精深加工示范基地，增加精深加工产品种类和产品附加值，推动加工企业由小变大、加工程度由初变深、加工产品由粗变精。研发和推广关键技术装备，创制蛋白、脂肪、纤维、活性物质、药用价值等提取的精深加工技术装备。

（3）支持农产品产地建设规模适度的预冷、贮藏保鲜等初加工冷链设施，支持农产品批发市场建设冷藏冷冻、流通加工冷链设施，支持适应市场需求的冷藏库、产地冷库、流通型冷库建设，培育和引进实力雄厚的冷链物流企业，探索建立从源头至终端的冷链物流全链条监管机制。省财政对规模冷链物流设施建设给予适当补贴。

（三）引导农产品加工业跨界融合发展和集群发展

（1）培育壮大一批全产业链龙头企业。按照一个优势产业集中扶持 2~3 家全产业链龙头企业、一类特色农产品集中扶持 1~2 家农产品加工龙头企业，通过并购重组、交叉持股等方式，支持龙头企业对区域内同行进行整合，扩大经营规模，提升经营管理水平，提高对产业链的掌控力。力争到 2022 年，湖南年销售收入过 100 亿元的全产业链龙头企业达到 10 家，50 亿~100 亿元的全产业链龙头企业达到 20 家左右，过 10 亿元的特色农产品全产业链龙头企业达到 80 家左右。

（2）建设各具特色的农产品加工园区。引导地方建设一批区域性农产品加工园，形成县以上四级农产品加工园体系，构筑乡村产业"新高地"。推动"三区"建设规模种养基地，发展产后加工，引导农产品精深加工产能向"三园"聚集发展，实现节能减排和节本降耗，提高精深加工产品市场竞争力。鼓励加工企业双向延伸，发展原料基地和物流营销网络。引导主产区农产品就地就近加工转化增值，引导城市郊区、加工园区、产业集聚区和物流节点发展主食加工、方便食品及精深加工产业。

（3）创建国家级农村三产融合发展先导区。以加工园区为依托，建设一批产业发展规模大、科技创新能力强、精深加工程度深、示范带动机制好、政策保障环境优的农产品精深加工示范基地。高起点、高标准、高水平创建融标准化原料基地、集约化加工园区、体系化物流配送市场营销网络"三化一体"，创建集标准化原料基地、集约化加工、便利化服务网络于一体的产业集群和融合发展先导区，实现"三区互动"的融合发展。建设农产品加工集群，按照"粮头食尾""农头工尾"要求，支持县域发展农产品精深加工，在专业村镇和加工强县基础上，构建原料基地、加工转化、市场营销、物流配送等环节首尾相连、上下衔接的产业集群。

（四）夯实农产品加工业发展的支撑体系

（1）完善农产品加工产业和政策支持体系。统筹整合资金，围绕农产品精深加工、综合利用加工等关键环节以及三产融合需要，将农产品及其加工副产物收集再利用、节能环保等设施设备纳入支持范围。鼓励综合运用贴息、奖补等政策支持精深加工企业发展。重点扶持和培育一批深加工龙头企业，提升区域加工转化能力。

（2）强化金融服务。加大对重点精深加工企业、综合利用加工短缺产能和重要特色农产品原料收购的信贷支持力度，合理提高授信额度，允许符合条件的企业流动资金贷款周转使用，满足企业对差异化金融服务的有效需求。建立偿还意外风险保障制度，支持精深加工企业申请发行农村产业融合发展专项债券、上市、新三板等挂牌，拓宽融资渠道。

（3）细化用地用途，增加农产品精深加工、综合利用加工和仓储流通设施用地规划空间，在新增建设用地上予以倾斜。支持以集体建设用地使用权入股、联营等形式共同兴办农产品精深加工企业。支持将企业总部和加工产能向县城和中心镇转移。

（4）以绿色生态（有机）农产品加工示范基地建设为抓手，进一步拓展和延伸农业产业链，不断夯实农产品加工业发展基础。

第六章　农村三产融合发展的"四新"动能：新产业、新业态、新技术和新模式

农村三产融合发展可以构建现代农业的"三个体系"，可以培育农村的新产业、新业态、新模式。三产融合以新型经营主体为骨干，以知识、技术、信息、数据等要素支撑，以利益联结为核心，促进农村三产的支撑、渗透与融合，大力培育各类新产业、新业态，以模式创新为动力，推进产业链相加、价值链相乘、供应链相通，建立起综合、优质、高效、门类齐全的融合型业态。

第一节　农村三产融合发展的"四新"动能关系与生态特征

一、农村三产融合发展的"四新"动能关系

技术与产业交互联动、深度融合，催生了大量的新产业、新业态、新技术和新模式（以下简称"四新"），成为了我国经济持续发展的强大动能。通过吸引新农民、新主体，利用新技术、新模式，发掘农业农村新功能、新价值，跨界配置农业农村与现代全产业链要素，培育和催生出大量新产业、新业态，打造新平台和新载体，已经成为促进农民持续较快增收的重要支撑，构建现代农业产业三个体系的重要途径，推动城乡融合发展的必然选择。如图6.1所示，我们可以解读"四新"之间的关系和对农村三产融合发展的作用机制。随着生产力层面的技术变化，相应地带来生产力和生产关系两个层面的变化，其中包含新产业、新

业态和新模式的变化。实质上，农村产业融合通过提升农业产业链和价值链，形成要素整合的产业发展体系。通过三产融合的加法效应和乘法效应，实现加工增值增收、功能拓展增收和新业态、新模式增收。

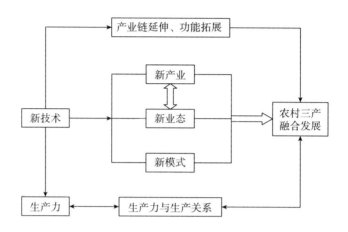

图6.1　农村三产融合中"四新"动能关系

（1）推进新技术渗透融合，发展农业新型业态。实施"互联网＋"现代农业行动，推进互联网、物联网、云计算、大数据与现代农业结合，发展"互联网＋农业、农村电商"，拓宽农资供应和农产品流通渠道，以农村电商激活农村产业发展动力。构建依托互联网的新型农业生产经营体系，促进智能化农业、精准农业发展。加快电子商务提质升级，健全适应农产品电商发展的标准体系，支持农产品电商平台和乡村电商服务站点建设，鼓励新型农业经营主体，加工流通企业与电商企业全面对接融合，推进电子商务与农业深度融合，线上线下互动发展。

（2）发展休闲农业和乡村旅游，推进农业功能融合发展。推进农业与旅游、文教、康养等产业深度融合，拓展农业多种功能。鼓励农村集体经济组织创办乡村旅游合作社，或与社会资本联办乡村旅游企业，支持改善休闲农业、乡村旅游、森林康养公共服务条件，利用"旅游＋""生态＋"等模式推进产业深度融合。培育国家乡村旅游创客示范基地，打造一批知名休闲农庄、特色旅游村镇、星级乡村旅游区和精品线路。加强农村传统文化保护，合理开发农业文化遗产，推动形成红色旅游、民族风情、休闲度假、康养、科教等系列主题旅游产品和产业链条，推进休闲农业和乡村旅游与农业产业共同发展。推动科技、人文等元素融入农业，发展农田艺术景观、阳台农艺等创意农业。

（3）加快农产品加工转化，推进产业链融合发展。支持农产品加工业、农业生产性服务业向农业延伸，形成上下游紧密协作的产业链。建立初加工用电享受农用电政策，支持农产品深加工发展，扶持一批农产品加工园区，加快发展农产品多级系列加工，拉伸农业产业链、价值链和供应链。加快农产品冷链物流体系建设，优先安排新增建设用地计划指标，支持新型农业经营主体进行农产品加工、仓储物流、产地批发市场等辅助设施建设。探索农产品个性化定制服务、会展农业、农业众筹等新型业态。

二、农村三产融合发展中"四新"动能的生态特征

在现代农业发展、美丽乡村建设和实施乡村振兴战略的吸引下，大量新农民到农村创业创新，合作社、家庭农场、专业大户、涉农企业等大量出现，进城务工人员、高校毕业生、退役军人、有情怀企业家、科技人员和返乡下乡双创人员，成为乡村振兴的生力军，主体创新有力地推动"四新"蓬勃发展。

（1）新技术日新月异。新科技革命催生智能制造、生物工程和现代信息等新技术在农业领域得到广泛应用。在农业生产中，应用耕种收全程农机装备，在主产区逐步实现"机器换人"。在农业全产业链建设中，应用综合协调配套技术，推广以绿色生产储藏包装技术，实现后续处理"鸟枪换炮"，农业科技进步贡献率达56%。在农业经营管理中，应用新一代信息技术，产品信息采集、网络结算成为农民新技能，手机成为"新农具"，产品销售实现"电商换市"。随着人工智能、大数据、云计算等现代信息技术的应用普及，城乡融合发展、新旧动能转换，数字经济蓬勃发展等正在被推动。建设数字中国、智慧社会，要求数字技术在经济社会各领域发挥积极作用。

（2）新技术和农业融合催生出一大批新产业和新产品，创新引领乡村产业发展。要推动新产业的创新。主要是大力发展现代新型农业和现代综合性服务业，形成主导产业、支柱产业、周延产业相结合，传统产业、新型产业及战略性产业相协调的产业集群式发展。要以农业为基本依托、以保障粮食安全为前提，做大做强主导优势产业，发展标准高、融合深、链条长、质量好、方式新的精致农业、绿色循环农业。要依托农村绿水青山等资源，引入历史、文化、民族以及现代元素，对传统农业进行特色化改造，快速发展绿色农业。秸秆和畜禽粪便资源化利用、有机肥生产等产业加速成长，促进了农业绿色发展。农产品加工业向精深方向发展。农业产业链条加快延伸。农业与旅游、教育、文化、健康养老等产业深度融合，休闲农业和乡村旅游蓬勃兴起，拓展了农业多功能。农业生产性

服务业快速发展，发展农业生产租赁业务，农资供应、产品集聚、物流配送等广泛开展，探索农产品个性化定制服务、会展农业、农业众筹等新型产业。推动新产品的创新，细分区域市场、季节性的时间市场、不同的人群市场，以市场的需求确定产品的供给进而实现产业创新。

（3）新业态层出不穷。正处于农村新产业、新业态提档升级的时期，要推动新业态创新，积极发展以农民专业合作社为载体的农业产业化经营、以家庭农场为主体的土地适度规模经营、种养结合食物链融合型的生态农业经营，创造新的农业发展业态。主要通过创意与融合引领产业集群创新，充分运用"+"手段推动业态。实施休闲农业和乡村旅游精品工程，发掘乡村新功能新价值，催生新产业、新业态，农业与技术跨界深度融合，形成"农业+"多业态发展。各种创意农业、分享农业、众筹农业、电子商务等新业态、新模式层出不穷，不断挖掘农业的多功能，让农民分享增值的收益。"农业+"林牧渔，催生了稻田养鱼（虾、蟹）、林下养鸡等循环农业。"农业+"加工流通，催生了储藏保鲜、中央厨房、直供直销、会员农业、个人定制等延伸型农业。"农业+"文化、教育、旅游、康养等产业，催生了创意农业、教育农园、消费体验、民宿服务、康养农业等体验型农业。建设特色小镇、魅力村庄和健康养生基地，重点打造休闲农业和乡村旅游示范区。"生态+"创新康养、休闲旅游、养生养老产业。"农业+"信息产业催生了在线农业、直播农业、数字农业、农业众筹等智慧型农业。"农业+"城镇催生出特色小镇、美丽乡村、田园综合体、产业园区等产城融合型农业。

（4）农业生产、经营在于消费对接过程中形成了许多新商业模式。智能化生产模式深度应用信息管理技术，实现食物个性化定制、工业化生产。新平台经营模式依托企业搭建平台，为生产者和消费者架起直通管道。终端物流配送模式建设前端仓储分发基地和后端取件终端平台，打通"最后一公里"。产业联盟发展模式将产业上下游各主体进行有效联结，建立协同发展、合作共赢的抱团主体。资源共享模式利用共享农庄等平台，将土地、农房等各种资源整合，为消费者带来便利和实惠，为财产所有人带来实在收益。要推动新型市场的创新。创建在智能化背景下，创建面向市场需求的综合性的产地市场。做好存量资产利用创新。主要通过要素化、功能化、资源化、资本化等市场化措施。通过租赁、入股、流转等方式，为新型产业创新创造条件。引导返乡下乡人员依托自有和闲置农房院落发展乡村特色产业的相关产业与服务。

第二节　农业信息化技术促进农村三产融合发展：培育"互联网＋"动能

《中华人民共和国国民经济和社会发展第十三个五年规划纲要》提出要推进农业信息化建设，加强农业与信息技术融合，发展智慧农业；《国家信息化发展战略纲要》提出培育互联网农业，健全智能化、网络化的农业生产经营体系，提高农业生产全过程信息管理服务能力。需要扩大农业物联网区域试验规模、范围和内容，建设重要农产品全产业链大数据，促进农村三产融合发展（屈冬玉，2018）。《数字乡村发展战略纲要》《乡村振兴战略规划（2018–2022年）》《中共中央、国务院关于实施乡村振兴战略的意见》明确提出，要加快数字乡村战略实施，推进"互联网＋"农产品出村工程，实施信息进村入户工程，弥合城乡数字鸿沟。数字乡村是乡村振兴的战略方向，也是建设数字中国的重要内容。2019年，中共中央、国务院出台了《数字乡村发展战略纲要》，明确提出要发展农村数字经济，推进农业数字化转型。进一步解放和发展数字化生产力，注重构建以知识更新、技术创新、数据驱动为一体的乡村经济发展政策体系，注重建立层级更高、结构更优、可持续性更好的乡村现代化经济体系，注重建立灵敏高效的现代乡村社会治理体系，开启城乡融合发展和现代化建设新局面。

一、农业信息化技术带来的新产业：数字农业和智慧农业

（一）数字农业的发展

数字农业是数字经济在农业领域的重要实践。实质是用数字技术开展农业生产经营管理，把数字技术运用到农业生产、加工、运输、销售、服务等各个产业链环节当中，充分发挥数字技术对促进农业发展的重要效能，不断提高现代农业产业的数字化水平（胡青，2019）。数字农业包含基础层（包括农村信息基础设施建设、网络芯片、传感器与中间件的设计与制造等硬件）、技术层（依托基础层的运算平台和数据资源进行识别训练和机器学习建模，以及开发面向不同领域的应用技术）和应用层（物联网、云计算、大数据等数字技术向农业各领域的渗透应用）三个方面，本质上是实现数字技术与农业的深度融合。其中，应用层包含农业生产智能化、经营网络化、管理高效化、服务便捷化四个维度（见表6.1）。

表6.1　数字农业的应用层面解构

	原理	主要工程	主要应用
生产信息化：生产智能化	全面感知、可靠传输、先进处理和智能控制的信息技术，提升现代农业生产设施装备的数字化和智能化水平，提高"三率"	应用物联网、大数据、空间信息、移动互联网等的在线监测、精准作业、数字化管理。实施物联网应用示范工程、智能农业和物联网区域试验工程	在大田种植上，遥感监测、病虫害远程诊断、水稻智能催芽、农机精准作业等大面积应用
			在设施农业上，温室环境自动监测与控制、水肥药智能管理等加快推广应用
			精准饲喂、发情监测、自动挤奶等在规模养殖场应用
			水产养殖上，水体监控、饵料自动投喂等快速集成应用
经营信息化：经营网络化	利用电商提高农业经营的网络化水平，为农产品生产经营主体提供销售、购买和电子支付等服务	农业农村电商迸发，实现农产品流通扁平化、交易公平化、信息透明化，推动农产品进城与工业品下乡双向流通的发展格局	农产品电商高速增长，网上销售农产品的生产者大幅增加，交易品种日益丰富
			农业生产资料、休闲农业及旅游电商平台和模式涌现
			推广农产品批发市场电子交易、数据交换、电子监控等。拓展经营信息化的广度和深度
管理信息化：管理高效化	现代信息技术推动农业资源管理，丰富信息资源，健全质量安全信用体系，强化农业应急指挥，实现农业管理高效和透明	建设省级农业数据中心，开通行业应用系统，信息系统覆盖农业行业统计监测、监管评估、信息管理、预警、指挥调度、行政执法和办公等重要业务	农地确权登记颁证、承包经营权流转和农村集体"三资"管理信息系统与数据库建设推进
			行政审批事项实现网上办理，信息化对农资市场监管能力的支撑作用增强。建设农产品质量安全追溯体系
			农业行业信息采集、分析、发布、服务制度机制不断完善。农业大数据发展应用起步
服务信息化：服务便捷化	运用高新技术到农业生产经营，构建实时互动的"扁平化"信息服务平台	完善组织体系和工作体系，形成政府统筹、部门协作、社会参与的多元化、市场化推进格局	建成覆盖三级的农业门户网站群
			建设12316"三农"综合服务平台，部省协同服务网络，信息进村入户
			公益服务、便民服务、电商和培训体验进到村、落到户
			信息技术的社会化服务组织服务领域和范围不断拓展

资料来源：中商情报网。

农村数字经济发展潜力巨大。发展数字农业，进一步解放和发展数字化生产力是加速实现乡村振兴战略总体要求的重要战略举措之一。一是推动农业大数据资源汇聚及农业大数据技术应用，可以促进农业现代化生产与农产品高效流通、保障农产品质量安全，可以提高农民素质和农业经营效率、优化乡村生产生活生态环境、提升乡村综合治理能力。二是发展数字农业能够加速推进信息技术与农业的深度融合，将前沿技术应用到更多的现代农业生产和经营管理领域当中，包括农业生产设施装备，改造和重构农业产业链，建设高信息化水平的完整的农业产业链条，推进农业产业结构的信息化升级转型。三是充分利用新一代信息技术，拓展农业多功能，推动现代农业与乡村旅游、休闲民宿、电商、养老等产业的深度融合，促进三产融合发展。四是实现农业生产的自动化精确控制、智能化科学管理，提高农业的可控程度，降低生产成本，减少环境污染，使农业向精准化、环保型和可持续方向发展。

数字技术是数字农业的基础。完善资源遥感监测"一张图"和综合监管平台，对永久基本农田实行动态监测。建设农业农村遥感卫星等天基设施，在农业中应用北斗卫星导航系统、高分辨率对地观测系统。构建信息技术装备配置标准化体系，提升农业生产精准化、智能化水平。推进农业农村大数据中心和重要农产品全产业链大数据建设，推动基础数据整合共享。加快构建覆盖农业资源、乡村产业、生产管理、产品质量、农机装备、乡村治理等领域的数据库。整合空间数据，将耕地资源、渔业水域资源、粮食生产功能区、现代农业园区、特色农产品优势区等区划、特色农业强镇、生产经营主体、村庄分布等数据上图入库，使农业农村资源数据立体化。整合农情调度系统、田间定点监测系统，集遥感信息、无人机观测、地面传感网等于一体，构建天空地一体化数据获取技术体系。建立作物空间分布、重大自然灾害等的动态空间图，形成全域地理信息图。推进农业数字化转型，发展数字农业，推动云计算、互联网、物联网、大数据、人工智能和实体经济深度融合，打造科技农业、智慧农业、品牌农业。信息技术与农业生产经营管理全面全产业链深度融合，成为创新驱动农业现代化的先导力量。

（二）智慧农业的发展

智慧农业是集集约化生产、智能化远程控制、精细化调节、科学化管理、数据化分析和扁平化经营于一体的农业发展高级阶段。是在现代信息技术革命的红利中探索出来的农业现代化发展新模式，集互联网、移动互联网、云计算和物联网技术为一体，与科学的管理制度相结合，把信息技术综合应用于农业，推进农业"智慧"化。①从智慧农业发展历程看，20世纪80年代是萌芽期，涉及作物栽培、病虫害防治、生产管理、节水灌溉等方面。20 世纪 90 年代，农业机器人成为农业发展的新方向。进入 21 世纪后，精准农业、无人机植保等开始大规模应用。智慧农业分为四大典型应用场景，分别为数据平台服务、无人机植保、农机自动驾驶以及精细化养殖。智慧农业市场有望在 2022 年达到 184.5 亿美元的规模（赵春江，2018）。②智慧农业产业链的发展模式包括：混合纵向一体化的链接机制、"公司＋农业园区＋市场"的组织形式、"品牌＋标准＋规模"的经营体制；农业管理高效和透明、行政效能高的行业管理系统。

以智慧生产为核心，以智慧产业链为信息化服务支撑。信息服务与营销、物流、消费全产业链的"生态融合"和"基因重组"，成为智慧农业生产的信息支撑网络，为农业生产提供信息化决策、高效化生产、差异化服务（见表 6.2）。集物联网技术、大数据、无线通信技术及 3S 技术于一体，实现农业可视化、远程诊断、精准感知、灾变预警等智能化管理。智慧农业运用传感器和软件通过移动平台或者电脑平台对农业生产进行控制。此外，广义上还包括农业电商、食品溯源防伪、农业信息服务等内容。利用科学智能的遥控设备实时遥控管理农产品生产状况，水肥药食自动投放管理。精准生产管理、节约人力物力资本、提高产能和质量。通过大数据分析、农产品物流管理技术、品质检测技术，靶向确定农产品具体采摘时间段、采摘数量、物流情况以及品质规格。建设智慧农（牧）场，推广精准化农（牧）业作业。加大前沿技术、核心技术和关键技术的攻关力度，推进精准作业数字化管理与智能决策、变量施肥施药等智能装备、农产品柔性加工、区块链等技术的研发，加快 3S、智能感知、模型模拟、智能控制等软硬件产品的集成应用，不断完善智慧农业技术创新与应用服务体系。

表 6.2　智慧农业发展趋势和主要支撑要素

趋势	支撑因素	建设内容
由人工走向智能	农业生产自动化系统和平台	构建集环境生理监控、作物模型分析和精准调节为一体的系统和平台
	食品安全方面	完善农产品溯源系统
	在管理环节	建设智能设施与互联网应用系统
突出个性化与差异性营销方式	打破农业市场的时空界限	农资采购和农产品流通等数据将会得到实时监测和传递
	个性化服务	为旅客提供个性化旅游服务

续表

趋势	支撑因素	建设内容
提供精确、动态、科学的全方位信息服务	提高农业生产管理决策水平	传播农业科技知识、生产管理信息以及农业科技咨询服务
	提升农业管理部门的监管效能	云计算、大数据推进管理数字化和现代化，促进农业管理高效和透明

目前，智慧农业的人才是自学体系，90%以上的智慧农业企业数据来源自身的收集及摸索，数据难以共享；农民对新技术认知或者互联网的认知非常有限，智慧农业的应用有一定难度；土地流转的不流畅阻碍了智慧农业发展速度。但是智慧农业技术已经应用到种养、农产品质量安全追溯等诸多领域。在生产管理端口，智慧农业的运用程度超过90%。需要加快培育一批农业战略科技创新力量，推动智慧农业发展，落实数字乡村战略。

智慧农业已经成为中国未来农业发展的方向，将会成为农业的竞争优势（见表6.3）。"互联网＋"与农业完美融合在先进的信息技术下，推动农业全产业链改造升级：变革农资生产供应方式，农资电商平台为农户提供个性化需求的产品和服务；变革农产品生产方式，实现精细化种植、可视化管理、智能化决策和标准化生产；变革流通方式和销售方式，有助于对原料安全、产品安全、供应链安全等领域的管控，从"空间、时间、成本、安全、个性化"全面改变农产品销售市场，增强消费者的客户体验和客户理性；打通农业产业链，帮助整个产业优化、重塑，推动传统农业向现代化转型。农产品加工企业采用移动互联网、云计算、大数据、物联网等技术，提升数字化、网络化和智能化水平，实现农产品加工产品质量可追溯，提高产品透明度和可信度。因此，全方位发展和升级农业农村信息化，是发展现代农业和加快推进全面建成小康社会的迫切需要。

表6.3　智慧农业发展近擘远瞻

年份	任务	具体内容
2019	技术攻关	突破职能农业应用的理论、方法和共性关键技术
2020	产品开发	创制农业智能感知、智能控制、智能服务等农业重大技术产品
2021	集成应用	开展农业智能生产和农业知识服务应用示范
2022	引领农业	变革农业发展方式，提升现代农业水平
2025	培育产业	农业软硬件，系统集成，农产品追溯、职能信息服务

二、农业信息化技术带来的新业态：互联网＋农业

2014 年的中央经济工作会议正式提出"互联网＋"行动。2015 年，国务院制定出台实施"互联网＋"行动的指导意见，并将"互联网＋"现代农业作为11 个重点行动之一。2016 年中央一号文件指出大力推进"互联网＋现代农业"，应用物联网、云计算、大数据、移动互联等现代信息技术，推动农业全产业链改造升级。印发实施"互联网＋"现代农业三年行动实施方案。

近年来，扎实推进"互联网＋"现代农业行动。加强顶层设计，七部门共同印发了《"互联网＋"现代农业三年行动实施方案》，提出了"互联网＋"现代农业行动的总体要求、主要任务、重大工程和保障措施。印发了《"十三五"全国农业农村信息化发展规划》，为推动信息技术与农业农村全面深度融合做好顶层设计、完善政策体系。实施农业物联网试验工程，实施信息进村入户工程，推进农业社会化服务综合平台和农产品电子商务发展。自 2013 年以来，组织 9个省份开展农业物联网区域试验示范，发布 426 项节本增效农业物联网产品、技术和应用模式。2017 年启动了实施数字农业建设试点项目，2018 年为农业监测安上了"天眼"。在乡村振兴战略下，依托"互联网＋"，促进农业生产管理更加精准高效。互联网技术与农村经济社会各领域正在加速融合，激发新动能，培育新农民，催生新业态，"互联网＋"已经成为抢占农业农村现代化制高点的重要抓手。

（1）"互联网＋农业"支撑条件明显改善。网络基础设施建设不断优化，2017 年年底，全国行政村通宽带的比例达 96％，每百户农民手机拥有量超过 300部。智能手机已经成为农民的"新农具"。随着城镇人口不断增加，城乡网民结构受此影响也发生了细微变化。自 2014 年以来，电子商务逐渐由城及乡，农村电商已进入了一个全面的引爆期，显现出较高的业态价值和广阔的发展前景。2017 年，全国农村实现网络零售额 12448.8 亿元，同比增长 39.1％，是 2014 年零售额的近 7 倍（见图 6.2）。2018 年，农村网络零售额达到 1.25 万亿元，同比增长 34.4％，全国网上零售额占比 15.5％，增速高于全国 4.3％。截至 2017 年底，农村网店达 985.6 万家，同比增长 20.7％，农产品电商正迈向 3000 亿元大关，带动就业人数 2800 万人（张洋，2018）。农村信息综合服务能力不断提升。已有 20.4 万个村已经建立了益农信息社，为农民提供公益服务 8250 万人次、便民服务 2.9 亿人次。

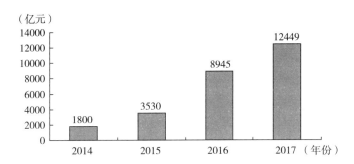

图 6.2　2014～2017 年全国农村网络零售额

资料来源：国家发改委发布的《农村一二三产业融合发展年度报告（2017 年）》。

（2）"互联网＋"现代农业的绩效。预计 2025 年实现农业 2.0，互联网将推动农业全产业链改造升级、农业经营模式变革和网络品牌价值打造。在轮作休耕监管、动植物疫病远程诊断、农机精准作业、无人机飞防、精准饲喂等方面取得明显成效。通过北斗定位系统定位收割机，为小麦跨区机收提供信息化保障。农机深松整地作业物联网监测面积累计超过 1.5 亿亩，作业质量、效率和服务水平大幅提升。从服务方式看，互联网和大数据影响龙头企业的生产计划、产品选择、品牌形成、附加值提升、需求信息搜集等；以数据链带动和提升产业链、供应链和价值链，支撑农业转型升级和高质量发展，促进小农户与现代农业发展有机衔接。信息技术带来稳定化生产，互联网信息技术正在引领农业第三次变革。

（3）"互联网＋农业"对农业发展的影响。"互联网＋农业"能够充分发挥互联网在农业生产要素配置和集成过程中的优化作用，将互联网的创新成果深度融合于农业生产、流通各个领域中，从而提升创新力和生产力（郭红东，2018）。农村电商交易主要有两大体系：消费品下行体系和农产品上行体系。互联网的开放、快速、传播特性，将倒逼着农企更注重质量、品牌、特色。发展"互联网＋农业"，是湖农业产业发展的迫切需要。

一是"互联网＋农业"，带动农业转型升级发展。因数字技术而发展起来的"数字融合"可能改变经济参与者获得信息的时间、空间以及成本，使产业边界越来越模糊甚至消失。互联网技术嵌入到农业产业链，实现从线下到线上的全供应链融合。以农村电商培养为重点，全面开展农民触网行动，以网销打造高品质农产品。电商龙头引导新型经营主体和企业上线营销；发展农村物流业，创办绿色生产基地，兴办实体店，农村代购代销，实现农村销售网络全覆盖（姜晶，崔雁冰，2018）。互联网价值单元与农业产业链包括的价值单元之间的协同过程。

互联网技术嵌入到农业产业链中，带来了农业产业链的革命性变化。农业产业的链条和农业数据的链条很好融合，把数据的价值或者权力赋予农业农村的全角度、全方位、全领域、全过程，全面地改造提升农业农村的数字化水平（王小兵，2020）。"互联网＋农业"拓展了电商的发展空间。推动互联网技术与农业的生产、经营、管理、服务深度融合，引导生产、加工、流通，增强三次产业的互联互通性，推进农业与其他产业深度融合，打造农业农村经济的升级版。

二是"互联网＋农业"，提高农业生产的净收入。推进"互联网＋"使得价值链过渡为价值网。通过"互联网＋农业"来实现省工降本、提质增效、供需均衡。通过多种联系方式的网状结构，形成了线上线下相融合的组织系统，以及以互联网为交易平台的具有开放性、协作共赢性和创新性的价值网。有的通过市场化的农业生产性服务组织，推动企业向农业服务企业甚至农业综合服务商转型；有的发展平台型经济，提供实体交易场所或虚拟交易空间；有的实现线上带动线下、电商带动实体经济。通过农村淘宝触达全国3万多个村点，上亿农民成为农村电商的新力量；有些通过电商平台或互联网带动优势特色农产品基地发展。例如，浏阳市电商牵引"花木之乡"，田头种花木，网上卖花木。种啥卖出去都是靠网络，走出一条充分体现互联网与"三农"全面融合、同步融合、深度融合的县域电商发展路子。由传统的绿化苗木、工程苗木向新品苗木、家庭园艺转变，从绿色向彩色转变，从线下到线上转变。

三是"互联网＋农业"，给农村产业融合提供新动力。以信息为媒介，运用互联网、新媒体、物流运输等平台扩大了农产品的营销市场，节约了人力、物力和资金成本，成为农业新动能。农产品电商领先，提升农业核心竞争力。打造农业在线化、数据化平台，实现农业生产经营的网络在线监控管理，农产品线上预定、结算、线下交易、销售（O2O），并整合有关政务、农技、电信、邮政、金融等。分享农业、定制农业、创意农业、康养农业、共享农庄、加工体验等新业态、新模式快速兴起。鼓励发展农产品电子商务，探索业态形式，完善"互联网＋现代农业"的长效机制，为农村产业融合发展服务。

三、农业信息化技术带来的新模式：农村电商

（一）农村电商正逐步走向转型发展的新阶段

农村电商的迅猛发展，是中国农民的伟大创造，是第二次乡镇企业运动，是一种时代性、全局性的、中国特色的农业农村创新创业现象。互联网赋能"三农"已成为推动农业农村现代化转型的重要途径。2018年1月，韩长赋在农产

品电商大数据座谈会上强调：要重视农业信息化工作，大力开展电商试点，推动农产品电子商务的快速发展。1995～2007 年是电商化阶段，2008～2020 年数字乡村建设取得初步进展。未来农业互联网化创新将呈现技术驱动、垂直创新、渠道融合和生态整合四大趋势特征和四大核心方向（见表6.4）。互联网的无边界化，将促进农业产业边界的进一步拓展，形成生态化业态的布局。《中国农村电子商务发展报告（2017－2018）》指出，农村电商正在经历四大转变过程：从工业品下行向农产品上行转变、从电商交易向农村综合服务转变、从注重农村经济发展向助力美丽乡村建设转变、从电商公益扶贫向可持续的系统性扶贫转变。湖南农村电商在引领城乡消费内需、重塑产业结构、促进城乡协调发展方面起到了重要作用。智慧农业公共平台建设有序推进，推广应用了智慧湘农云平台，湘农科教云等 App。国家农村农业信息化示范省综合服务平台建设取得阶段性成果，不断完善物联网、互联网等应用服务。加快发展农村电商，创新流通方式，打造新业态、新经济，重构农村经济产业链、供应链、价值链，促进农村三产融合发展。

表6.4　未来农业互联网化创新的四大核心方向

方向	内容举例
流通电商化	农资电商/平台电商/垂直电商/O2O电商/线下品牌/产地直供/食材配送
服务多元化	金融服务/系统服务/信息和数据服务/营销服务/培训和人才服务
生产智能化	物联网、大数据/人工智能/农技服务/智能溯源/无人机
产业生态化	农业＋休闲旅游、房地产、养老、健康、环保、文化创意

（二）快速发展进程中的农村电商面临多重困境

农村电商发展面临品牌、质量、物流、人才等困境。散、小、乱的农村电商难以形成品牌，品牌缺乏市场竞争力。淘宝村存在同质化竞争、假冒伪劣、农贸类淘宝村数量偏少等问题，亟待以提升现代性为指向的转型升级。如何把农产品转变为网销农商品的制约因素很多。支撑农村电商（特别是农产品上行）的基础条件（如冷链物流、电商服务商等）亟待发展、提升。农村基础设施不完善、物流不健全。目前村镇物流布点成本高，物流配送堵塞或者空白。着眼于消费品下行的县域新零售至今经营机制和业态不够清晰。农村电商人才缺乏，很多农民缺乏对电商的认识，特色农产品上线经营的比例小、获益少，电商贡献率有待提升（张洋，2018），电子商务在贫困农村地区相对进展缓慢（徐旭初，2019）。

四、农村信息化建设促进三产融合发展的湖南实践

湖南农业农村拥有海量的数据资源、广阔的应用市场和巨大的开发潜力，省委、省政府把信息化作为农业现代化的制高点，以建设智慧农业为目标，坚持"功能要整合、逻辑要贯通、数据要深入、应用要智能、方法要创新、技术要先进、系统要开放、界面要优化"原则，着力加强农业信息基础设施建设，开发农业信息资源和建设农业信息网络，着力提升农业信息技术创新应用能力，着力完善农业信息服务体系，加快推进农业生产智能化、经营网络化、管理数据化、服务在线化，建立完善的农业信息化系统。出台了《湖南省"十三五"农业现代化发展规划》和《关于加快农业互联网发展的指导意见》（湘政办发〔2015〕61号）等文件，支持农村大数据云平台建设。2017 年 3 月，召开了湖南"互联网＋"现代农业工作推进会，部署相关工作。

（一）加快现代信息技术在农业全产业链中的融合应用

制定了"十三五"农业农村信息化"1 + 1 + N"建设框架，建设省"三农"大数据中心。开展信息进村入户及其整省推进示范。在每个行政村建设益农信息社，建成政府收集社情民意的"传感器"。建成农产品质量安全追溯、农兽药基础数据、重点农产品市场信息、新型农业经营主体信息直报等"四平台"。

（1）加快信息技术在农业生产中的应用。连通政府等多部门的专业化农业信息系统，利用农业数据库、3S 技术，实现精准农业。突破大田种植业信息技术规模应用"瓶颈"，围绕良种繁育、田间管理、病虫害防治、收储等环节，利用大数据、物联网等提高农业生产管理效能。构建"天—地—人—机"一体化的大田物联网测控体系。大力推广水稻智能催芽、测土配方施肥、水肥一体化精准灌溉、航空施药和大型植保机械等智能化技术和装备。加强遥感技术在监测墒情苗情、自然病害、轮作休耕和产量等方面的应用。加快基于北斗系统的大中型农机物联网技术推广，种子生产、经营、流通可追溯体系全面提升种业数据采集、分析能力和信息化水平。大力推广温室环境监测、智控技术和装备。发挥云数据、空间地理数据价值，推进无人机植保、农机自动驾驶、数据平台服务的应用，强化技术集成应用，构建畜禽全生命周期质量安全管控系统。

（2）加强对农村生产经营的统筹协调。鼓励社会力量运用互联网发展各种亲农惠农新业态、新模式，满足"三农"发展多样化需求，推动"大众创业，万众创新"在农村向深度发展，带动更多农民就近就业。扶持规范农业农村电子商务，延长农业农村经济产业链、供应链、价值链。实现有效"卖出去、买进

来"。搭建好电子商务平台。通过对村镇小店进行数字化转型、"熟人经济＋数字化"、发展乡村信息员队伍等，打通信息服务"最后一公里"。推动市场营销电商化。有效整合电商物流仓储和公共服务中心、农村电商运营中心和服务站、人才培训中心等资源，建立高速度、短距离、少环节、低费用的流通网络，完善农村电商生态系统。实施"互联网＋"农产品出村进城工程，淘宝、京东、村邮乐购、丰收驿站等主体相继进入农村，加强农产品加工、包装、冷链、仓储等设施建设。深化乡村邮政和快递网点普及，加快建成一批智慧物流配送中心。推动人工智能、大数据赋能农村实体店，促进线上线下渠道融合发展。实现乡村数字化、网络化、智能化，解决农产品上行"最初一公里"问题。

（3）构建农业农村数字资源体系，高标准建设农业大数据中心。制定《数字农业农村发展规划（2019－2025年）》实施分工方案，开展数字农业建设试点，开展重点农产品全产业链大数据和数字农业创新中心建设，实施数字农业农村规划，整合资源建设农业农村大数据平台，发挥大数据的预测功能，提高数据信息服务的准确性和有效性；以数字技术助推生产链的数据的获取、分析和整合，提高农业全产业链劳动生产率。开展数字农业试点，加快物联网、人工智能、区块链等技术集成应用。研发推广适合地形和环境的农业机械，深入推进农业"机器换人"。2016年，建设省"三农"大数据中心。引进华为公司、58农服等IT企业，探索"益村平台"开展信息进村入户、大数据中心和智慧农业等（见案例6.1）。通过信息化手段推动农村大数据运用，促进乡村治理现代化服务乡村振兴战略。

案例6.1 农业农村信息化与智慧农业

湖南竹泉农牧公司位于省级美丽乡村建设示范村——赫山区泉交河镇菱解岔村，有着"智慧农业第一村"的美誉。智慧农业第一村农产品利用互联网平台，实现产、供、销融合发展发展。突出农业科技创新、技术应用、成果展示、服务培训、现代营销等功能，以惠农百事通平台为基础，集互联网、云计算和物联网等新兴技术为一体，打造智慧农业云平台。加快农产品标准化基地建设，提高农产品生产安全质量，加强人才队伍与产业快速发展。

（4）激发乡村振兴内生动力。支持新型农业经营主体和服务主体发展。政策支持合作社和家庭农场网络提速降费、平台资源、营销渠道、金融信贷、人才培训等。实施新型职业农民培育工程，为农民提供在线培训服务，培养造就一支"一懂两爱"的新型职业农民队伍。实施"互联网＋小农户"计划，提升小农户发展能力。

（二）提升农业信息技术研发创新能力，加快培育壮大农业农村数字经济

构建天空地全域地理信息系统，实现农业农村业务数字化和可视化。重点建好"一朵云"、画好"一张图"、治好"一张网"——初步构建"天空地"一体化数据采集系统，打造智慧农业云平台，形成上下联动、业务协同、信息共享的"三农"大数据体系；充分运用地理信息技术，开展农业农村管理数据和空间数据上图入库，实现农业农村信息资源网络化、空间化和可视化；同时运用现代遥感、北斗导航、远程监控、大数据等现代信息技术，实现农业作业方式数字化、农村公共服务数字化和乡村治理数字化。①产业数字化是看不见的"操控工"。发挥信息技术创新的扩散效应、信息和知识的溢出效应、数字技术释放的普惠效应，加快推进农业农村现代化。②生活数字化是看不见的"大管家"。弥合城乡"数字鸿沟"，培育信息时代新农民，让农业产业有奔头，让农民职业有吸引力，让农村家园安居乐业。③治理数字化是看不见的"精算师"。着力发挥信息化在推进乡村治理体系和治理能力现代化中的基础支撑作用，构建乡村数字治理新体系。运用数字化技术不断提升农村自身发展能力。提供"互联网＋"教育、医疗、交通、娱乐等公共服务，丰富农民数字化生活服务内容，提升农民数字化应用能力，让广大农民群众分享信息化发展成果。

以产业数字化、数字产业化为发展主线，持续推进农业农村数字化转型，加快构建农村基础数据资源体系，发展数字农业产业园，推进牧渔业智能化，推进农业标准化、品牌化，促进数字技术与现代农业三个体系深度融合。集结视频接入、智能管控、产品追溯、监测分析等功能，建设农业智慧应急监管体系。利用互联网新技术对农业进行全方位、全角度、全链条的数字化改造，信息技术创新驱动，催生"四新"，释放数字经济的放大、叠加和倍增作用。推动产业互联网升级，利用信息技术在产业部门的深度融合，形成新的技术范式与经济活动（肖皓，2019）。

（三）深化农业信息资源共享开放，提升数据价值

湖南整合多方资源，要大力推动农村网络基础设施建设，尽快修通修好农村信息高速公路，为提升农村信息消费能力创造基础条件。高速光纤网络和4G网络，覆盖湖南农村地区。初步建立了农业品牌建设大数据、湖南省农业农村厅大数据平台以及信息进村入户综合服务平台——湖湘农事，有效地推进了农业农村信息化道路建设。目前，产地批发市场、产销对接、鲜活农产品直销网点建设相对滞后，电子商务等新业态、新模式仍处于发展初期。

要真正地把数据作为生产要素，让数据能够真正地发挥价值。推动生产过程信息化。推进"互联网＋"现代农业，加快重要农产品全产业链大数据建设，推进农兽药基础数据平台、农产品质量安全追溯平台、农业综合信息服务平台、新型经营主体信息直报平台的建设。加快完善县域物流基础设施网络，深化电商进农村综合示范，推动农村电商公共服务中心和快递物流园区发展。建设绿色供应链，推广绿色物流。扩大物联网示范应用，全面推进信息进村入户，创新发展基于互联网的新型乡村产业模式。大数据的核心功能是对未来进行监测预警。同时大数据本身是一个绿色的技术，要在优化配置资源上面发挥作用。大数据的建设乃至于平台的建设，是需要持续不断加强的工作（王小兵，2020）。

（四）扶持电商发展，实施"互联网＋"农产品出村工程

（1）深入推进电子商务进农村综合示范。大量专业性"淘宝村"依托互联网平台和当地资源优势，发展出具有一定集聚效应的新产业新业态，创造出中国特色的经济地理现象。加强农村流通设施建设，提升公共服务水平，促进产销对接，探索数据驱动，打造综合示范"升级版"。构建普惠共享、线上线下融合、工业品下乡和农产品进城畅通的农村现代流通体系。

（2）优质安全农产品促进产业融合发展。数字经济重组产业组织系统，升级产业链条，提高农业的能级和效率。湖南要立足特色资源优势，加大品牌农业建设力度，用绣花的功夫精准打造，真正把特色产业做成富民强农的支柱产业（屈冬玉，2018）。加快建设线上特产馆、品牌店、专销区，发挥电商服务平台优势，推行电商实体的实名认证，加强电商的信用管理。订单农业（电商集采）给高品质生态和有机农业增添"数据"生产力，提升产品的高附加值。

（3）打造农产品电商上行通道。强化电商与小农户等经营主体对接，加强农村网络宽带、冷链物流等设施建设，实现优质优价。设立农特产品电商专区。打造省级电商农家小店平台，办好生态农业智慧乡村互联网大会，打造农产品展销平台和"应用互联网＋交流平台"，利用省电子商务大会暨电商博览会、省级电商公共服务平台、供销e家等模式，拓宽农产品销售渠道，推介优质农特产品。

（4）加强电商人员的培训。受训人员可包括基层干部、合作社员、创业青年、职业农民、基层服务站人员等。强化培训机制，增强培训的针对性，培训应结合农业科技、政策法规、农村金融等富有针对性的内容，掌握物流、采购、支付等关键环节的应用技术，提高美工、产品设计、宣传、营销等实操技能。探索政府购买服务等机制，建设涉农公益服务平台。注重培训服务，建立农村电商培训转化机制，加强创业孵化和就业扶持。制订湖南农业农村大数据人才培训计

划。省农委将充分发挥高等院校人才优势，利用阿里、京东、农信通、58农服等在湘企业的优势，整合利用现有培训项目资源，着力推动信息整合和共享。

（五）完善物联网、互联网，提高物流效率，降低运输成本

（1）加快对公益性、基础性、战略性农村信息化基础设施部署，加强信息进村入户工程。构建覆盖全球的农村电商经营网络，提供一流的配套服务支持，打造面向全球的农村电子商务市场。重点建设本地化连锁化的服务和营销体系。支持建设三级物流配送体系和仓储物流中心，发展智慧物流。

（2）推动农商互联，促进农产品流通企业与经营主体全面、深入、精准对接，提高农产品流通效率。实现联产品、联设施、联标准、联数据、联市场、联生产、联消费，打造利益紧联结、产销密切衔接的新型农商关系，构建符合农产品流通需求的现代供应链体系。重点支持产后商品化处理设施建设，优化供应链产销对接功能，提升标准化和品牌化水平，提升供应链末端惠民服务能力。

（3）加速研制农业综合信息数据库群和农业综合管理及服务信息系统。加强基础设施共建共享，加快农村宽带通信网、移动互联网、数字电视网和下一代互联网发展。鼓励开发适应"三农"特点的信息终端、技术产品、移动互联网应用软件，推动民族语言音视频技术研发应用。加快推动农村地区水利、公路、电力、冷链物流、农业生产加工等基础设施的数字化、智能化转型，推进智慧水利、智慧交通、智能电网、智慧农业、智慧物流建设。

第三节　乡村休闲旅游促进农村三产融合发展：培育"旅游+"动能

一、"旅游+"带动的新产业：乡村休闲旅游

（一）乡村旅游是乡村休闲旅游的基础一脉

乡村旅游是发生在乡村地域、以乡村风情为吸引物而展开的旅游活动，依托农村区域的优美景观、自然环境、建筑和文化等资源，在传统农村休闲游和农业体验游的基础上，以集镇村庄、山野水乡为活动空间，以环境有保障、村落有特色、农居有体验为旅行特征，综合运用旅游观光、休闲度假、农家餐饮、养老养生、感受式农业、传统手工艺等多种服务业途径，旨在繁荣农村、富裕农民的新

兴旅游形式（胡鞍钢，2017；庞艳华，2019）。以 1985 年成都郫县的徐家大院农家乐为标志，中国乡村旅游已经有 30 多年的发展。多功能性是农村旅游的基础（李鹏、杨桂华，2006）。农业农村旅游既具有农业生产的特点，又具有旅游经营的特点，具有生产经营的双重性。在实现经济功能的前提下，对农业生态、文化功能进行挖掘和利用，旅游只是农业生产载体上衍生出来的一种"副产品"。社会功能是农业旅游发展的诱因。由于农村承担着承载人口、解决就业、养老等社会责任，自然把发展农业农村旅游作为承担社会责任的重要手段。文化功能是农业旅游开发的关键。文化是旅游者活动的本质属性，是旅游资源的魅力所在，也是一种综合性的审美文化活动，想且要求农业农村旅游具有一定的文化含量与文化品位。生态功能是农业旅游发展的依托。

我国农业发展处于国际产业资本与金融资本"双重过剩"的战略转型机遇期，现代农业的功能是满足绝大部分中产阶级对农业生态化和功能差异化的需求（林国华，2010）。乡村旅游的出现和发展，打破了三元结构和四元结构的固定范式和"魔咒"，直接从传统农业经济阶段迈进了农村服务阶段（胡鞍钢，2017）。从资源的角度来看，乡村旅游经历了对资源的简单利用（吃农家饭、住农家院、田园采摘观光）、资源的综合利用和深入挖掘资源、深度体验（文化体验型、休闲度假型、娱乐参与型等）的三次升级。从市场的角度来看，其经历了乡村旅游、乡村休闲、乡村度假三个市场维度的开拓和变化。从模式的角度来看，其发展过程中形成和固化了农家乐、高科技农业观光园、农业新村、古村落的开发、农业的绝境和胜境等模式。延伸模式有观赏农业、采摘林业，休闲渔业、体验牧业，等等。这些是农家乐基础模式上的延伸，有利于实现附加值提高。

（二）休闲农业是农旅融合的"牛刀小试"

休闲农业是贯穿农村三产业融合"三生"功能、紧密连接农业生产、加工、服务的新型农业产业形态和新型消费业态。休闲农业具有高文化品位、高科技性、高附加值、高融合性，是现代农业发展的重点，是现代农业发展演变的新趋势。休闲农业是农业与旅游业的融合，拓展了农业的文化功能，将农业生产过程、生产手段、生产成果综合化，服务产品体验化，农村生活的方式、习俗及生活状态场景化、文化化，农业的生产目的、价值取向和市场定位多元化；挖掘农业自然资源、生态资源以及人文资源，拓展农业功能和提高经济效益。

休闲农业贯穿农村三次产业，涵盖了三次产业的经营内容，从农产品的种植、养殖提供特色产品，到旅游服务、营销，最后到相关基础设施，交通运输、餐饮业、住宿等全程服务。因此，在休闲农业的产业体系中，三产互融互动，有效嫁接农业和现代产业，紧密融合文化与科技，农业成为现代休闲产品的载体，发挥着引领新型消费潮流等多种功能，开辟新市场、拓展新的价值空间，产业价值的乘数效应十分显著。休闲农业以休闲农场、度假农庄、租赁农场、采摘园、体验农场和农家乐等为主要产品形式，通过产业融合实现的是第一产业、第三产业的叠加效益（王德刚，2013）。休闲农业以第三产业为主，农业生产成为附属功能，旅游功能上具有多样性，休闲、观光、体验、度假等功能具备，经济效益上具有多元性，服务体系上相对系统化，休闲农业空间结构复杂，旅游产业链初步形成，须进行阶段性统筹规划，精准发力，为乡村振兴提供有力支撑。

（三）乡村休闲旅游是休闲农业和乡村旅游的融合发展

乡村休闲旅游是农村三产发展的天然融合体，产业链长、涉及面广、内涵丰富，是集约型、科技型、文化型和社会福利型的农业，可发掘农业的多种功能。实质是以创新突破农业与旅游业两种不同产业的界限，实现农业与旅游业要素之间的相互流动以及农产品与旅游产品的相互结合，使得农业和旅游业的功能得到拓展，从而产生一大批新业态（方世敏，2013），这不只是一种经济活动，也是一种高度的农业文明展示。如农业与旅游业、文化创意产业、能源工业等相结合衍生出的休闲农业或乡村旅游、养生农业、创意农业和能源农业等新产业新业态。旅游休闲农业在许多发达国家都以较好的态势向前发展。据资料，在欧美一些国家，农业旅游的收入份额已接近整个旅游收入的20%。

（1）休闲农业和乡村旅游的产业兼容性是乡村休闲旅游发展的前提。休闲农业和乡村旅游具有产业综合性和兼容性特征，两者相互影响、相互渗透、相互作用，目标是通过融合发展实现协同发展和共同发展。休闲农业和乡村旅游（以下简称乡村休闲旅游）是一个新兴产业，是出现在20世纪80年代中后期的新业态。目前，作为一种新型的产业形态和消费业态，乡村休闲旅游快速增长。乡村休闲旅游是一个农业旅游文化"三位一体"、"三生"同步改善、三产深度融合的"三农"发展形态，是以农村资源共享为基础、以产业优势互补为前提，通过全方位要素整合、实现产业融合发展的一种战略形式和发展模式（乌兰，2018）。乡村休闲旅游具有高度的三产融合的特点，具有更宽更长的产业链，延伸性和拓展性较强，农业与旅游业合作，发展充满娱乐性、参与性、文化性的旅游农业。

（2）产业协同和产业融合功能是乡村休闲旅游发展的基础。乡村休闲旅游具有产业链综合性特征，强调产业协同和产业融合，强调乡村地域的整体协同，强调市场协同融合发展，其发展可实现资源优势、产业优势和市场优势叠加。两者融合的过程表面上看来是农业资源和旅游服务进行融合的过程，实际上是这两个产业的产业链进行分解、协同的过程，融合本质是产业链融合，是一种产业协同效应。农业产业链中具有旅游价值的活动单元与旅游产业链的吃、住、行、游、购、娱等要素产生协同效应，共同打造农业旅游产业链，带动餐饮住宿、农产品加工、交通运输、建筑和文化等关联产业，把特色农产品变成礼品、民俗文化和工艺品，特色餐饮变服务，农民就地就近就业可增加经营性收入（农业农村部，2019）；能够促进农业产业结构优化升级、乡村旅游多功能发展，带动农业产业链延伸及其他服务业的发展；打造特色的融合产品，可以推动农村产业结构调整、农村社会经济发展和农村生态宜居。

（3）强力政策是乡村休闲旅游发展的助推器和加速度。随着2008年原农业部休闲农业处的成立，农业农村部开始在乡村休闲旅游政策制定中占主导地位。主体格局已发展为农业农村部、文化和旅游部为主体，其他部委，旅游协会休闲农业与乡村旅游分会，金融机构参与的局面。从政策来看，先后出台了一系列纲领性的宏观政策（见表6.5）。2001~2009年是由农业旅游向乡村休闲旅游政策的过渡期，政策导向经历了由市场开拓与主题促销、农业旅游与旅游发展空间格局拓展、乡村旅游与乡村振兴的变化。2010~2016年是政策红利期，政策导向是通过品牌示范创建与标准化工作规范发展。2017年至今是提质升级与政策落实深化期，关注自身转型升级与提质增效、可持续发展及政策落地。逐渐增加使用人才培养、旅游公共信息服务、市场完善、培育行业协会等影响工具和税收金融、产权交易等契约式经济工具。

表6.5　我国休闲农业和乡村旅游宏观政策

序号	文号	政策制定主体	政策文件
1	文旅资源发〔2018〕98号	17部门	关于促进乡村旅游可持续发展的指导意见
2	农加发〔2018〕3号	农业农村部	关于开展休闲农业和乡村旅游升级行动的通知
3	农办加〔2018〕15号	原农业部办公厅	关于推动落实休闲农业和乡村旅游发展政策的通知
4	发改社会〔2017〕1292号	14部门	促进乡村旅游发展提质升级行动方案（2017年）
5	农加发〔2016〕3号	原农业部	关于大力发展休闲农业的指导意见
6	旅发〔2016〕121号	12部门	关于印发乡村旅游扶贫工程行动方案的通知
7	旅办发〔2016〕272号	原国家旅游局	关于实施旅游万企万村帮扶专项行动的通知
8	农加发〔2015〕5号	原农业部	关于积极开发农业多种功能　大力促进休闲农业发展的通知

续表

序号	文号	政策制定主体	政策文件
9	国开办司发〔2015〕3 号	2 部门	关于开展贫困村旅游扶贫试点工作方案的通知
10	农加发〔2014〕4 号	原农业部	关于进一步促进休闲农业持续健康发展的通知
11	发改社会〔2014〕2344 号	7 部门	关于实施乡村旅游富民工程推进旅游扶贫工作的通知
12	社会事业中心农函〔2013〕9 号	中国旅协休闲农业与乡村旅游分会	全国休闲农业与乡村旅游推进提升行动实施方案
13	农企发〔2011〕8 号	原农业部	全国休闲农业发展"十二五"规划
14	2009 年	原国家旅游局	全国乡村旅游发展纲要（2009－2015 年）
15	旅发〔2007〕14 号	2 部门	关于大力推进全国乡村旅游发展的通知
16	2007 年	2 部门	关于促进社会主义新农村建设与乡村旅游发展合作协议
17	2006 年	原国家旅游局	关于促进农村旅游发展的指导意见

2018 年中央一号文件明确提出要实施休闲农业和乡村旅游精品工程，提出了开展休闲农业和乡村旅游升级行动。13 个部门联合印发《促进乡村旅游发展提质升级行动方案（2018～2020 年)》，从顶层设计上，基本形成了"思路升级＋产品升级＋设施升级"的建设思想，要坚持"一个围绕，两个紧扣，三个突出，三个着力提升"（见表 6.6），在政策落实上，突出"六个建设重点，打造三个亮点"路径（见表 6.7），全面推进供给侧结构性改革，促进产品质量、硬件设施建设和文化内涵、环境卫生、软件管理服务、人员素质技能的全面升级，促进经营主体的多元化、业态发展的多样化、设施建设的现代化，管理服务的规范化以及布局结构的合理化，真正打造休闲农业和乡村旅游精品，改善游客休闲体验，实现休闲旅游产业高质量发展（宗锦耀，2015）。实施乡村休闲旅游精品工程是提升农业发展质量、培育乡村发展新动能的一个重要途径。

（4）融合效应是乡村休闲旅游发展的检验标尺。农旅融合发展适应新兴需求，以市场需求为导向，将农业产业链或者某环节赋予旅游功能，实现融合发展，拓展产业发展空间，促进产业新业态形成，延长旅游产业链，扩大产业面，形成产业群。增加农业功能，提升农业产业价值（附加值），有较大的综合拉动作用以及品牌效应。农业与旅游业融合发展将产生经济、社会、环境等多方面效应：有利于开发资源形成服务设施；推动农民的观念转化，锻炼新型的经营者；

培育农村的市场机制和商品交换体系，拉动农村的社会进步和文化建设；形成城乡经济、文化、社会之间的过渡带、衔接带和综合带，带动区域经济结构的优化；能创造地区经济新增长点，促进农业转型和乡镇经济增长。

表 6.6　乡村休闲旅游发展的建设思想和路径

一级指标	二级指标	建设内容
建设思想	思路升级	"旅游＋"的经营理念；项目规模从大而全到小而美
	产品升级	对接多样化需求探索新业态，建设休闲农业精品园、农业公园、田园综合体、农业庄园。发展森林观光、山地度假、水域休闲、冰雪娱乐、温泉养生等旅游产品
	设施升级	餐宿设施、接待及配套设施、环卫安防、服务质量、人员技能
建设路径	一个围绕	围绕发展现代农业
	两个紧扣	紧扣乡村产业振兴和农民持续增收
	三个突出	突出特色化、差异化和多样化
	三个着力提升	提升设施、服务和管理水平，规划引领，精品打造和规范管理

表 6.7　乡村休闲旅游发展的建设重点和亮点

一级指标	二级指标	建设内容
建设重点	重精品：实施休闲农旅精品工程	建设休闲观光园区、森林人家、康养基地、乡村民宿、特色小镇。创建特色农产品优势区、现代农业产业园和农业科技园
	重生态：注重乡村生态优势转化	发展森林草原旅游、河湖湿地观光等产业，开发观光农业、游憩休闲、康养等服务。示范村镇和精品线路打造生态旅游产业链
	重产业：构建三产融合发展体系	开发农业多功能，延长产业链、提升价值链、完善利益链，分享利润链。发展乡村共享经济、创意农业、特色文化产业
	重传承：农耕文化遗产保护与利用	划定乡村历史文化保护线，保护和适度利用文物古迹、村落民寨、农业遗迹、灌溉工程等。传承戏曲曲艺、民族文化、民间文化等
	重扶贫：打好脱贫攻坚战	注重脱贫质量，更加有力的举措、更加集中的支持、更加精细的工作。扶贫、扶志、扶智相结合，激发贫困人口内生动力
	重监管：市场准入和监管	对利用闲置农房发展民宿、养老等项目，出台消防、特种行业经营等领域便利市场准入、加强全程监管的管理办法

一级指标	二级指标	建设内容
打造亮点	建设休闲农业重点县	按照等级资源优势要求，建设一批资源独特、环境优良、设施完备、业态丰富的休闲农业重点县，培育一批示范县、示范镇（村）、示范农庄，打造一批休闲农业"打卡地"
	培育休闲旅游精品	建设休闲观光园区、乡村民宿、农耕体验、农事研学、康养基地等，打造休闲农业和乡村旅游精品。开展发展调查和经营主体监测。认定美丽休闲乡村，开展"十最十乡"推介活动
	推介休闲旅游精品景点线路	运用新媒体宣传休闲旅游精品线路。开展"春观花、夏纳凉、秋采摘、冬农趣"活动，融入休闲农业元素，做到视觉美丽、体验美妙、内涵美好，为休闲度假、旅游旅居的好去处

农业与文化、科技、生态、旅游、教育、康养等深度融合形成的乡村休闲旅游等新产业、新业态，呈现出主体多元化、业态多样化、设施现代化、服务规范化和发展集聚化态势。农业的集约化为乡村休闲旅游发展提供了科技支撑、产业景观和背景支撑，增加了现代农业的休闲体验内容。集约化农业可以进行农产品深加工，农产品深加工本身又能够和现代服务业结合起来变成旅游产品，如普罗旺斯的薰衣草和图卢兹的向日葵，就是从农产品种植到农产品深加工再到旅游业，实现了三次产业的融合互动发展的。现代服务业对三次产业的渗透，加深和加快了产业之间融合发展的程度和速度，它与旅游业配套以后，交叉融合形成了新的业态，如与关联的农产品订购、销售、配送。此外，乡村休闲旅游还可以与文化创意产业融合，与现代科技融合，与信息产业融合。产业融合的程度越深，产业边界也就越模糊，而这种交集是非常活跃的经济增长因子（杨振之，2011）。

（5）打造农业与文化生态休闲旅游融合发展新业态。要以农耕文化为魂，以美丽田园为韵律，以生态农业为基，以创新创意为径，以古朴村落为行，大力发展休闲旅游农业，将农业功能向经济功能、社会功能、政治功能、文化功能和生态功能等多功能拓展，催化新业态和消费业态，再将新业态与种植、加工、餐饮、创意农业等互相渗透、互相提升、融为一体，赋予农业科技、文化和环境价值，提升乡村的生态休闲、旅游观光、文化传承、科技教育等功能，促使农区变景区、田园变公园、空气变人气、劳动变运动、产品变商品。

典型做法有打造"可游、可养、可居、可业"的乡村景观综合体和田园实践馆。业态创新层出不穷：休闲化形态从农家乐发展渔家乐、林家乐、果家乐、花家乐、茶家乐等产品；专业化形态有学习交流、定制化形态如游客包租、市民农庄，形成田园观光、古迹游览、民俗体验、休闲度假、农业科普等新模式，建成农业公园、休闲农场、乡村庄园、教育农园、乡村博物馆等新载体，盘活农地，激活产业，保护非物质文化遗产，打造美丽乡村的新名片。例如嘉禾休闲农业园划分为综合接待区、樱花主题区、康体养生区、休闲垂钓区、禅意养生区、农耕示范区、康体运动区、户外拓展区、林下养殖区、生态湿地区、苗木生产区以及林下经济区 12 个功能区，建设成集农业生产与科普教育、农业文化与乡村生活体验、陶冶情操与养生禅修多功能于一体的复合型休闲农业园。

（四）发展休闲农业和乡村旅游的湖南实践

湖南实施国家休闲农业和乡村旅游精品工程，推进农业与旅游、健康、教育、文化产业的深度融合，大力发展休闲观光农业、乡村旅游、森林生态旅游等新产业新业态。规划引导和加强投入，因地制宜，乡村休闲旅游取得了积极成效。

（1）湖南发展休闲农业和乡村旅游的基础。目前，休闲农业和乡村旅游已从零星分布向集群分布转变，空间布局从城市郊区和景区周边向更多适宜发展的区域拓展。为湖南发展休闲农业打下良好基础。截至 2017 年年底，湖南休闲农业经营主体达 1.7 万家，其中规模农庄 4510 家、星级农庄 1078 家；湖南休闲农业实现年营业收入 380.15 亿元，同比增长 18.8%；接待游客 1.75 亿人次，同比增长 10.76%。按照《"十三五"旅游业发展规划》和《国务院关于促进乡村产业振兴的指导意见》精神，全国 320 家入选第一批全国乡村旅游重点村名录名单，湖南共有花垣十八洞村、汝城沙洲瑶族村、韶山银田村、南县罗文村、慈利罗潭村、长沙浔龙河村、双峰双源村、安乡仙桃村、江永勾蓝瑶村、衡阳新桥村、汨罗西长村 11 家入选。大力发展休闲观光农业、乡村旅游、森林生态旅游，实施休闲农业与乡村旅游精品工程。2018 年，创建 40 个省级休闲农业示范园，打造 50 个重点村镇，建设好大湘西地区 12 条精品线路，在长株潭地区创建 10 个都市休闲农业示范县等。根据湘农办产业〔2018〕77 号文件精神，认定田茂现代农庄等 377 家休闲农业经营主体为"省休闲农业与乡村旅游星级企业（园区）"，其中五星级休闲农业经营主体 90 家、四星级休闲农业经营主体 176 家、三星级休闲农业经营主体 111 家。根据湘农办产业〔2018〕99 号文件精神，认定望城区等 9 个县（市、区）为"省休闲农业与乡村旅游示范县"，认定学士街道学华村等 36 个村镇、谷丰生态园等 60 家为"省休闲农业示范点"。根据湘农办产业〔2018〕154 号文件精神，推介浏阳市桂园休闲农庄的嘞螺等 50 个产品为省休闲农业创新创意产品,使创新创意产品成为激发休闲农业创新发展、打造精品品牌的重要推动力量。根据湘农办乡村〔2019〕83 号文件精神,认定开慧村等 40 个村为"省休闲农业集聚发展示范村"。根据湘农发〔2019〕5 号文件精神,认定浏阳市等 19 个"美丽乡村建设先进县市区"单位和学士街道学华村等 70 个"省美丽乡村建设示范村"单位。

(2)湖南发展休闲农业和乡村旅游的困境。湖南乡村旅游走过了 20 多年的发展历程,但旅游产品总体上还是以农家乐为主,这不符合消费需求升级的高质量发展趋势,严重阻碍产业优化发展。湖南乡村旅游在产业总体发展上还存在着不平衡、不充分问题;存在散而乱的问题,产业潜力和效益的挖掘还不够,与高质量发展目标还有差距。农旅融合发展过程中存在的问题不断凸显,主要体现在以下几方面:

一是缺乏系统规划与科学产业布局。缺乏系统规划和人融合、大互动的产业发展观念,具有先进理念的农旅融合的特色项目不多。同质化竞争严重,缺乏与农业产业现状统筹协调,难以考虑运营主体投资、经营能力与市场实现产业布局。

二是产业发展思维单一。在农业产业化建设水平上,产业结构单一,生产模式粗放和附加值较低。大多数农民不愿意接受产业融合发展新思路。

三是配套整体欠缺。农旅融合发展对基础设施和公共服务配套设施依赖较大。然而,农村基础设施和公共服务配套设施投入不足。部分适合旅游项目开发的地点,配套整体欠缺,道路、交通、厕所等基础设施建设滞后,民宿配套设施条件较差,特别是生活污水、生活垃圾处理设施缺乏等,都无法满足旅游发展需求。

四是旅游项目同质化。景观环境过于城镇化,旅游业态趋于同质化,景观环境同质化,在挖掘乡土文化、体验元素等方面缺乏新意。原生态的景观环境是乡村最宝贵的旅游元素,需要个性化、差异化的设计去承载游客追寻质朴生活和休闲旅游的需求。大众旅游需求发生变化,这为农旅融合发展提供了市场基础。

(3)湖南发展休闲农业和乡村旅游的方向和努力。把乡村休闲旅游做成湖南乡村产业的重要支柱,做成真正造福农民、满足市民的幸福产业。"旅游+"推进文化旅游与现代农业融合发展。打造出一批集自然、风情、历史、人文等于一体的"可游、可养、可居、可业"的乡村景观综合体和田园实践馆,推出了休闲农业示范县、美丽休闲乡村和经典旅游线等地方知名品牌。

一是实现科学发展。专业规划产业发展和设计自然景观,完善乡村旅游产业体系。立足湖南"三农"资源创新创意，凸显"三生"、文化内涵，因地制宜开发乡野民宿、田园康养、精品度假、乡土体验、创意农业、农耕研学、低空飞行、生态露营等新产品形态，完善乡村旅游产品体系（罗文斌，2018）。专业设计做好景观节点、景观轴、景观区域。利用互联网、物联网等手段，提升农家乐、农事体验等传统业态，发展高端民宿、康养基地、摄影基地等高端业态，探索农业主题公园、教育农园、创意农业、深度体验、新型疗养等新型业态。

二是实现精品发展。以"湘"农业品牌、"锦绣潇湘"旅游品牌建设为契机，发掘品牌资源，统筹品牌规划，宣传品牌要素。探索"四名一体"的全域旅游发展模式，建设"锦绣潇湘·美丽湘村"的乡村旅游区域品牌，培育以"长沙乡村旅游"为龙头的旅游市州品牌，以浔龙河、雪峰山、慧润等旅游企业品牌，以浔龙康养、雪峰山度假、慧润民宿等旅游产品品牌，构建乡村旅游品牌体系。实施精品线路"四个一计划"工程，提质升级经典景区，策划精品景区项目，打造跨省际旅游精品线路，提升精品的知名度、美誉度和影响力。

三是实现集聚发展。乡村休闲旅游景区充分利用农村田园风光、山水资源、民族特色和农耕文化、乡村文化，形成集群，成为天然的农村产业融合主体。以田园综合体、特色小镇、产业园区等为模式，引导产业要素向资源优势明显和产业条件成熟的乡村集聚，提高产业规模化水平，避免粗放的发展。

四是实现差异发展。以全域旅游五大旅游板块新格局为依托，在长株潭地区和环洞庭湖区域，重点推进环都市乡村旅游度假带建设，提升品质推动乡村旅游目的地建设；鼓励湘中地区、湘南地区重点推动乡村旅游与新型城镇化有机结合，打造乡村旅游新高地。在大湘西利用古村古镇、民族村寨、文化村镇，打造深度贫困地区旅游大环线，培育一批乡村旅游精品线路。打造长株潭城市群环城乡村旅游田园综合体、环洞庭湖水乡乡村旅游产业圈、雪峰山山地乡村旅游创意产业园、大湘西民族生态文化乡村旅游产业带、大湘南生态休闲乡村旅游特色小镇群等乡村旅游产业空间集聚区（罗文斌，2018）。

五是实现绿色发展。做好生态的保护、修复与重塑，保护自然、山、水、田园的基本构架及乡土风貌，保护和修复生态系统，重塑田园生态景观。

六是实现特色发展。创造具有地域特色的景观。对地域的文脉、地脉进行深入挖掘，创造具有地域特色的自然和文化景观，特别是水景观、植被景观、建筑风貌景观和风景道、绿道、创造意境、美化环境，形成地域鲜明的旅游景观形象。

七是实现"和谐"发展。建设"和谐"型自然田园社区。科学布局建筑道路和城镇设施，将田园与建筑、城镇设施融合，建筑与山石、水体、植被、田园共筑自然美、环境美，建设人与自然、田园和谐，实现田园即社区，社区即田园。

八是实现统筹发展。推动全域旅游与乡村振兴、美丽乡村建设有机衔接。用全域旅游的标准推进乡村振兴、用全域旅游的成果反哺乡村振兴，对接全域旅游发展规划、精品旅游线路建设规划和乡村振兴规划，走出一条全域旅游促进乡村振兴、带动农业农村发展的新路子（许达哲，2018）。统筹推进湖南13条文化生态旅游精品线路建设。对接乡村旅游产品与居民需求，统筹城乡基础设施和公共服务，加大城市人才、智力资源对乡村旅游的支持，促进城乡要素流动。

九是实现示范发展。落实"实施休闲农业和乡村旅游精品工程"的决策部署，创建休闲农业示范，例如省级以上乡村休闲旅游示范县、示范点和乡村旅游创客示范基地。湖南创建全国示范县12个，规模休闲农庄达到4300家。建设一批农业公园、森林公园、湿地公园、休闲观光农业园区、星级乡村旅游区、森林生态旅游基地、特色旅游村镇。培育创意农业及农业疗养、森林康养等新产业，发展智慧乡村休闲旅游。实现规划科学、特色鲜明、基础良好、农旅文融合紧密、管理制度规范，实现业态功能多样化、产业发展集聚化、经营主体多元化、服务管理规范化、发展方式绿色化；实现融合产业、融合生态、融合文化；实现带动效果好、生态环境良好、安居乐业、乡村治理有效。

二、乡村休闲旅游发展的新方向：田园综合体

（一）田园综合体的本质：休闲农业与乡村旅游的升级

2017 年中央一号文件提出，田园综合体是在乡村建设的以农民合作社为主要载体、让农民充分参与和受益，集循环农业、创意农业、农事体验于一体的发展模式。作为休闲农业与乡村游升级的高端发展模式，田园综合体更多体现的是"农业＋园区"的发展思路，是将农业链条拓宽至科技、健康、物流等更多维度；是在农村三产融合的基础上聚焦凝练出的新模式，构建"农业＋文旅＋农村社区＋农业加工"等综合发展模式，是城乡融合发展的产物。它是农业全产业链目标的整合、农业科技体系的支撑、现代农业经营体系的优化、多种类型农业园区的结合、农村三产融合、区域经济发展的新型复合载体，是一个"农＋"多行业的三产融合体和城乡复合体，是推进农业供给侧结构性改革的一个方向。田园综合体以农业为基础，突出"为农"理念，坚持姓农为农，企业承接农业，以园区提升农业产业。特色是田园，关键在综合，融合发展是第一要义。以产业

为基础,以文化为灵魂,以体验为活力,创新乡村消费,城乡互动。田园综合体的特色主要有以下几点:

(1)田园产业功能复合性。田园综合体是农、工、商、游产业联动发展,是产业结构多元化发展,是综合休闲度假产品和休闲综合地产的土地开发模式升级。在地域空间内组合现代农业生产空间、居民生活空间、游客游憩空间、生态涵养发展空间等功能板块,建成一种相互依存的能动关系,从而形成一个多功能、高效率、复杂而统一的田园综合体。而现代农业是田园综合体可持续发展的核心驱动(在案例6.2中,现代茶叶产业就是基础和动力)。

(2)开发运营空间园区化。田园综合体作为原住民、新移民、游客的共同活动空间,既要有相对完善的内外部交通条件,又要有充裕的开发空间和有吸引力的田园景观和文化等。实行"农业核心区 + 支持配套 + 衍生产业区"模式。

(3)参与核心主体多元化。参与是田园综合体建设的前提。其中包含多元合作、共同建设、收益共享三个层面,其实就是推动主体融合发展。其出发点是主张以一种可以让企业参与、城市元素与乡村结合、多方共建的开发方式,推行"村集体 + 开发商 + 政府 + 游客"模式,创新城乡发展,促进产业加速变革,重塑中国乡村的美丽田园、美丽小镇。

(4)建设田园综合体,突出生态理念,坚持"三生"统筹,坚持可持续发展。对农业农村生产生活方式的全局性变革。要通过三产深度融合,既连着乡村的美丽和活力,又连着乡村商业价值的提升。带动田园综合体资源聚合、功能整合和要素融合,使城乡、农工、"三生"在田园综合体中相得益彰。

案例6.2 茶旅文融合发展的田园综合体

安化县深挖黑茶文化底蕴,讲好黑茶故事和品牌故事,扩大产品影响力和吸引力。白沙溪茶厂建立了黑茶博物馆、生产车间、千两茶晾晒场,回溯茶厂发展历史以及黑茶制作工艺,深度挖掘背后的历史文化底蕴,确保茶厂百年制茶、事茶文脉绵延不断,确保百年技艺、数代匠心活态传承。云上茶叶公司致力于茶旅一体开发建设,将制茶博物馆、茶车间、茶艺展示馆、制茶体验馆、茶文化休闲广场等融合在一起,依托独特的自然资源,以茶文化为核心,推进茶旅文融合发展,形成新的生产性、销售性、服务性产业链,提升茶产业综合效益。依托绿茶园建设、美丽乡村建设和特色小镇,打造田园综合体。

（二）田园综合体在产业融合中的功能是新业态的基础

综合是田园综合体建设的核心，田园综合体是市场契合、产业耦合、功能复合的综合，本质就是实现产业的综合化、跨越化、融合化发展。强力实现第一产业向第二产业生产、加工、物流和第三产业旅游休闲服务的升级转变，不断推动产业链相加、价值链相乘、供应链相通，实现农村产业发展的融合化。

（1）产业体系构建：四大产业体系。核心产业是以特色农产品和园区为载体的农业生产和农业休闲活动；支撑产业包括研发、加工、推销及金融、媒体等的企业群；配套产业是提供良好的环境和氛围的产业群，如旅游、餐饮、酒吧、娱乐、培训、田园地产等；衍生产业是田园综合体成果为要素投入的其他产业群。

（2）产业链创新整合：产业延伸与互动模式设计。突出"创新"理念，坚持特色创意。以农村的"三生"为资源，将农产品与文化、休闲度假、艺术创意相结合，以提升现代农业的价值与产值，拓展农村消费市场和旅游市场。通过各个产业的相互渗透融合，把休闲娱乐、养生度假、文化艺术、农业技术、农副产品、农耕活动等有机结合起来，能够拓展现代农业的研发、产加销等产业链。

（3）"四位一体"的转型综合体。田园综合体是以乡村复兴为最高目标的功能转型、模式转型、产业转型和价值转型的综合体，是集产、加、销、展为一体的复合功能体，是"农业＋"的模式、产业链向体验端转移、综合的产业链、能实现价值转型和价值空间拓展的综合价值体和空间实体。田园综合体以田园生产、田园生活、田园景观为核心组织要素，多产业多功能有机结合，内容从农事活动转变成农事活动加服务活动，劳动涉及人群从农民转变成农民加市民，劳动所在地的从乡村转变为乡村加旅游目的地，实现"农耕＋居住、农耕＋旅游、农耕＋休闲娱乐"的农居、农旅、农娱混合模式和多功能于一体，其核心价值是让城市人流、信息流、物质流真正做到反哺乡村，促进乡村经济的发展。

（4）田园综合体的功能分区就是产业融合发展的试验田。田园综合体实现农业、休闲与社区的融合，实现产业、文化与生态"三位一体"，包含了农业产业板块、生活居住板块、田园景观及休闲体验板块、综合服务板块等相关内容。田园综合体实际构成：景观吸引核、休闲聚集区、农业生产区、居住发展带、社区配套网（见表6.8）。最外围圈层主要是农业产业聚集区；中间圈层是休闲商业项目，主要指为乡村居民和乡村旅游者提供服务，具有多重功能的商业配套设施；核心圈层是乡村休闲地产，主要指以居住功能为主体的传统地产、居住小区、产权式酒店等乡村居所型地产；乡村旅游休闲则是串起各个圈层的连接线。

表6.8 田园综合体的功能分区

功能区	定位	功能	规划	三产融合作用
农业生产区：农业生产空间	生产性功能，产业支撑和发展动力	种养生产，微气候调节，休闲域	尊重场地肌理和四季需求	发展生态、科普示范、市民认种等
农业景观区：核心田园空间	吸引人流、提升地价，田园综合体	开发特色主题观光	突出景观主题，依托自然景观	田园风光和"休闲农业＋"的模式
农业园区：产业链延伸	以园区方式实现农业现代化	循环、创意和体验农业的产业链	现代农业园、科技园和创业园等	发展新型农业的业态和新技术
居住区：城镇化核心承载	支撑田园综合体迈向新型城镇化	外来人员休闲、度假等集中居住	综合体要素延伸和新人口聚集	实现产业基于"＋产城"融合模式
农业科普教育及农事体验区	承载农业文化内涵与教育功能	生态、科普、高新科技农业示范	农博馆、科普区、体验教育区等	科普农业和体验式农业模式
乡镇休闲及乡村度假区	综合休闲产品体系和业态聚集	体验乡村风情，享受农业乐趣	自然游憩公园、户外运动公园	休闲旅游农业、特色生活空间
产城一体服务配套区	田园综合体的配套支撑功能区	提供服务和保障的功能区域	金融、医疗、教育等服务	形成产城一体化的公共配套网络
衍生产业区	高级发展模式试点区	发展衍生特色产业	要具有农业及区域文化相关性	延伸产业链，打造多元产业融合

资料来源：笔者整理。

（三）田园综合体促进农村产业融合发展的建议

按照乡村振兴战略"20字"的总要求，坚持以人为本、以农为本、绿色发展、以"文化"为灵魂的发展特色（韩长赋，2018），因地制宜，特色发展；多元发展，丰富内涵，品质发展；创新完善利益联结机制，共建共享，融合发展，规划引领，优化环境，完善乡村基础设施建设，丰富乡村旅游产品，促进乡村旅游向市场化、产业化方向发展，全面提升乡村休闲旅游的发展质量和综合效益。

（1）要深挖乡村特色资源，以乡村旅游资源与土地（核心要素资源）为基础，以乡村休闲旅游为脉络，以文旅产品为着力点，以配套服务（以休闲商业为配套）为支撑点，以乡村休闲地产为核心，以高品质服务为保障，综合开发打造图能圈式的"岛式圈层"结构的田园综合体。

（2）要体现产业综合，拓展农业产业链，提高田园综合体的含金量。重点内容是综合体内的生产与加工业转型升级，服务业丰富发展，在农业生产、农产品加工、服务业紧密融合的基础上再派生新产业。产业链扩展要高度重视三次产业链的高端性，要强调经济、社会、生态与资源效益的综合性。借鉴国际产业集群演化与整合趋势，对照农业价值链演化规律，依据产业补链、伸链、优链的需要，形成综合产业链。可形成包括核心产业、支持产业、配套产业、衍生产业四个层次的产业群。通过产业渗透融合，有机结合休闲娱乐、养生度假、文艺、农技、农副产品、农耕活动等，拓展农业的研发、生加销产业链。

（3）实施差异发展战略。主要规范化景区服务策略、休闲化的郊野游策略、度假化的文化乡居策略和产业化的农业公园策略。

（4）统筹田园综合体建设与新城镇建设、美丽乡村建设、特色小镇建设等项目，完善乡村基础设施，修复和打造生态景观，为三产融合提供新的思路。强调跟原住民的合作，坚持合作社的主休地位，农民参与田园综合体的建设过程，还能享受现代农业产业效益、资产收益的增长等。强调城乡互动，着力解决村民、游客、政府、投资者、开发者、运营者及利益相关者等的需求。

（5）要创新财政投入方式，探索推广 PPP 模式，综合运用财政贴息、担保补贴、以奖代补、先建后补、风险补偿金等，撬动金融和社会资本投向田园综合体建设。统筹支农资金、金融支持田园综合体建设。

三、休闲农业与乡村旅游融合的新业态：农业嘉年华

（一）农业嘉年华及其对于农村产业融合发展的意义

嘉年华（Carnival）音译于"狂欢节"，相当于庙会，起源于古埃及，后来成为古罗马农神节的庆祝活动。目前，嘉年华逐渐从一个传统的节日发展到包括大型游乐设施在内，辅以文化艺术活动形式的公众娱乐盛会。以都市现代农业为基础，以农业科技为支撑，以农业创意为手段，以农事体验、创意文化及农业元素为载体，以会议会展展销为形式，融合了旅游、文化、餐饮、服务、物流和信息等形态，是会展业与都市农业融合的产物。突出农业的融入创意和彰显科技。

农业嘉年华作为城郊农业拓展和创新出的大型农业活动，是以农业生产活动为主题，以狂欢活动为平台的一种农业休闲体验模式，是能促进三产融合发展的都市农业新业态。作为区域发展的核心点，促进带动创意休闲农业发展，搭建区域现代农业展示平台等；作为乡村新型产业体系发展的亮点、城乡融合发展的热点和新型业态，将促进区域乡村旅游及现代农业发展更旺盛，成为乡村振兴的新引擎；作为农业、科技、旅游与文化四轮驱动的综合载体，推动新型农业发展模式的成熟；作为农业投融资改革试验平台，多采用股份制合作方式、公司制管理体系；作为多功能平台，打造科技推广与展示交流平台、创意农业休闲体验平台、招商引资与品牌营销平台、政产学研合作平台、新型农民教育培训平台、新型农业经营主体孵化平台、双创与文创平台，推进产业融合与综合服务。

（二）农业嘉年华促进农村产业融合发展的演进

（1）"农产品展会+创意休闲体验"促进农村产业融合发展（2005～2012年）。这时期的农业嘉年华是农博会的升级，模仿和创新国外嘉年华模式和形式，政府是活动组织策划方、投资主体；活动主题鲜明，但开放时间短，分散投资，规模相对较小；主题限于成果展示、项目推介及娱乐休闲等方面，难以形成品牌效应，对周边产业的带动性不强；地点不固定，活动后资源利用效率低，甚至部分处于闲置状态。如南京农业嘉年华前8届的活动时间均为2天，9～13届活动时间1个月。活动主要展示都市农业新成果、现代农业新技术、郊区农民新风采和城乡和谐新生活，兼具展览、娱乐、购物、展示、宣传和招商等多种功能，其模式新颖，发展潜力巨大，但是举办地点迁徙性弱化了影响力。

（2）"都市休闲体验+产业辐射"促进农村产业融合发展（2013～2014年）。这一时期的农业嘉年华得到进一步发展，相继在北京、安徽等地成功举办。组织模式逐渐转为"政府搭建平台、专业化企业唱戏"的形式；场地由露天搭建逐步发展到拥有固定场所，并建有专门场馆；活动时间延长至1～2个月，增加了休闲体验项目，品牌效应逐渐形成，影响力逐步扩大，辐射带动作用增强，科技带动、科普作用凸显。如北京农业嘉年华已经连续举办六届，年均游客量超100万人次，大幅提升了昌平草莓品牌效应，带动了草莓产业以及旅游、餐饮及住宿等相关产业发展，农户获利增收，展示了都市农业发展新模式与未来农业发展新趋势，成为首都都市型现代农业的新品牌和农业转型发展的新亮点。

（3）"农业+N"的综合载体模式促进农村产业融合发展（2015～2016年）。由政府搭台、企业唱戏的组织农业嘉年华的模式逐渐成熟，其运营模式变化极大，运营时间变为常年运营，内涵与当地"三农"建设、主导产业及城乡融合高度关联，生存、盈利能力和辐射带动作用更加明显，品牌影响力发生质的飞跃。综合载体属性凸显，融产业、科技、旅游和文化等于一体，有效实现三产融合联动，形成区域发展极核。如河北邢台南和农业嘉年华以"农业嘉年华+设施园艺产业集群+农用工业产业"的融合模式，形成了万亩农业经济综合体的核心区，通过新模式、新科技和新创意的全新发展理念，撬动了区域整体发展，带动了旅游项目，更带动了周边农业种植结构的变革，并逐步形成了以嘉年华为中心，以红树莓、设施蔬菜、中药材及苗木等种植基地为特色的农业园，带动农民年增收 2000 多万元，提升农产品品牌价值和农业效益，形成农业集群式发展。

（4）"农业嘉年华 + 田园综合体"促进农村产业融合发展（2017 年至今）。2017 年开始，"农业 + 文旅 + 新型社区"的综合可持续发展模式落地。作为田园综合体的重要组成部分和重要载体，农业嘉年华是现代农业示范区、田园综合体等农业园区发展的核心。田园综合体将成为乡村休闲旅游发展的大方向，有利于推动农业嘉年华的转型升级。一是两者都是以现代农业为核心，都以涉农生产体系为基础，推动农业产业转型升级。二是都强调农文旅结合，注重文化传承，都具有三产融合、"三生"同步的特征。农业嘉年华是一个充分展示农业的多功能性的农业综合体，注重农业、文化、休闲旅游"三位一体"的综合性开发，是都市农业休闲体验，助力建设田园综合体、国家现代农业示范区（产业园）、国家农业科技园区（高新区、公园）等。三是"农业嘉年华 + 田园综合体"是促进农村三产融合发展的主要模式和主要特征。是以区域统筹和乡村综合发展为着力点，可与现代农业产业发展、生态环境建设和田园社区建设相结合。

（三）农业嘉年华促进农村产业融合发展

农业嘉年华是产业、文化与科技的核心引擎及引爆点，为现代农业产业体系输送农业高新技术，孵化农企，培育产业内部动能；驱动田园综合体统筹建设，盘活旅游资源，区域引领农业农村的统筹发展、乡村振兴和区域农业品牌建设。

（1）农业嘉年华的基本载体功能。一是综合载体功能。农业、科技、旅游、文化"四轮驱动"的综合载体，以科技创新、绿色生态、特色文化、互动体验等为特色。二是综合平台功能。是农业科技推广平台、优质农产品贸易平台、职业农民培训和食品安全科普平台、学生社会实践认知平台、地方文化宣传平台等。三是农业产业孵化器功能。是"双创"的农业产业孵化器。四是会展平台功能。是会聚世界先进技术和设备的平台，展现农业高新技术和设备。五是三产联动项目。是促进城乡融合发展，是经济、社会、生态"三效合一"的项目。

（2）基于功能平台农业嘉年华促进农村三产融合发展的机理。一是打造新引擎、培育新功能，带动区域发展。以科技创新为重要抓手，加速培育发展新动能，带动区域经济发展，推动供给侧结构性改革和创新驱动发展。二是整合资源促进农业转型升级。通过整合人地钱、科技、文化等资源，创新土地开发模式、融资模式，科技支农促进农业转型升级。三是产业延伸和有机融合。通过农业科技集成，延伸农业产业链，提升农产品附加值；集合现代农业、加工体验、休闲旅游、宜居度假等多种功能，实现三产深度融合发展。四是推动城乡融合发展。

打破城乡相互分隔的壁垒，让城乡人流、信息流、物质流真正双向流动，使城乡融为一体。五是农民素质提升带动农民共同致富。为农户提供科技培训、示范推广等服务，提高劳动技能和生产水平，增加农民就业机会，带动共同致富。

（四）农业嘉年华＋田园综合体发展的案例：益阳现代农业嘉年华

益阳现代农业嘉年华位于赫山区沧水铺镇（在以新河线、G536线为主轴和碧云峰为支点的4.6万公顷范围内），是中南地区规模最大的农业嘉年华，于2018年7月底正式开园，运用100余项高新农业技术、采用30余种全新栽培模式，展示600余种农耕植物，成为了农业嘉年华与田园综合体有机结合的典范。建成了集现代农业生产、旅游观光、乡村特色食宿和美丽乡村于一体的田园综合体，打造科普讲座基地、教学实践基地，产业深度融合发展推动了县域现代农业发展。

益阳现代农业嘉年华是赫山区农村产业融合发展的典范。2017年，赫山区获评湖南现代农业改革发展示范区、农村三产融合发展试点区，定位是打造全国一流的国家级现代农业改革发展示范区。①培育融合主体。注重农业与工业、服务业融合发展，培育了黑美人、佳佳米业等省级以上涉农龙头企业13家，市级龙头企业80家。同时，引进隆平高科、湘粮集团等战略投资者，带动新型农业经营主体发展，发展规模化合作社1000多家、家庭农场700多户，实现专业联社、合作强社和集团社的抱团发展。②建设农产品品牌。推行"加工业＋农业"模式，延长产业链，提升价值链，以企业培育品牌和创造品牌价值。全区"三品一标"农产品127个，农家良道、粒粒晶、湘益等品牌获评为中国驰名商标。③创新组织和利益链接模式。采用"旅游＋""生态＋"等模式，推进农旅、农文教等深度融合，打造主题休闲产业和精品休闲农业旅游路线，建成了以现代农业产业园、科技园、创业园和田园综合体为载体，以高品质生产基地、农产品加工企业、新型农业经营主体、农业景观、特色园区为支撑的产业观光带。目前，全区产业融合项目建成的重要景点20多个，如稠木垸精细农业、荷塘月色、中塘智慧农业、汉森现代农业健康产业园、智慧农业第一村等，撬动全区实现年均旅游收入27.1亿元，农民人均收入同比增长8.9%。

四、继续加快休闲农业和乡村旅游发展的政策建议

（一）做好乡村"＋旅游"，不断释放大农业的多功能性

乡村休闲旅游产业持续发展的活力在于融合创新。以产业融合为手段拓展乡村旅游产业结构、强化产业内力。精准把脉消费需求，严守生态保护、文化传承

和农民受益的底线，积极开发特色化、差异化、多样化的乡村旅游产品。

（1）要立足农业资源和乡土文化，传承和弘扬农耕文化。基于农业与旅游的产业关联度，挖掘乡土文化的多样性，促进农旅、林旅、水旅、文旅、信旅、工旅、金旅等融合发展，增强产业黏性和融合强度，延伸乡村旅游产业链条。准确把握旅游需求与农业现代化发展的"融合点"，挖掘旅游价值，推动农业生产、景观、文化、生态与旅游产业结合，形成经济集合。发展农家乐、休闲农庄、休闲农业特色村镇，将旅游与农村民俗文化、地方美食、特色物产等结合。挖掘村庄自然、历史人文资源，提升区域竞争力，开发出"望得见山水、记得住乡愁"的农旅融合项目。支持地域特色文化、民族文化、农耕文化、传统手工艺、戏曲曲艺等传承发展，创新表现形式和文化旅游产品，发展乡村特色文化产业。

（2）突出乡村旅游文化特色，讲好自然和人文故事。结合资源禀赋、人文历史、特色产业来深度挖掘农村文化，推进农文旅结合，提升乡村休闲旅游内涵。积极开展"农业旅游＋文化"，挖掘、保护和利用重要农业文化遗产，将文物古迹、传统村落、民族村寨、传统建筑、农业遗迹、灌溉工程遗产、农业文化遗产、非物质文化遗产等融入乡村旅游产品开发，促进文物资源与乡村旅游的融合发展，探索文物领域研学旅行、红色旅游、体验旅游等项目和精品旅游线路。依托乡村旅游创客基地，推动传统工艺品的生产、设计等和乡村旅游有机结合。鼓励与专业艺术院团合作，打造特色鲜明、体现地方人文的文化旅游精品。

（二）科学规划打造乡村休闲旅游发展的"人本"空间

将乡村休闲旅游发展纳入经济社会发展规划、国土空间规划以及基础设施建设、生态环境保护等专项规划。突破农业旅游空间规划的规划理念，构建生产生活娱乐"人本"空间。瞄准旅游产品和市场相对成熟的区域、交通干线和 A 级景区周边的地区，打造乡村休闲旅游目的地，促进规模化、集群化发展。打造"人本"型的生产、生活、游憩的室外空间，推进乡土文化时空多维度衍生，融入乡土文化、区域文化、历史文化、游憩文化等，激发人的朝气和探索精神。注意乡村原始风貌，提高农村生态系统的稳定性。村落建筑要有乡土气和地域特色，保护好乡村特有的田园风光，重点保护溪流、树林植被，尊重自然、保护自然、顺应自然、因地制宜、合理规划田园资源，实现人与自然的和谐共处。

（三）培育精品品牌引领乡村休闲旅游升级发展

①培育构建乡村旅游品牌体系。树立乡村旅游品牌意识，提升品牌形象，增强乡村旅游品牌的影响力和竞争力。鼓励各地整合优质资源，推出一批特色鲜

明、优势突出的乡村旅游品牌,构建全方位、多层次的乡村旅游品牌体系。建立全国乡村旅游重点村名录,开展乡村旅游精品工程,培育一批全国乡村旅游精品村、精品单位。鼓励集群发展乡村旅游,打造有影响力的乡村旅游目的地。支持优秀乡村旅游点申报创建 A 级景区、旅游度假区、特色小镇等品牌。②完善精品品牌创建体系和营销模式。促进产业标准化、规范化水平,建设一批全国乡村休闲旅游示范县、美丽休闲村镇、现代休闲园区(农庄)等,在全国树品牌、创品牌,提升乡村休闲旅游产业的竞争力。依托相关主题活动,分次推介乡村休闲旅游精品线路和景点,扩大精品的影响力和美誉度。依托传统媒体、新媒体、自媒体资源,利用旅游推介会、博览会、节事活动等平台,支持电商平台开设乡村旅游频道,开展在线宣传推销等,扩大乡村旅游宣传。

(四)树立融合发展理念,构建全域旅游共建共享新格局

大力推进"旅游+",丰富旅游的内涵、增强旅游发展的功能,构建全域旅游共建共享新格局。培育"旅游+农业",参与国家现代农业庄园创建,根据国家现代农业庄园评定标准,推进农业和旅游深度融合;参与国家农村产业融合发展示范园创建。通过创建中国乡村旅游创客示范基地、编印《乡村旅游典型经验汇编》等措施,总结推广"景区带村、能人带户、企业+农户、合作社+农户"等模式,充分发挥先进典型示范引导作用,做好农村融合发展优秀项目的品牌培育。积极申报美丽休闲乡村、现代休闲农业园区、现代休闲农庄和重要农业文化遗产。

(五)提高乡村休闲旅游服务管理水平

完善乡村旅游的服务规范和标准,用标准创响品牌、用品牌吸引资本、用资本汇聚资源。探索运用连锁式、托管式、共享式、会员制、职业经理制等现代经营管理模式,提升乡村旅游的运营能力和管理水平。形成乡村与景区共生共荣、共建共享的"景区带村"模式。大力支持懂经营、善管理的能人投资旅游,以吸纳就业、带动创业、带动农民增收的"能人带户"模式。健全多元的利益联结机制,分享旅游发展红利,提高参与性和获得感。组织开展休闲农业和乡村旅游人才培训,培养一批素质强、善经营的行业发展管理和经营人才。注重发挥协会和联盟以及中介组织的桥梁纽带作用,通过行业自律、服务和管理来提升能力。

第七章　农村产业融合的典型
模式及其创新

产业融合是多主体参与、多向度融合、多功能开发和多价值追求（刘奇，2018）。各类资源、要素跨界、迭代、互渗，线上与线下、实体与虚拟，在复合性价值追求引领下，通过物质循环、能量流动和信息交换，实现资源配置优化和生产要素重组，形成了多种农村三产融合发展的模式和创新方向。鉴于资源禀赋和经济发展阶段区域差异，农村产业融合发展不能也没有必要追求同一模式。

第一节　农村三产融合模式的基本内涵与特征

一、产业融合模式的基本含义

根据自组织理论的协同论，产业融合是产业间模糊产业边界，最终形成新的融合业态和新产业的过程，其实质是产业链间的一个解构、重组、协同与融合的过程。产业融合模式具体分为三类：高新技术对产业链渗透融合、相关产业间的产业链延伸融合以及集群式产业链的协同重组融合。智慧农业是"嵌入式"渗透融合；延伸融合模式是产业链横向扩展的结果，如农产品加工融合；重组融合模式主要在产业内部，如农业通过生物链将种、养等重新整合融合形成稻鸭、稻虾、稻鱼等生态农业模式。基于系统论内在联系的多维视角，国内学者对农村三产融合进行了概括。梁立华（2016）概括为产业间交叉性融合和三次产业内部的重构型融合两种模式。马晓河（2015）基于产业融合的跨度、方向和方式等多视角分析，增加三产交叉融合模式，提出"四模式"。熊爱华、张涵（2019）提出功能拓展模式，本质其实就是"四模式"。另外，从融合内在结构出发，周振华（2004）提出产品、业务和市场融合三个层面；根据融合带动主体的不同，王兴国（2016）归纳为农业带动型、龙头企业带动型、工商资本带动型和农业服务带动型四种方式；庄淑萍等提出区域协同、品牌核心、技术渗透、三资活化和主体协作五个层层递进的模式。专著从产业链、发展主体和利益分享机制三个要素构成划分标准（见图 7.1），分析农村三产融合发展的分类和多元化模式。

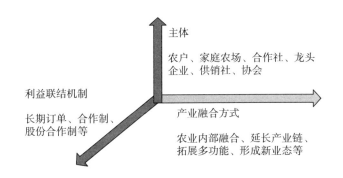

图 7.1 融合发展模式三个维度的诠释

二、农村产业融合发展模式的层次性

农村三产融合发展模式总体上可以分为宏观、中观和微观三个层次。以微观主体为引擎，以中观层面发展为具体形式，宏观政策为保障推进农村产业融合。

（一）农村产业融合发展的微观层面：基于主体寻求融合利益的行为

农业微观主体作为最基本的生产者和交易者，它是市场经济主体的构成部分，也是三产融合发展的最重要的主体与载体。三产融合对象无论以什么形式出现，都必须体现农民的主体作用，不能排斥和代替农民。新型农业经营主体是农村三产融合的主力，是"四新"的创造者，是传输新理念、新技术激活农村经济的内生动力。供销社、产业联盟、行业协会等也是农村三产融合发展的骨干力量。

从主体经济行为的微观层面来看，要发挥市场机制推动产业融合发展，组织农户走规模化、集约化、社会化、专业化、组织化和标准化道路，将"四新"引入农业，用"六用三提高"推进农业现代化。完善利益链接机制和组织模式、经营方式和产权关系，通过市场力量倒逼和引导标准化生产，推动产业模式升级。沿产业链向前后延伸，拓展农业新功能；位于价值链低端的经营主体，更倾向于通过合作或战略联盟等方式拓展农业新功能。推广应用先进科技，衍生出高效农业、农业生产性服务业等新业态。在与新技术、网络的战略合作中，谁也避免不了被卷进创新浪潮中，实现技术融合和管理融合，激发农业创新动力，衍生融合的新产业和新业态。例如，大力发展种养大户和家庭农场，延伸生产者内部产业链；挖掘合作社作用，缩减外部产业链；龙头企业实施纵向一体化，实现产业链延伸和产品质量内部控制。前面章节中的产业化和"四新"，均体现了农村三产融合中融合主体的能动性、可塑性和行为多元性，有力地佐证了"经营主体的创新性、创造性是产业融合发展发动机"的观点。

（二）农村产业融合发展的中观层面：产业链竞争力和产业结构优化升级

从中观层面看，产业融合发展有利于打造全产业链和提升产业链竞争力，推动产业结构优化升级和区域经济协调发展。在农村三产融合发展的逻辑关系中，农业是基础。但是，农业副业化、农户兼业化、农村劳动力弱质化、农村空心化等问题，已严重影响到农业竞争力和可持续发展，需要第二产业、第三产业的提升与带动。

（1）农村三产融合集聚和整合生产要素，延伸产业链，延长价值链，资源要素在市场需求的引导下向农业产业链条流动，实现资源高效配置。围绕优势农产品，形成专业化、规模化、特色化的现代农业三个体系，提高农业生产效率和产业竞争力，实现行业间的价值链重构。

（2）农村产业结构调整，使之趋于科学、合理、有效，提升产业分工层级，转变经济发展方式，推动产业结构多层次合理化和高层次升级。

（3）紧密联系城镇化和工业化、信息化，推动优势农产品产、加、销区建设，建设农业特色村镇，基于资源优势，提高区域产业竞争力；发挥品牌效应，提升农业附加值；提升农业生产力、农民发展能力和农村发展活力，形成"四化"同步和区域"整体联动"的发展格局。

（三）农村产业融合发展的宏观层面：政策调适和区域服务融合能力提升

政府应出台配套的政策引导农村三产融合的发生，通过合理产业布局和政策框架的搭建和公共服务能力提升，为融合创造良好的前提条件。

（1）政府提供外部条件与保障，尽快出台专门的法律法规，确保三产融合有序进行，始终遵循维护农民利益，提升农业发展的主旨。修订农业及其相关的法律法规，保障农村产业融合有法可依，有法可循。设立农村三产融合发展的专用资金和基金，补贴项目向加、运、销环节配套拓展，更新补助目录；财政资金投向结构向冷链物流、农业高新技术、农村电商等调整，发挥"查漏补缺"作用。发挥财政的撬动作用，为经营主体提供融资优惠、利率优惠，延长贷款期限等。

（2）构建三产融合发展的农村公共服务体系。产业区形成配套的基础设施与公共产品服务，激发区域内农业发展和升级的潜在动力。修缮农村基础设施建设，解决农产品的加工、运输问题。引导工商资本进入农村公共服务领域。在生产区域内构建信息共享平台，缓解农户与市场的信息不对称问题（郑风田，2016）。

三、农村产业融合模式的多样性

在农村产业融合的初探阶段，农村产业融合发展拓展农业产业的发展空间，从农业生产单环节向全产业链持续拓展，从农业内部向农业外部持续拓展，基本形成"获农金、收租金、挣薪金、分股金"的格局。在实践中，每种融合模式都有其优缺点，需要结合当地资源条件和发展状况做好选择。

（1）多元的农村产业融合主体。主体包括农户、家庭农场、合作社、龙头企业、行业协会和产业联盟等，主体多元性决定了融合模式的多样性。总体上可分为内部融合和外部融合两个模式，前者以农户、专业大户、家庭农场或合作社为基础的融合发展，后者以农产品加工（流通）企业等引领的融合，主要有龙头企业引领型、企业集群型和产业化联合体型等。

（2）多变的融合方式。农村三产融合存在农业内向融合、产加销纵向融合、农文旅横向融合、新技术渗透逆向融合、产园多向融合和多元主体利益融合等方式。农业内向融合催生了"林下养鸡""稻田养鱼（虾、蟹、鸭）"等新业态；产业延伸顺向融合催生了中央厨房、农商直供等；功能拓展横向融合催生了创意农业、教育农园、乡村民宿等业态。信息技术逆向融合催生了数字农业、智慧农业、众筹农业等业态。农业与城镇的多向融合催生了产业强镇、田园综合体等（农业农村部，2019）。农村产业融合既是不同产业、主体、生产环节的融合，也是资源要素的融合，更发散为功能、区域等的融合。

（3）多样的利益联动机制。三产融合的核心是价值联结，建立健全利益联结机制，维护好农民利益，建立利益共同体。"与民竞争、与小农抢饭碗"就背离了融合的宗旨和目的。实现融合主体合作、联合、整合与互惠，才是推进三产融合发展的核心（姜晶，2018）。目前，产业融合中已经建立契约式、分红式、股权式等利益联结机制，形成了订单农业、合作制、股份合作和服务带动等利益联结方式，具体形式有"保底收益 + 按股分红""租金 + 就业 + 养老金""租金＋工资＋返利分红"等，正在打造"风险共担、利益共享、命运与共"的利益联合体。"一地生四金"的模式（租金、薪金、股金、经营赚现金）值得借鉴和推广。

第二节　农村三产融合发展的模式：基于主体、方式和利益联结解构

构建现代农业"三个体系"，涉及到的一个核心问题就是如何布局农业产业链？从带动主体视角，农村三产融合发展可分为多种模式，其中实际上包含了相应的融合方式，也隐含了相应的利益链接方式。因此，根据解构性研究（见图7.1）我们知道，产业融合主体、产业融合方式和利益联结机制，关系到产业链的延伸和利益分享，更牵涉到现代农业组织创新和现代农业"三个体系"的构建和布局。

一、农村三产融合发展模式：基于产业融合发展的带动主体

国家层面一直把培育融合主体作为推进农村三产融合发展和推进农业现代化的关键，要求融合主体发展基础作用大、引领示范好、服务能力强、利益联结紧。通过先建后补、以奖代补、折股量化到农户等方式，重点支持新型农业经营主体发展新产业新业态，开展融合主体在线教育培训，增加政府购买创业培训公益性服务的资金规模。科技部推行科技特派员制度和"三区"（边远贫困地区、边疆民族地区和革命老区）人才支持计划，培育"双创"农村实用人才。国家旅游局共举办16期乡村旅游扶贫重点村村官培训班，培训村官4000多人次。目前，农村三产融合主体已实现质量提升、综合带动、利润共享，进入到"较强的经济实力、发展活力和带动能力"的成长成型的蓬勃发展期（参见第二章表2.2）。

（一）龙头企业带动型农业产业融合模式：纵向产业链运作模式

（1）这个模式以"公司＋合作社（基地）＋农户"为典型形态。它是龙头企业和农户普遍能够接受的模式。一般可实现交易双方的市场化联系、企业化经营、利益最大化目标的有机统一，实现市场机制与非市场组织机制的协同。

（2）从产业链来看，本质上属于产业链延伸的类型，具有产业化的特征。

以大型公司或集团企业为主导，农产品加工（流通）企业为龙头，围绕产品的产、加、销和服务活动，实现三产"垂直整合"与主体风险共担、利益共享。

（3）从价值链来看，公司与农户是相互独立、自我管理的经济主体，两者是通过"合同（契约）"的方式实现联结，有效保障交易双方权益。按照交易程序，龙头企业与基地、村委会（村民小组）或农户签订合同，规定双方的责权利。同时，龙头企业对基地等主体具有清晰的支持措施，提供全链条的服务，实施产品最低保护价和优先收购等有效确保对方利益；农户严格履行合同交售优质农产品。

在农村三产融合发展中，如果龙头企业与农户未形成真正的"利益联盟"，就很难真正保障农户的利益。龙头企业掌控合作社（基地）从而有效控制农户。经营主体间的内部风险偏好和外部市场机会不同，会对主体的议价能力产生重要影响。风险分布、信息分布和市场结构等要素将诱发形成"位势租"，造成龙头企业和农户在利润分割上的失衡（邓宏图等，2018）。农户缺乏融资能力，收入来源有限，抗风险能力较弱。特别是龙头企业和基层政府的"合作共谋"会强化龙头企业的控制能力，从而占据更为有利的地位，获得更高的利润分配比例。同时，从面临的外部市场机会看，主体间的资本禀赋差异会带来信息搜寻和市场结构塑造能力的差距。信息搜寻能力优势和市场结构塑造权会内化为谈判优势，市场构塑能力鸿沟和"信息租"导致缔约谈判权不均等（位势租）。需要从合约选择和治理结构的视角，评价经营绩效，优化缔约主体间的利润分配模式。

（二）合作社带动型农业产业融合：横向组织化主导的网络模式

（1）这种模式主要是基于合作社、农户为发展形态，基于合作社（社会合作社、专业合作社、供销合作社）为"中介"，促进农产品产、加、销一体化经营。合作社是由相对分散的农民自发性、自助性成立的"联合组织"，完全可有效代表农民社员的正当、合法权益，提供全方位、多层次、差异化的全链条服务。节约交易成本，且密切交易双方的经济关系，有助于利益分配的公平化和合理化。

（2）可选择基于合同的方式来有效联结龙头企业与合作社间的利益关系。龙头企业通过支付佣金的方式委托合作社对农产品进行收购；或者合作社按照交易合同主动承担收购农产品的任务，而龙头企业给予它特定的费用或提成，实现经济利益高效联结的"组织化"。合作社能根据交易额返利或分红，有助于充分调动和发挥农户的积极性、主动性，实现生产规模经济。

但是，只有农民拥有合作社的多数股份，领办和发起合作社，担任理事长或监事长等核心职务，才能掌控合作社的运营和发展，同时保障合同的规范化和有序化。否则，难以真正建立利益共享、风险共担的联结机制。

（三）合作社＋龙头企业"双核带动"的产业融合模式

（1）鉴于前面两种模式分析，龙头企业的带动作用和合作社的组织作用、联合性质，需要有效发挥两者优势，实现"嵌套"联结，推行"企业＋合作社＋基地＋农户"的现代农业发展模式。国办发〔2015〕93号文件指出，强化农民合作社和家庭农场基础作用，发挥龙头企业引领示范作用和合作社综合服务优势，积极发展行业协会和产业联盟，重点扶持龙头企业领办专业合作社。

（2）合作社与龙头企业的嵌套。有一定积累、发展实力强的合作社要积极延伸产业链条，尽快涉足加工流通环节，促进产业链专业化分工，让农民分享加工流通带来的增值收益。合作社可与农业产业化龙头企业联姻，引导建立"龙头企业＋合作社＋基地＋农户"等新型模式，形成上下游紧密协作的产业链。

（3）保护农民利益。创新三产融合模式的前提是切实尊重农民意愿、保护农民利益。合作社不断提高农民的组织化程度，适度规模经营降低交易费用，减少或避免农业经营风险，提高农民的市场地位和谈判地位。完善"龙头企业＋合作社＋农户"的利益联结机制，让农民从产业链增值和农业功能拓展中获取更多利益，通过三产"垂直整合"来提高农民收入。

"华容模式"：合作社嵌入推进产业融合。实行"公司＋合作社＋基地＋农户"的管理运行机制，充分发挥合作社示范带动作用，吸纳当地农民和贫困户自愿以土地入股等多种方式加入合作社，采取"保底收益＋按股分红"等方式，共享产业融合发展的增值收益，实现参股经营有"红利"。在粮食产业发展中，由省级龙头企业铭泰米业组建优质稻专业合作社，并建立生产基地8000公顷，推行规模化种植，稳定粮源保障。农民合作社利用"四个统一"模式（统一种植、统一服务、统一管理和企业统一收购）组织农户，企业年收购12万吨，产品市场销路好；在利益分配环节上，入社农户享受"双核"销售利润2%的返利分红，年分红28万元。采用"公司＋合作社＋农户＋保底价＋市场联动"的两次分红方式，实现订单农业有订金、超产分成有奖金，农民共享增值收益，实现了产加销的有机融合。

（四）专业市场带动型农业产业融合：市场机制引导的松散模式

（1）专业市场是农村商品流通体系的重要组成部分，是联结小农户和大市场的有效方式，为农户提供农产品交易的平台，有利于实现农业生产专业化、商品化和社会化；是信息交流和价格形成的中心，比较有代表性的如寿光蔬菜批发市场、布吉农产品中心批发市场等；是一种大规模集中交易的坐商式市场制度安排（郑勇军，2003），兼具企业和市场两种经济组织的特点。可导向农业生产经营活动的发展，调节区域农业生产结构，高效统筹农业生产的区位优势，逐步产生具有区域性影响力的主导产品，有效地塑造农产品批发市场。

（2）专业市场和农户之间的交易机制是"专业市场＋农户"模式，本质上属于农业产业化。"农产品批发市场＋农村经纪人＋农户"是典型发展模式。有效依托专业市场或交易中心，依靠缔结的交易合同，产生相对稳定的"购销关系"。利益联结一般采用企业化的运作模式，专业市场经营组织与农户之间关系并不密切，经济利益分配主要借助于市场机制，批发市场、农户、经纪人之间基本不存在资本入股等合作关系，主要从等价交换中得到各自的利益。并没有深入农业产业链的延伸当中，仅提供社会化服务。经纪人掌控从田间到市场的差价空间，农民缺乏利益控制能力。

（3）这种模式需不断健全风险共担、利益共享机制。部分批发市场开始在平台提供者角色的基础上，组建公司从事加工与终端销售，开始尝试组建农民合作社，将农村经纪人和大户等纳入，建设"市场＋基地（合作社）＋农户"型的产业链组织形式，增强主动掌控市场供给能力，改变农户市场中的弱势地位。

（五）科技单位带动型农业产业融合模式：科技支农模式

（1）以科研单位为龙头，以农业高新技术推广应用为核心，实现农产品的产加销一体化经营。农业产业融合新技术的普及推广和应用，有利于提升竞争优势。

（2）利益主体主要是科研单位与农户，利益分配具体有：一是通过全方位提供技术服务而获得雇金，其基本运作理念是科研单位主动向农户提供技术服务，获得相应"服务费"；二是基于科技入股成立股份公司，科研单位基于良种、技术等入股，而农户基于人地钱等入股，根据股份合理分成；三是通过规模化生产的方式"包购包销"。科研单位全方位、多层次、多领域地向农户提供良种、技术，根据保护价来包购、包销满足技术要求的农产品。这种利益分配机制有助于应用先进、前沿的科技，且能极大地提高品质与竞争优势。

（3）要充分发挥科学家和企业这两大创新主体的重要作用。鼓励、培育、支持农村活跃主体（新农人）的电商"双创"活动。完善"政府＋运营商＋服务商"三位一体的发展模式，构建县为主体、村为基础、社会参与、合作共赢的建管机制和市场化运行机制。特别是要发挥企业作为创新主体的生力军作用。

（六）社会化服务引领型模式：规模经营效应的实现

（1）农村三产融合发展过程中，服务业的发展具有"画龙点睛"的作用。

创新服务业发展理念，发挥服务业的引领支撑作用，有利于三产融合发展的内涵丰富和层次提升；建立市场化农业生产服务机构，建设平台型企业，如通过农业机械维护服务，动植物病防治服务，农产品流通服务等，促进农业转型发展。

（2）依托社会服务机构支持农业生产全过程服务，发展农业服务市场，加强农业生产服务和专业化社会化水平。服务业的引领、引擎或支撑作用更为突出（姜长云，2016），技术、业态和商业模式创新更为密集，互联网特征更为鲜明。多元化的农业服务体系的形成，有利于实现服务主体、制度导向和服务形式的多元化。市场主导的农业服务，服务广度和深度有较大的进展。

（3）承接农户的服务外包，不追求产业链纵向延伸，而是引领或更好地辐射带动农业发展方式转变，提升专业化、标准化、规模化、集约化水平。服务产品、服务方式不同，利益联结机制不同：代耕代种代收、大田托管、统防统治、烘干储藏、加工销售等市场化和专业化服务，主要按照市场价格收取"服务费"；发展初加工与地产地销业务，或自主或合股建立生产基地，利益联结更加紧密；建立平台型企业，提供实体交易场所或网络贸易场所，并以增值为动力。

（4）实现全过程的社会服务，推动加工企业向农业服务企业甚至农业服务商转型，大规模的服务变革，走出充分体现互联网与"三农"全面融合、同步融合、深度融合的县域电商发展路子。

（七）先导区引领的农村三产融合发展的模式：产业集聚和范围经济

（1）农村三产融合发展先导区具有较为明显的优势或主导产业，产业集聚程度高，产业链条相对完整，是农业规模化、标准化和专业化种植的生产基地，是农产品加工业发展质量和效益明显提高的示范区，休闲农业和乡村旅游发展规模和水平持续提升的样板区，农业市场流通服务体系建设和发展的展示区。

（2）先导区建设主体清晰，管理部门明确，规章制度健全。有科学的组织管理机制、高效的经营管理机制和健全的社会化服务机制（程勤阳，2015）。目标是构建形成产业链条完整、功能多样、业态丰富、利益联结紧密、产城融合协调发展的新格局。该模式的利益机制是先导区运行机制决定的，鉴于目前先导区是政府推动、创建工作是官方认定和建设的，利益机制市场化取向是不明显的。向市场机制转变，有利于促进农村三产融合发展总体水平提升。

（3）湖南积极参与中国特色农产品优势区创建。安化黑茶特色农产品优势区、邵阳油茶特色农产品优势区、华容芥菜特色农产品优势区入围第一批中国特色农产品优势区名单。湘潭湘莲、汝城朝天椒成功入围第二批名单。

二、农村产业融合发展模式：基于紧密程度与利益联结原理

2019 年 6 月，国务院印发的《关于促进乡村产业振兴的指导意见》中提出，鼓励龙头企业、合作社与农户建立多种形式的利益联结机制。利益分配机制是农业现代化发展的内核，主体间利益关系追求的是经济学意义上的合作稳定关系，包括利益创造和利益分配。利益分配是指在一定组织模式下，各主体对剩余利润的分配关系、分配方式的动态过程，利益分配机制包括分配关系（利益联结方式）和利益分配方式。利益联结机制主要是利益的共享方式，即成员分配到的利益。经过 30 多年的发展，农业产业化探索形成了延伸产业链、构建利益联结机制的多种模式，也促进产业链、组织链和价值链理念融入农村产业发展中。

农业纵向融合的过程实质是农业"接二连三"的过程或农业纵向一体化的过程，其融合程度反映农业产业化经营的水平，是农民能否分享整个农业产业链的价值和收益的关键。徐观华将农业产业化的组织形式划分为松散式、过渡式和紧密式三种。利益联结机制大体可分为紧密型、半紧密型、松散型三种类型，三种联结方式的紧密程度逐渐加深，合作关系的稳定性也逐渐增强。

（一）紧密型的一体化模式

（1）产业化联合体模式。由一家龙头企业牵头、多个农民合作社和家庭农场参与、用服务和收益联成一体的农业产业化联合体模式快速发展，引导新型农业经营主体之间、与小农户之间形成了更加稳定、更具约束力的合作关系。这种模式在理论上一般称之为"一体化"，"公司 + 合作社 + 基地 + 农户"是产业化联合体的组织形式，属于复合型农业产业化组织。

一是组织特点和组织逻辑。农业经营主体将关联的三次产业同时内化在一个组织内，打通融合节点。产业化联合体可细分为：以多主体参与、产业关联度高、辐射带动力强的大型产业化联合体；以产业园区单元内"龙头企业 + 基地农民合作社 + 农户"模式的分工明确、优势互补、风险共担、利益共享的中型产业化联合体；"龙头企业 + 合作社和家庭农场 + 小农户"，采取订单生产、股份合作的小型产业化联合体。例如，龙头企业牵头，融合家庭农场、农民合作社和其他企业（精深加工、废弃物利用、加工机械、文创、文化休闲旅游），成立产业化联合体。联合体组织创新优势是创设内部成员须遵守"生产秩序"（生产规则、产业分工和产业生态），龙头企业负责品牌建设，制定生产计划和质量标准，提供品种、技术、收购、农资服务及社会化服务；合作社和家庭农场标准化生产；其他成员专注功能拓展、制订章程、搭建循环产业链、构筑间分工协作的产

业生态。通过合同契约稳定农户销售价格或收益预期，规避风险稳增收。模式有效的前提是合同是规范的，农户依法平等签约、履约是成功的。但是，龙头企业占优型且拥有优越的话语权。利益联系仍然不够紧密，需要改变合同约束的脆弱和协调困难的内在缺陷。

二是改进的合同模式（订单合同型模式）。订单合同模式有两种表现方式，"龙头企业 + 基地（农户）"是直接利益联结。"龙头企业 + 农民合作社 + 农户"是间接利益联结。公司与农户之间利益纽带强化诱致了"公司 + 合作社 + 农户"组织模式的新一轮制度变迁。公司完整的产业链条和成熟的销售市场保障了资金互助社的发展，合作社是其发展的动力和源泉，而资金互助社则为合作社的发展提供了金融支撑，建立了多层次的资金融通渠道，维持了公司、合作社、农户之间关系的稳定。签订保护价给付，或"利润返还或二次结算"。典型形式是保底价收购、"保底价 + 随行就市"、市场价加成、优惠或低价供应农用物资等利润分成合作模式。建立"龙头企业 + 合作社 + 农户"的紧密利益联结。农户获得订单农业的保底收入和加工利润分成等产业链收益。从市场结构上来看，转变角色，双方有共同利益并互相负责，提升了产业发展的稳定性和长远性。

（2）基于产权关系联结方式。股份制是不同主体和三次产业的融合剂，是紧密型的。农户（村集体、合作社）以资金、土地、技术等入股工商企业，或共同建新的企业，产权关系成为龙头企业与农户联系的主要纽带。利益联结机制包含了资本与劳动两个方面，具有股份制与合作制两个基本属性，是高级形式的利益联结和分配机制。农户可以通过参股、合并、收购、重组等方式成为龙头企业的资产所有者，农户对农业产业化过程中形成的经济利益有分割权。两者权责关系受法律和企业章程约束，形成了收益共享、风险共担的利益共同体。农户既是投资者又是生产者，稳固了农企之间的关系，提高了农业生产规模化、组织化、集约化水平。带地入股合资模式，开展土地经营权入股发展产业化经营，真正在股权层面实现利益融合。加快推广"订单收购 + 分红""土地流转 + 优先雇用 + 社会保障""农民入股 + 保底收益 + 按股分红"等多种利益联结方式。股份合作型利益联结模式中，龙头企业和合作社双向入股，明确资本参与利润分配比例上限，维护农民利益。但是，当前农民与企业共担风险的意愿不强，严重影响紧密型形成。

（二）半紧密型的产业化模式

（1）契约（合同）型联结方式。龙头企业与农户的联系纽带是契约。龙头企业与农户事先签订农产品购销合同，双方约定价格。通过契约约定双方利益分配关系及相应的权利与义务，部分龙头企业在合同中约定的为农户提供生产过程中的技术指导和服务，甚至提供部分生产资料，如优质的种子等，双方通过让渡部分自主权降低市场风险。契约的纽带在一定程度上把龙头企业和农户拴到一起，使其结成"共同利益体"。产业链的延伸有利于补齐农业生产的短板，农民在价格方面获得更大的话语权。现阶段宜采取社企平等型的"龙头企业＋经济组织＋农户"的运行模式，通过培育农民合作社，组建具有独立法人资格的农民公司，引入强契约和强关系治理农民与公司之间的利益关系，有助于农业产业化的健康发展。以购销合同为主的关系虽然促进了小农户与大市场的对接，解决了农产品卖难问题，市场风险更多集中在新型农业经营主体一方，让农民降低了生产成本、得到了合同约定的收入，但在分享产后环节增值收益方面仍有改善空间。

（2）合作制模式。主要是指农民参加农业协会、农业合作社或者自组的农业团体，利用团队的效应来进行农业产业化经营，并获取相应的利益。合作制的主要形式："合作社集产供销为一体和合作社＋公司的形式。"合作型利益分配是将联结延伸到产、加、销等环节的利益联结关系。合作社有一定的经营利润，很多农民成员持有不同比例的合作社股份等。合作社及农民成员相对拥有对产业链条的利益控制能力，有可能获得利益返还。合作社占优型值得构建。农民合作社特有的治理结构决定了是低成本的合作，这也决定合作社治理是有较强弹性的，降低了小农户与现代农业衔接的风险（崔宝玉，2019）。在现实中，基于合作社发展质量（综合实力偏弱，组织管理不够规范），以及利益联结的松散性，难以实现"风险共担、利益共享"。随着小农户行动能力、资源禀赋的增强，农民合作社转型创新、提质增效的同时，小农户才能真正参与合作社、融入合作社和控制合作社，利益联结也会趋于紧密。农民合作的低成本是建立在治理机制较为完善、利益联结较为紧密以及更强技术能力基础上的。

（3）农村集体经济组织模式。集体发挥"统"的优势，通过专业合作、股份合作等方式发展现代农业和农村二三产业，壮大集体经济。推动"资源变资产、资金变股金、农民变股东"，形成各具特色的产业区、产业带。带动农户乡村休闲旅游养老等农村三产融合发展，或者联办乡村旅游企业，或配合农村集体经济组织以出租、合作等方式盘活利用空闲农房及宅基地，或者参与农村集体经济组织以入股、联营等方式使用节约的建设用地。以入股、联营等方式与社会资本合作，形成长期、稳定的收益分享机制（叶兴庆，2018）。

（三）松散型的模式

双方自由决定交易对象、自主经营，价格随行就市。以市场为联结纽带的

"松散型"利益关系,从严格意义上讲只是农产品交易市场在空间范围的扩充。

(1) 买断型。依据市场机制,企业支付农民要素或产品价格的一次性买断式利益分配方式一般情况下往往是最优的。企业与农户之间构建的是较为松散的一次性市场交易利益关系,二者的合作短暂且不稳定,双方都面临风险。在没有相应的激励作用下,企业难有动力让利于农民。市场买断式利益联结是利益联结的初级方式,能够在一定程度上解决农户的农产品"卖难"问题。

(2) 农民经纪人主导模式。以经纪人个人能力为主导,依托客户连带关系,稳步壮大的发展模式。根据《国家职业标准》,经纪人从事农产品收购、储运、销售以及销售代理、信息传递、服务等中介活动而获取佣金或利润或加工厂。对市场价格敏感性强,有利于提高流通效率。主要以经纪人的客户资源及个人的小额累积资金为利益联结。

(3)"互联网+"牵动模式。利用大数据、物联网、移动互联网等新一代信息技术,将农产品加工业纳入"互联网+"现代农业行动,培育发展网络化、智能化、精细化现代加工新模式。在大数据、云计算和"互联网+"等新技术影响和作用下,农村电子商务、社区支农、食物短链、农产品会员配送和个性化定制等新型经营模式不断涌现,催生了新的业态。"互联网+"是现代农业的操作系统,武装和提升农业,将颠覆、改造农业生产、供应、流通链条,实现农业"种得好"和"卖得好"并重,推动农业价值体系的再造,实现农业可持续发展。

(四) 利益联结模式的辩证关系和复合模式

(1) 利益联结模式和权责辩证关系。松散型、半紧密型、紧密型等利益联结机制各有其存在空间和经济合理性,主体间合作关系并无必要全部都是紧密型利益联结。无论采取哪种利益联结方式,首要的是要坚持农户自愿互利的原则,在平等互利的前提下形成较稳定的购销关系和利益共同体。组织制度变迁,需要厘清组织模式参与主体的关系取向及其衍生出的相互经济利益关系。主体间关系取向越复杂、利益绑定越多,合作联盟的紧密性就会越强(李世杰,2018)。嵌入在社会关系网络中的组织模式的运营,需要关系治理机制来维持。利益联结模式演变其实就是主体部分让渡组织收益,及优化利益分配控制权归属问题。以技术服务节约生产成本,农资补助节约农资购置成本,提供经费支持、履约奖励和参会补贴,补偿时间成本,溢价收购产品、给予订单补贴,节约交易成本等行为部分让渡组织收益。鼓励龙头企业通过股份合作、信贷担保、技术支持等多种方式、多种形式将产业链增值收益部分让利给农户等联结主体。利益联结涉及全过程多主体，政府等外部监督较困难。但是，政府要发挥黏合剂的作用，重点支持和鼓励利益分配控制权归属者采用"非市场安排"主动部分让渡组织收益。

（2）利益联结的复合模式。随着农村三产融合发展的深化，多种联结方式并存的混合型模式受到普遍重视。产业链条上主体及其利益取向日渐多元，采取更具兼容性、灵活性、包容性的合作模式；适应不同层次的需求，推动利益联结机制的实践路径日益复杂化、多样化和多层次化，有助于提高产业竞争力。

例如，"农业产业化联合体""农业共营制""合作社联合社""企业＋合作社＋基地＋农户""公司＋村委＋合作社＋农户""农户入股＋保底分红""公司＋合作社＋农户＋保底价＋市场二次联动"等方式。例如，2017 年农业农村部批准和创建 41 个现代农业产业园，探索"公司＋合作社＋基地＋农户"的管理运行机制，实施"保底收益＋按股分红""公司＋合作社＋农户＋保底价＋市场二次联动"的"二次分红"方式，以及创新利益连接方式，完善"六金一利"模式（订单农业有订金、基地就业有薪金、土地流转有租金、承保管理有酬金、超产分成有奖金、风险防范有基金、参股经营有红利）。通过"村企联合、产业连片、基地连户、股份连心、责任联体"，"村委会＋合作社＋关联企业＋绿色品牌创建模式"等创新路径，从不同角度创新农户利益联结机制，探索农民增收的新模式。

长沙县三产融合先导区的"五连模式"。长沙县围绕主导产业建设现代农业先导区和农村三产融合发展先导区。把国有企业、农村集体、企业、农民连成一个共同体，形成"五连模式"——村企联合、产业连片、基地连户、股份连心、责任联体。利益联结模式带动农户全面增收：既有种茶的务农收入，也有务工收入和服务业收入，还有地租等财产性收入，还有补贴等转移性收入。在发展茶叶产业中建立了全链条的产业发展和农民增收机制和利益共享机制，形成了产业融合发展的潜在驱动力和现实冲击力。农地流转建基地获得地租，在茶企（基地）务工获得工资；按市场价收购鲜叶（现金），还领取 15% 的补贴；鼓励茶叶种植合作社参股，享受股权分红。例如，湘丰茶业公司流转土地建立基地 0.4 万公顷，吸纳就业 1200 多人，人均年收入 3.5 万元；带动茶农 500 多户，发放鲜叶补贴 80 多万元；吸引合作社参股资金 200 万元，股权分红 16 万元；公司利用茶叶生产基地发展休闲旅游，带动服务业，"百里茶廊"旅游经营收入突破 2000 万元。

三、农村产业融合发展模式：基于融合方式的划分

农村三产融合方式的划分主要根据三次产业的相对地位和相互组合方式。从产业链维度分析，将农村三产融合发展模式概括为"六向融合"：农业内部融合型（内向）、产业链延伸型（纵向）、功能拓展型（横向）、新技术渗透型（逆向）、多业态复合型（多向）和产城融合型（万向）等。

（一）农业内部融合模式

农业产业体系的纵向深化过程，是围绕农产品价值创造和实现全过程的三次产业之间的融合渗透而形成的微观、中观和宏观意义上的农业产业链的构建、整合和延伸过程（席晓丽，2008）。①推行种植与林牧渔内部交叉重组，催生"林下养鸡""稻田养鱼（虾、蟹）""鸭稻共生"等业态。南县从2004年开始探索"稻虾生态种养"模式，稻虾共生，环保与创收并行。2018年，南县"稻虾共生"种养总面积4万公顷，年产小龙虾8万吨，实现综合产值100多亿元。小龙虾产品畅销40多个国家和地区，南县成为全国小龙虾交易中心之一。②结合循环经济产业体系构建推进农村三产融合发展。循环经济是产业融合发展的高级形态，按照两型农业发展要求，鼓励开展农副产物循环高值梯次利用。推行"3R"的绿色生产方式。优化农林牧副渔之间的生态结构，实现空间整合、资源互补、生产增效、价值提升。核心是以循环经济为导向优化种养结构，发展高效绿色农业。实现"三品一标"农产品比例高，农业废弃物综合利用率高，综合效益高，循环农业、生态农业发展形成规模，具有较高的知名度和影响力。全方位开发农业的"三生"等功能，形成循环经济产业体系。

（二）产业链延伸型的全产业链融合模式

全产业链融合模式就是将全产业链、全价值链等现代产业运营方式导入农业，农业与加工流通融合，推动新兴优势产业链的补链、延链、强链。以优势产业为中心，延伸产业链、开发多功能、发展新业态，建立现代农业的产业体系。构建新型农业经营体系，提高农产品供给的有效性，让农民分享产业融合红利。关键是新型农业经营主体围绕种养环节，以加工为纽带，以服务为引领，向上游的种、肥、饲等前伸，向下游的初加工、精深加工、营销等后延，构建集产加销一体，从育种到田头、田头到餐桌的纵向全产业链。健全现代农产品市场体系，创新农产品流通和销售模式，加快推进市场流通体系与储运加工布局的有机衔接。

（1）农内强势产业聚焦型。找准比较优势，通过深挖主导产业增值潜力，促进农业产业链前延后伸，形成产加销一体化的生产经营格局。做强主导产业，提升科技贡献率和农民组织化程度，形成具有全球竞争力的强势产业。荷兰发展强势产业聚焦型的产业融合模式值得我们借鉴。荷兰立足国情，实行"大进大出"的产业战略和国际贸易政策，大量进口土地密集型产品，优先发展高附加值的设施农业、园艺、畜牧等技术密集型产业。据统计，荷兰温室总面积约占全球的1/4，农产品出口量居世界前列，花卉占国际出口市场的70%。建立农科教协同系统，提高农业科技水平。建设"充满活力的农村"工程，积极推进组织创新，涉及采购、信用、销售、服务、消费等各环节。注重农业生产功能、农业多样性以及生态环境保护，更好地服务"三生"。

（2）产业交叉融合型。以乡村资源为中心创造附加值，实现三产业交融发展，"接二连三"，推动纵向一体化经营，积极鼓励横向一体化，促进产业链紧密结合，形成具有特色产业体系。

第一，"1＋"融合模式。以第一产业为主导的产业融合模式，以农为本，以强农为要义，以产业融合发展为形式，建设现代农业三个体系推进农村三产融合发展。产业重组是实现产业融合的重要手段和方式。第一产业内部的子产业之间，通过生物链重新整合，融合成生态农业等新的产业形态。

"1＋2"融合模式。利用工业工程技术、设施装备等改造传统农业，采用机械化、自动化、智能化的管理方式发展高效农业。精深加工和循环利用，产销研产业链的延伸。类工业模式发展"农业＋"，培育产业融合大型企业，形成产业集群。根据产业链延伸方向，产业链延伸型融合具体分为两种：顺向融合产业链延伸和逆向融合产业链延伸。顺向融合方式就是以农业为基础延伸农业产业链，向农产品加工业或农村服务业顺向融合，如兴建农产品产地加工业、建立农产品直销店等，甚至直接形成链接农业生产、消费一体化的农业全产业链发展模式（姜长云，2016）。家庭农场、合作社和龙头企业逐渐形成农业产业链的科技开发能力，并构建农业产业链和价值链。"1＋2"和"1＋3"融合模式属于顺向融合。

例如，临武县舜华鸭业就是典型的顺向产业链延伸的成功案例。舜华鸭业以种养为基础，通过实施"公司＋协会＋农场"的标准化养殖模式和"公司＋合作社＋农户"的种植模式，建成大型规模养殖农场236个。通过产业链顺向延伸，打造了现代化的加工厂5座，涵盖"舜华"牌临武鸭、东江鱼、湘西牛、端午粽四大品系200多款产品。舜华牌直销店达到2.8万个，实现了产业的增值。集种养、加工、商贸一体化的纵向产业链条，保障龙头企业对原材料的控制，确保品质安全，有较强的成本优势和风险抵抗能力，形成了以商哺工、以工哺农的良好产业生态。

"1＋3"融合模式。是服务业向农业渗透，基于农业基本生产功能，利用生态环境、自然风景区等原生优质资源，直接推动观光、科普、体验、度假等服务业的发展，拓展农业功能实现三产的融合。有些地方把发展有机种养同发展餐饮经济结合起来，形成前餐后种、前餐后养的发展路径。例如，涟源桥头河博盛集团是集生产、观光、旅游、休闲、住宿于一体的现代化庄园，实现了奶牛养殖、鲜奶加工、畜粪综合利用与还田、有机蔬菜生产、农业休闲观光的有机整合与生态循环，促进了产业融合和农业价值提升。

"1+2+3"融合模式。这是多产业交叉、多业态共存的复合模式。农业为基础和原动力，农村三产联合开发生态休闲、旅游观光、文化传承、教育体验等多种功能，使三次产业形成交叉融合的发展格局。

例如，靖州杨梅产业融合模式。一是通过"杨梅生产+杨梅加工+杨梅酒公园（观光资源化）"的深度融合，除杨梅初级加工外，还衍生出杨梅酒等诸多延伸产品，通过生产、加工、观光之间的连接，增加了农民收入。以农业生产这个第一产业为中心，发展农产品加工，开发特色产品等第二产业，再加上直销店、餐饮店、住宿、观光等第三产业，打造了一条"生产+加工+销售"的服务链，让很多产区变景区，田园变公园，产品变礼品，促进三次产业相互联动、深度融合。既能延伸农业生产的产业链，又增加了农业附加值，还能创造更多就业岗位。二是"地产地销"有利于保持农产品的新鲜度，又能节约运输费用，减少不必要的损耗。三是围绕消费者组织生产、加工与流通，顺势开发农业多种功能，发展以观光、采摘为主的乡村休闲旅游，把加工品直接卖给消费者和观光客，同时发展餐饮、住宿，通过农业相关产业联动集聚，延长产业链、提升价值链、拓宽增收链，开发农业多种功能，拥抱"互联网+"等新技术、新理念，实现多业态融合发展。

第二，"2+"融合模式。以第二产业加工为主导的产业融合发展模式。以第二产业高质量发展为重点，以第一产业、第三产业"双肩挑"为形式，向上以第一产业的原材料供给为基础，向下需要配套性和支持性服务业。延长产业链、提升价值链、完善供应链，优化增收链。发展农产品加工业，使产业链、价值链呈现前延后伸融合发展态势，延长产业链价值链增收链。农产品加工业是连接工农、沟通城乡的产业，前延后伸融合发展标准化原料基地，并借助基地发展休闲农业、流通业和餐饮业。

"2+1"融合模式。这是一种逆向融合方式，主要是依靠农产品加工或企业延伸农业产业链，建设高品质、生态、高效、安全、高产的农业原料基地，实现农村逆向产业整合。这种产业链延伸是对农产品加工企业或流通企业提供稳定、质量安全的原料保护，建立质量安全保障体系的全过程（姜长云，2016）。结合农业产业链的逆向延伸，既深化了农业产业链的改革，也丰富了农业产业链的内涵。一些超市或大型农产品供应商，结合产业链的逆向延伸，形成自己的品牌，创新经营模式，更好地凝聚、发现、引导甚至刺激消费需求，通过生产向消费导向转型，促进农业价值链的升级。

例如，长沙县金井茶厂，位于长沙县"百里茶廊"核心区域。建设了金井茶园、加工车厂等现代农业基地。通过生产其高品质、生态、安全茶叶和加工其茶叶，形成品牌，实现农业产业链逆向融合。建立了全链条的茶叶产业发展和茶农增收机制。金井茶厂流转土地自建基地，农民获得租金收入，并可在茶厂（基地）务工获得工资；对提供茶源的茶农除按市场价收购鲜叶外，还给予15%的补贴；同时，鼓励茶叶种植合作社参股，享受股权分红。长沙县湘丰茶业公司流转土地建立基地5.5万亩，1200多人在企业（基地）就业，人均年收入3.5万元；带动茶农500多户，发放鲜叶补贴80多万元；吸引合作社参股资金200万元，股权分红16万元；公司还利用茶叶生产基地发展休闲旅游，带动周边农户从事相关服务业，2016年，长沙县"百里茶廊"旅游经营收入突破2000万元。

"2+3"模式属于顺向融合产业链延伸模式。以加工集聚地为核心，以龙头企业为引领，辐射带动周边区域和上下游经营主体共同发展，形成了全链条、全循环、高质量、高效益的产业集群。第二产业向第三产业拓展的工业旅游业，将农产品加工品遗产化、文化化、体验化、品牌化。例如，建设农产品加工基地文化创意农园、特色工艺培训基地、有机食品主题园区等。以工业生产过程、工厂风貌、产品展示为主要内容开发的旅游活动，或以第三产业的文创活动带动加工。

第三，"3+"融合模式。以第三产业为主导的产业融合发展模式，运用"农业+旅游""农业+大数据""农业+创意""农业+商业"等模式，构建泛旅游产业主导的、以消费聚集为引导、以文化创意重塑农业价值，电商物流服务产业链的三产融合体系。

例如，旅游引导的消费带动融合模式，通过旅游活动、购物消费及服务体验的旅游主导融合模式。带动第一产业、第二产业的科技化、原产地化和小规模定制化发展，实现就地体验式消费；带动泛旅游产业主导的休闲农业旅游、田园康养基地、乡村民宿、农业观光园、市民农庄、共享农庄、乡村度假综合体；带动商贸物流，形成乡村电商产业园、农产品商贸产业园、农产品物流基地等"四新"。

例如，以文化创意为核心的带动模式，以文化创意为核心，通过文创农产品种植、农产加工品的文创包装与加工以及文创体验活动及节庆的导入，构建三产融合。依托于丰富的农耕文化、重塑农业价值；可拓展产业功能，衍生出休闲农业、主题农业、创意农业、民俗节庆、文创品牌等创新业态及产品。需要科技主导的国家现代农业庄园、现代农业产业园、高科技农业示范区、智慧农园等。

以电商物流为引领的服务带动模式，以物流配送为核心，带动农产品的规模化生产、销售、服务以及加工企业的聚集和联动，构建完善的产业链体系。借助云计算、互联网、O2O 模式等科技手段，形成电商示范区、农产品批发市场等市场主体，建设综合信息服务、产销一体化、商务智能、高效物流配送等综合性服务平台，实现基于互联网及物流配送的三产融合发展。

（三）功能拓展型

多功能拓展的产业融合模式是农业功能转型和业态创新的产物，主要形成农村三次产业"交叉融合"的发展格局。用经营文化、经营社区的理念，利用食物链、生态链关系和循环经济、生态经济的原理，拓展产业功能边界，促进农业与文化、教育、旅游、康养、餐饮等产业融合，构建融合生产、生活、体验和生态功能的多功能农业产业体系，农村产业的发展形态日益多元，空间日益扩大，实现产业链、价值链和利益链耦合，农村三产融合增加了供给结构的灵活性和适应性，完善产业链与利益联结机制（黄祖辉，2016）。以农业为依托，集工业、旅游、创意、研发、商贸、储运、地产、娱乐、会展、博览等三种以上的相关产业于一体，形成多功能、复合型、创新性产业综合体，增加农业发展的增值环节和空间，激活农业"三生"功能，赋予农业环保、科技、教育、文化、体验等内涵，转型提升农业的生产功能和经济价值。

例如，浏阳市岳荷农业是一家涉农民营企业，基地占地 2000 多亩，按照多功能开发、多产业融合的整体思路，立足田园风光优势、农耕文化底蕴、乡村旅游景色，开发休闲观光、农事体验、农家餐饮等乡村旅游休闲产品，推进农业与旅游、教育、文化等产业的深度融合。按照"公司＋基地＋农户"的经营模式，以荷花为主题，集种养、观光、加工、销售为一体，是农旅融合发展的典范，正在努力实现休闲农业与精准扶贫精准脱贫、美丽乡村建设、田园综合体建设等有机衔接。公司对基地采用种莲套养模式，在莲田里套养鱼、泥鳅和小龙虾等，综合经济效益良好。2017 年，该公司产值 280 万元，纯利润 50 万元。建成了标准化种养结合区、休闲观光区和莲藕采摘区，形成了种养结合的新颖模式，将科技元素向整个产业全方位的渗透，有利于实现产业融合与产业协调发展。

（四）新技术渗透型的技术主导模式

产业融合是建立在科技发展并不断融合基础之上的新型产业革命，是一种突破传统范式的产业创新。产业融合推动产业结构高级化主要是通过技术改造传统产业来实现的。技术融合是产业间分工在农村内部化的初级阶段，通过信息技术、商业模式创新向农业领域渗透、扩散，充分发挥科技在各环节的渗透、凝聚和组合作用，促进农业综合价值逐步提升，推进产业融合发展。引发三次产业串联融合，在农村催生新产业、新业态、新模式。技术密集或信息化程度高，促进农产品生产、交易和农业融资方式的先进化。例如，新技术在农业中的应用产生的涉农电子商务、农业互联网金融、智慧农业等项目。以基因工程为核心，发酵工程、细胞工程以及蛋白质工程的发展构成了现代生物技术综合性技术体系。农作物生物技术最为迅速，全球转基因作物种植面积持续增加。

要以转变发展方式、调整优化结构、提高质量效益为主线，推动要素驱动向创新驱动转变，更加注重改革创新、质量安全、资源环境和集约发展，促进农业供给转型升级，实现农业渗透性融合发展。推动业态升级、产品升级、模式升级、产业链整体升级。种植、品种优化等技术应用到农业生产，提高科技含量和新产品的研发，提高农民的整体技术素质；依托加工技术和工业装备，提高标准化加工水平和效率。互联网把三次产业联系起来产生了新的分工配合，促进农业与信息产业融合，综合运用"三智"（智慧、智力、智能）等要素资源，把"两网"（互联网、物联网）等现代技术，在土壤改造、良种良法、设施农业、现代营销等方面应用新技术，发展信息化农业、智能农业、创意农业、定制农业、农产品电商等新型业态，催生农业物联网、在线农业、数字农业、直播农业、抖音农业等，把产业融合发展提升到新层次，释放产业发展的乘数效应（姜晶，2018）。

（五）多业态复合型

农村三产融合并非是产业简单进行叠加与合并，而是通过对产业链的再挖掘与重塑，将新产业、新业态注入到传统产业里，赋予其新意。新发展观、新经营理念、新管理模式以及新生产方式，催生出标准化农业与农产品加工业、休闲农业、生态农业、数字化农业等新的农业形态。产业渗透、产业交叉和产业重组是产业融合的三种方式。这三种方式的形成过程都会出现新的产业形态。以农业为基础，以产业之间多个方向融合渗透和交叉重组为路径，新产业"基因"融合，纵向延伸、横向拓展、反向渗透，形成交叉重组的融合类型。

（1）"农业＋互联网"型融合。大力实施"互联网＋现代农业"，以"互联网＋"现代农业经营理念为依托，鼓励农业生产、经营、管理、服务等各类主体，探索发展农村电子商务、网络配送、综合服务、农业众筹等农业新业态（张绍生，2018）。通过电商和农业生产、加工、流通有机结合，形成线路驱动、电商推动实体经济发展的格局，形成电商平台或"互联网＋"促进农业基础发展格局的特点。农业农村部和财政部联合印发了实施意见，将"互联网＋现代农业"等作为推广 PPP 的六大重点领域，并安排资金支持创建国家现代农业产业园。人民银行支持涉农企业通过债务融资工具进行直接融资。保监推广小额贷款保障保险、农业保险保单质押等保险增信模式，低成本盘活农户资产。例如岳阳经开区建设电商平台，以"互联网＋"特色农产品，品牌效应已经逐步形成，发展前景乐观。

（2）田园综合体建设模式。以田园风光为依托，充分挖掘地域文化和特色民俗等，发展"农业＋旅游"旅游农业性质，推广农业生态休闲旅游、文科教等价值观，扩大农业发展空间。发展休闲农业和乡村旅游等产业形态，赋予农业文化、生态功能、环保、文科教等内涵，开发休闲观光、农事体验、农家餐饮等产品，推进农业与旅游、教育、文化等产业的深度融合。以循环经济发展和生态经济为原则，充分利用工业、生产链和生态链关系，重组农村三次产业关系，促进资源节约型、集约型和可持续性发展，推动农业生产转型升级。

例如，韶山市休闲农业综合体模式。一是加快推进工业、农业和旅游业的融合发展。"旅游业＋食品加工业"，带动工农互补。依托肉食品加工等优势企业和工业旅游示范点，加快食品工业园、文化创意产业园等建设；强化食品加工联盟，鼓励优势产业抱团，扩大产业规模和市场占有率，积极开拓国际市场；加大扶持和服务力度，促进企业科技创新，助力其降低经营成本。二是"旅游＋农业"推进结构调整。开发乡村旅游产品，建设农业示范园，促进现代农业与文化旅游融合发展。加快土地流转，建设一批乡村休闲旅游示范点，推进银田现代农业示范园、华润现代农业示范园、御谷生态农业园等项目建设。三是"旅游＋服务"完善产业链条。围绕服务游客，推进"双创"，以电商进村为突破，发展"互联网＋"、信息消费等新业态；发展养生养老、医疗保健、体育休闲、文化创意等现代服务业。四是建设休闲农业旅游基地。推进生态观光农业带建设，形成四季种植景观，扶持韶之红、盛德园、韶山杜鹃园、华润五丰等现代农业示范基地建设。

（3）"全域旅游"的产业融合模式。一是"基地＋景点＋产业"融合模式，新化县大力发展其特色产业，以特色产业来发展旅游景观、以旅游景观来吸引游客、以游客的增长带动产业的发展。同时，积极建设农产品加工产业群，使开发的农产品向旅游商品转型。二是通过旅游带动县域经济发展的模式。创建县城文化休闲中心，创建等级景区，打造特色旅游乡镇，推进美丽农村建设等，都以"全域旅游"为中心，发展各种旅游产业，来推动农村三产融合发展。

（4）美丽乡村带动的农村产业融合发展模式。把农业发展和农村治理相结合，将农村三产融合发展与美丽乡村建设有机结合，引导农村二三产业向县城、重点乡镇及产业园区等集中。围绕美丽乡村建设，发挥农村绿水青山、田园风光、乡土文化等资源优势，发展一批特色产业，吸引城里人到乡村旅游。推进农业与旅游、文教、康养等产业深度融合，发展农业新业态，使之成为繁荣农村、富裕农民的新兴支柱产业，提升农业的附加值，扩大农业产业空间。浏阳市古港镇梅田湖村率先创建全域美丽乡村，将农业与休闲旅游融合，打造观光休闲农业。通过在松山屋场种植连片的油菜花，吸引许多游客来观光旅游，日最高游客达 7000 人次。乡村旅游热潮的兴起，带动了村民经营的农家乐生意，提高了农产品销量。

（六）产业集聚融合模式和产城融合型

农村产业集聚型融合模式是农村三次产业在地域空间上高度集聚、叠合和网络化发展的结果。以农业产业化集群或产业区为基础，形成农村三次产业空间重叠、群集集群和网络发展形式。积累了土地、资金、科技、人员等生产因素，建立农业集聚平台，形成产业集聚，提高生产效率、交易效率和创新效率，扩大规模效应和品牌效应。农业产业化集群发展到一定层次后，会形成以农业产业化龙头企业为首的发展格局。在农业产业园、加工产业园、物流配送园和特色村镇等引进社区和城镇元素，催生特色小镇、农业产业强镇、美丽乡村、田园综合体等类型有利于，强化农业园区的要素集聚定位。通过产业集群实现，联农带农方式相对松散。企业负责农业园区的规划、建设和运营，招募企业入驻并提供配套服务，建设区域全产业链，实现企业集聚、产业集群。未来究竟是走乡村小镇、特色小镇的道路，还是发展田园综合体，抑或是其他，仍需要综合设计与规划。最核心的是要让城市的资源往乡村流动，把乡村的公共品服务提升起来，缩小与城市的差距。

（1）农业产业园。农业产业园区是以具有优势和特点的农产品种植基地（产业带）为支持，重点培育加工储藏、生产销售、休闲参观、科普展会、养生度假等优势产业，助力农业产业融合（姜晶，2018）。一是园区内首尾相连融合。围绕农产品加工企业，吸引研发、仓储、物流、信息等配套服务企业入驻，在加工环节上实现不同层次的首尾相连、上下游衔接，前向有集中连片的原料基地，后向有健全的物流配送和市场营销体系，相关企业以产业链为核心，形成抱团发展格局。二是区域产业间链接融合。加强各产业组织的联合协调，加强社社联合、社场联合、社企联合，围绕特色产业，订单关系、契约关系固定、深化产业间龙头企业、农户与合作社的合作、联合与整合，三次产业的相关产业组织通过空间集聚，形成集群化、网络化发展格局，形成特色优势区域品牌，真正将农业增值收益留在农民手里。三是农产品加工企业、农产品及农资流通企业、涉农服务企业等高度分工、密切协作、网络链接、有机融合的农村社会经济空间，往往集约化程度较高、经济效益较好、对农产品原料基地建设和农民增收的辐射带动作用强劲。例如，湘潭市在国家现代农业示范区建设上，实行项目集成投放，注重连片推进、综合示范、打造亮点，蓄积现代农业发展动能。集中将基础设施和产业发展投资项目投放到10个现代农业综合示范、加工物流园和10个现代农业产业示范片中，确保产业集聚型融合取得实质性进展。园区对资金、人流、交易流、信息流、技术流的集聚作用和对三产的融合效应日益显现出来。

（2）农业产业强镇和特色小镇。乡镇是乡村的中心，是农村资源要素交换的关键节点，也是公共服务的主要供给者，还是乡村治理的重要环节。乡镇是乡村治理的中心、农村的服务中心和乡村的经济中心。城镇和乡村是互促互进、共生共存的。能否处理好城乡关系，关乎社会主义现代化建设全局。实施乡村振兴战略，是在深刻认识城乡关系、变化趋势和城乡发展规律的基础上提出的重大战略。以完善产权制度和要素市场化配置为重点，以城乡产业协同发展作为支撑平台，用科技改造传统农业农村，用工业延长农业产业链条，用互联网产业等服务业丰富农村产业业态（张晓欢，2019）。打通城乡要素自由流动制度性通道，搭建城乡产业协同发展平台及创建城乡融合。

加强特色产业小镇建设，目标是建设农村产业融合发展样板、资源要素聚集区、县域经济增长极、城乡融合连接器、宜业宜居幸福地、乡村振兴样板田（曹孟力，2019）。坚持"四严"（严防举债风险、严控房地产化倾向、严格集约用地、严守生态红线）标准，走"小而精、特而专"的发展之路。要坚持产业特色、"三生"融合、规范发展和市场主导的原则。优化小镇总体规划，明确产业转型升级、市场化建设运营的总体思路，规划空间布局，构建宜居宜业新空间。加快主导产业转型升级培育发展新动能。注重产业融合与富民、环保相结合，实现产业特而精、功能聚而合、形态小而美、机制新而活。推动农村新型社区和产业园区的建设同步推进、一体规划。培育专业特色小城镇，加强城乡产业间的衔接和配套，让城乡选择最适合的产业并加强合作、互促共进。通过农村产业融合与新型城镇化、乡村振兴联动，促进农村产业在重点乡镇及园区等集聚，带动人口集聚和城镇建设，培育专业特色小城镇，推动城乡产业一体化发展格局。

（3）产城融合发展。产城融合发展是农村三产融合发展的一种特殊模式，其理想思路是，让乡村更美丽并提供城镇化的生活品质，居住趋向集中化、村镇化，城乡差距缩小。借鉴德国"城乡等值"发展战略和理念，城乡基础设施非常完善，公共品服务均等化，城乡容纳人口相似，且收入和生活品质同质（郑凤田，2016）。达到"城乡融合，城中有乡，乡中有城，城乡一样美、一样便利"的发展格局。①发展新型城镇化，推进产城融合发展。实现与城镇产业协同发展、城乡错位发展、城乡均衡发展。有序调整农村产业布局，引导农村二三产业向县城、重点乡镇及产业园区等集中，创建一批"三化一体"（标准化原料基地、集约化加工园区、体系化物流配送和营销体系）和"三区"（园区、农区、镇或城区）互动的融合发展先导区。②设立国家城乡融合发展试验区，支持制度改革和政策安排率先落地，创建国家农村产业融合发展示范园。按照"融合特色鲜明、产业集聚发展、利益联结紧密、配套服务完善、组织管理高效、示范作用显著"的标准，围绕六种融合类型来创建，实现多模式融合、多类型示范。

第三节　农村三产融合发展价值重构和模式创新

一、模式选择：产业融合的价值重构效应和利益联动

（一）农村产业融合的价值重构效应

根据价值链和价格网络理论，产业融合具有价值重构效应（Wirtz，2001；Pil，Holweg，2006；Saxtoft，2008）。农村产业融合是指产业链相通基础上的价值链相乘和供应链相融。价值链相乘最终产品价值的乘数效应，供应链相融带来流通成本进而增大产品利润空间。农村产业融合能够"价值链＋产业形态整合"，在农业产业化的基础上衍生和发展出多种新业态，价值优化重构链条实现价值增值，或者分工基础上的融合，要"让专业的人做专业的事"，专业化分工合作（"接二连三"或者"接三带二"）是能够节约交易成本，创建"利益共享、风险共担"的机制，带来价值增值。或者拓展农业多功能，例如打造融合"三

生"功能的新型产业形态和消费业态，实现多种价值或者价值提升。

（二）农村产业融合发展中利益联结原理

（1）利益联结机制的地位和作用。农村三产融合的显著特征和宗旨是联农带农，让农民分享更多增值收益，其关键是能否建立让各融合主体满意的产业链利益联结机制。构建利益共同体是产业融合发展的特点，把提能增收作为检验产业融合成果的重要标尺。利益联结模式与分配方式有对应关系。公平合理的利益分配机制是利益共同体稳定的核心。利益联结是指经营主体在生产经营中对其他主体利益造成影响的经济行为。利益联结机制是利益主体间相互联系、相互作用的关系及其调节功能，包括利益创造、利益分配、利益保障、利益调节和利益约束五个机制（见图7.2）。不同利益主体收益合理划分，离不开保证收益合理归属与运用的制度性安排、利益分配发挥促成利益主体进行合作的激励效应。一个稳定、紧密的利益联结机制，需要五个机制的有机协调、共同作用。

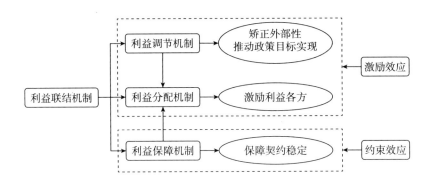

图 7.2　利益联结机制的构成和制度功能

利益创造是产生后续利益关系的基础，剩余分配序列上的最后剩余（组织创造的合作剩余），是主体进行利益分配的基本前提与内容。

利益分配机制是利益联结机制的核心内容，是激励利益各方进行长期合作的关键，包括利益的形成、运行和调整。完善的利益分配机制能有效推进农业产业结构调整与农业供给侧改革，有效提高农业的比较效益。

利益保障与约束机制是约束利益主体维护合作关系的制度性安排，能够约束主体行为，保障契约关系的稳定性，是维护利益分配机制稳定运行的基础，起到重要的利益约束与调节功能，有利于增强利益分配关系的稳定性。构建利益保障与约束机制，也是政府作用的重要环节。

利益调节机制是政府参与调节收益分配关系的制度性安排，具有政府矫正外部性与实现政策目标的作用。在市场机制充分成熟的条件下，初次分配能实现利益有效分配。但是市场失灵领域需要"看得见的手"，提高市场效率和增进社会公平；为保障特定方利益的情境，政府也有必要采取措施引导利益分配。

利益联结机制的不同决定了组织形成与发展模式的不同。一般而言，从联结的标的物上分类，有服务联结、销售行为联结、产权联结、返利联结等。基于不同的利益联结形式和多样化利益分配模式，可提升利益主体互信程度。龙头企业（合作社）等主体与农民（村）的利益联结形式不同，政府参与利益联结机制建设的作用边界和重点也有所不同。对农村三产融合而言，基于"收益捆绑"形成的利益联结机制，到基于"组织创新"形成的组织联结机制，基于"服务叠加"形成的服务联结方式，再到基于"产业融合"形成的产业联结方式，紧密程度逐级递增。可以完善利益联结机制，可促进产业链、供应链、价值链整合和薄弱环节治理，提升产业融合的整体水平和发展质量；让小农户同步受益、同步提升、同步进步，释放融合效应和"三农"叠加效应。

（2）优化利益联结机制的关键。在利益联结机制的选择上只有适合与否。在不同的行业、区域、阶段和利益诉求下，各种利益联结模式都有发展空间，不仅在于利益联结的紧密程度，关键在于稳定和有效：①包括组织创新和分工体系的治理体系是基础。组织载体是利益联结的构成层面，分配效率受到参与主体的投入的产权安排、治理结构的直接影响。实现多元主体良好有序的分工协作是前提，选择合适的联合体组织形式是关键，搭建要素共享机制（有形资产融合、技术服务共享、平台品牌共创、知识信息共享）与利益共享机制的平台是支点，扩大机会、创造价值增值是手段，形成分工协作、优势互补、增强参与融合的能力、分享融合的成果的治理结构。②激励相容机制是纽带。构建更加稳定高效的利益联结机制的关键，是谁掌握利益分配控制权和分配形式、内容的合理性。农业产业链主体既有共同利益，同时面临个体利益，必然会产生"囚徒困境"。需要构建起激励相容机制，要求在公平程度和承担能力基础上，解决矛盾冲突，协调共同目标（兰勇，2017），激发主体参与主动性、积极性和创造性，形成互惠共赢、风险共担的新格局。③确定政府和市场的行为边界。利益联结关系的形成及紧密程度，一般是由市场主体通过平等协商确定，要以效率为导向，是市场竞争选择的结果。但是，涉及的利益主体更加多元、利益关系更加多样，一些利益协调超出了纯粹市场决定的范畴。因此，需要确定政府和市场的行为边界。

（3）紧密的利益联结机制的形成机理。①契约关系稳定化，实现主体间"外部交易内部化"；借助规模需求优势和品质供给优势，提升要素、产品两个市场的议价权和市场地位，契约降低交易成本，以两个市场优势提升利润链。②联结机制合理化，就是在合理利益创造基础上，实现管理视角的利益控制和分配视角的利益返还（邵科，2013）。作为关键点的利益控制，农民力求掌控组织话语权和合作主动权。将农户可获得的合理的可分配盈余（利益返还）作为落脚点。③激励约束机制有效化。按照行为学的激励约束理论，利益联结关系紧密程度取决于是否有吸引的激励效应，以及能维系合作稳定的约束效应。激励效应是诱发利益主体行为的直接诱导因素，约束效应是迫使利益主体遵守行为规范的制度安排。④服务内容（采购、信贷服务等）宽化。利益联结机制中主要生产要素按合同约定等方式稳定收购产品，围绕产业链环节提供生产技术指导和培训、疫病防治等服务，提供农资农药、仓储运输、农机作业等服务，甚至还联合银行、保险公司、资金互助社等解决融资和保险等难题。

（三）农村产业融合发展模式的重组理想和共同体生命力

农村产业融合发展以农业为基本依托，通过产业联动、产业集聚、技术渗透、体制创新等方式，将资本、技术及资源要素进行跨界集约化配置，形成产业融合共同体，利益命运共同体和农业多功能共同体。

（1）加快农业结构调整，围绕主导产业和完整产业链，形成产业融合共同体。现代农业的竞争更多的是产业链竞争。只有基于全产业链的发展视角，深刻理解和探寻农村产业革命的内在逻辑规律，找准农村产业革命的重点、难度和突破点，努力构建三产融合的现代农业产业体系，才能从根本上激活农村发展活力和内生动力，最大限度地释放农业农村改革的制度红利（陈坚，2017）。以农牧结合、农林结合、循环发展为导向，加快农业结构调整，促进粮食、经济作物、饲草料三元种植结构协调发展，发展种养结合循环农业和农林复合经营。发展农业生产性服务业，延伸农业产业链。支持农产品深加工发展，健全农产品产地营销体系，促进特色优势产业以及农村服务业发展，推动区域产业间链接融合。

（2）推进经营主体契约融合、共同发展，打造利益共同体和命运共同体。培育多元化产业融合主体，激发产业融合活力。在新型农业经营主体培育和农业社会化服务体系上多做文章，探讨它们在农村产业融合中更好地发挥作用的路径。加强产业组织的联合协调，深化经营主体的合作、联合与整合，实现经营主体与农户的互利共赢。通过专业大户和家庭农场主导的融合模式形成农村产业融合的基础力量。发展合作社联合的模式，加强社社联合、社场联合、社企联合，形成三产融合发展的合作态势。支持龙头企业和领军企业通过直接投资、参股经营、签订长期供销合同等方式深度融合，带动农户和合作社发展。培育具有竞争力的大型现代农业企业集团，示范带动农村产业融合发展。积极探索各种融合模式，发展"公司＋基地＋合作社＋农户"模式，让农民参与三产融合发展全过程。将集中连片的原料基地、加工园区和物流配送基地链接在一起，发展区域性三产融合互动示范区。引导行业协会和产业联盟发展，加强产业链整合和供应链管理。围绕股份合作、合作制、股份制等组织形式和订单合同、服务协作、流转聘用等利益联结模式，建立产权清晰、利益直接、风险共担的利益命运共同体。利益命运共同体高度重视业务模式创新、重视品牌化、电商化、渠道关系的互动化和渠道利益的共同化。选择股份合作制，这不但是利益共同体，而且是命运共同体。

（3）三产融合的模式创新、技术创新和业态创新，建设农业多功能共同体。探索有益的利益联结机制，创新组织载体和融合模式，构建融合发展的长效机制。重点扶持龙头企业领办专业合作社，发展社会化服务组织，壮大村级集体经济实力。鼓励发展股份合作等较好的利益共享模式，创新订单农业生产模式，建立利益共享、风险共担的产销机制。推动技术创新，加强融合发展科技创新推广。组织开展重大技术装备难题攻关，应用新产品、创造新需求和新市场，为农业产业链的延伸和产业范围拓展提供更多可实现的技术条件；加快推进标准化体系建设。继续完善落实科技特派员制度，加强农业技术指导和农业科技服务。探索农业专业合作社推广新成果的途径和办法。促进资源要素向农业渗透融合，助推新业态。实施"互联网＋现代农业"行动，建立乡镇电商网点，推动科技、人文等元素融入农业，以农耕文化为魂，以美丽田园为韵律，以生态农业为基，以创新创意为径，拓展农业多种功能，发展新技术、新业态、新模式，积极探索有利于促进三产融合的新业态和消费业态。加强统筹规划，拓展农业多种功能。构建彰显地域特色、体现乡村气息、承载乡村价值、适应现代需要的乡村产业体系。

（4）以现代农业园区为载体，产城融合发展建设产业融合发展先导区。将三产融合发展与县域园区、新型城镇化、美丽乡村建设有机结合，加快产业融合发展载体建设，引导农村二三产业集中。着力推进新型城镇化，引导产业集聚发展。加强农村产业融合发展与城乡规划、土地利用总体规划有效衔接，优化县域空间发展布局和功能定位，探索农村产业融合发展与新型城镇化相结合的有效途径，推进产城融合发展。创建农业产业化示范基地和现代农业示范区，完善配套服务体系，形成农产品集散中心、物流配送中心和展销中心。培育专业特色小城镇，把产业发展作为强力支撑，实现产业发展和人口集聚相互促进、融合发展。

打造产业集群实现降低成本、抱团发展、提质增效和转型升级，形成产业融合集群，建立以农村三产融合发展方式推进小城镇发展战略，共促产城融合和新型城镇化发展。发展社会化农业是构建城乡融合的共享经济的新领域，制定新政策推动"市民下乡"参与乡村振兴，有利于形成多元社会群体互动的良性治理体系（温铁军，2019）。以县域园区为载体，要高起点、高标准、高水平创建一批融标准化原料基地、集约化加工园区、体系化物流配送市场营销网络"三化一体"，并与推进新型城镇化、新农村建设结合实现镇（城）区、园区、农区"三区互动"的农村产业融合发展先导区。着力打造优质农副产品供应基地，深入推进农业标准化示范县、示范基地建设，建设一批绿色有机食品示范基地、国家级和省级农业科技园区和国家农业高新技术产业示范区。

二、农村三产融合发展的模式创新

2017 年，国家发展改革委编制印发的《农村一二三产业融合发展典型案例汇编》中强调，需要不断创新融合模式，首先要充分认清地区农业基础、农业组织化程度、农业经营主体等相关情况，具体情况具体分析。要根据不同产业和不同方式的特点来评判，不能一概而论。

（一）湖南结合功能分区的融合发展模式

尊重地区差异，促进区域协调发展。农村不同地区的资源禀赋和乡村面貌差异大，生态多样。三产融合不是"标准化作业"，要充分尊重地区发展差异，重视生态差异、历史文化差异、产业发展条件差异。根据湖南不同区域、不同生态环境、不同社会经济条件和不同产业特点，结合优势特色农产品产业，充分考虑各地实际情况。按洞庭湖区、湘南丘陵区、湘西山区、长株潭区 4 个基本示范区进行建设布局，分区建设示范工程是开展产业融合不同的载体。①长株潭地区在区域范围内起到示范领先地位。应发展农业信息以及物流服务等产业，以高科技园为载体，建设特色产业基地，率先推进农业高新技术产业向集群化高端发展。主攻三网（猪网、种网、米网）融合发展模式，选择基础扎实、前景好的县发展智慧农业。②洞庭湖地区应重点发展粮油、水产品、棉麻等深精加工，注重水生资源的综合开发和利用研究，大力发展水域绿色养殖产业。选择现代农业物联网促农村三产融合发展的模式。③湘南丘陵区，形成了适合发展垂直农业以及特色经济作物的发展。延季蔬菜、龙牙百合、黄花菜、玉竹、金银花、豆制食品精加工等特色产业链；形成了临武鸭、东江鱼、宜章红薯干等地方特色品牌和一批农产品加工企业集群。利用南大门的地理位置，招商引资，可大力发展出口创汇与外向型的绿色食品、优质水果以及农产品深加工，生物农资，安全、绿色养殖与循环农业等产业。发展农村电子商务促农村三产融合发展的模式。④湘西山区是椪柑、猕猴桃、畜牧水产、中药材等产业具有区域优势。产业化程度较低、农民素质不高，要紧紧围绕"特色型"现代农业发展，充分利用国家武陵山区扶贫开发机遇，产业融合为脱贫致富和跨越发展提供支撑。城乡统筹发展，完善农村低保、社保、三金、粮食直补、良种补贴、农机补贴、农民科技培训补贴等制度。要实施精准扶贫、统筹城乡促进农村三产融合发展的模式。

（二）结合产业发展的融合发展模式

（1）三次产业（产业链）适应性差异和模式选择。一是要创新与产业融合相适应的经营机制。创新经营机制有利于提升产业链一体化水平。理想的农村三次产业之间的经营机制或治理结构是不尽相同的，第一产业适合于家庭经营和合作经营，而第二产业和第三产业产更适合于企业经营。要将农业的家庭经营、合作经营、企业化经营以及行业协调等机制有机结合，充分发挥它们在农业不同环节中的优势和集成效率。提高龙头企业（组织）的产业链管理水平。二是农业产业链整合的分类施策。基于粮、油等大宗农产品，要鼓励合作社主导产业链整合，支持其把经营活动延伸到产前的培训、信贷、农资采购和产后的加工、流通、销售等环节，建立完整产业链。基于畜牧养殖业产业链整合重点是壮大龙头企业，健全"龙头企业＋合作社（基地）＋农户"模式。借鉴乳业 D20 企业联盟经验，支持一批龙头企业，鼓励其加强上游基地建设和下游市场体系建设，推进规模化、标准化、一体化发展。基于特色农产品产业，鼓励发展"交易市场（电商）＋产业集群"的融合模式，通过交易市场带动产业集群和产业链群发展。在城市郊区和重要景点周边地区，扶持合作社等组织，推进农业与休闲、旅游、文化、养老产业融合，延长产业链。

（2）产业融合模式优劣势分析和选择。农业的纵向融合重点是构建与农业纵向融合相适应的经营机制和利益机制。完全的纵向一体化意味着非常复杂的治理结构和高昂的治理成本。比较理想应该是将经营机制及其经营主体有机链接，充分发挥各种机制在农业纵向融合的不同环节中各自优势和集成效率，确保组织制度和经营机制的效率，而这是农民在融合过程中获益的前提条件（黄祖辉，2016）。相对而言，按顺向融合方式延伸农业产业链相对较慢，容易与农民参与能力的成长进程相适应，容易保护农民的主体地位，让农民分享融合发展的成果。逆向融合方式容易形成公司（包括平台型企业）主导农村三产融合发展的格局，推动进展往往较快，但农民容易丧失主导权和利益分享权，陷入利益分配的边缘地位。日本在农村"六次产业化"过程中，更多地鼓励农业后向延伸，内生发育出农产品加工、流通业和休闲农业、乡村旅游，防止工商资本通过前向整合兼并、吞噬农业，防止农民对工商资本形成依附关系。要通过支持农民合作和联合，帮助农民增强在三产融合发展中的"话语权"，防止垄断资本凭借资本优势和市场强势将农民推向权益分配的边缘地位，形成类似"企业控制产业融合"的现象。

（三）从经营主体的发育阶段选择农村产业融合发展模式

应该坚持两条腿走路，既要支持农户、合作社内生发展，又要支持与农户利益密切关联的龙头企业带动农村三产融合发展。

（1）中国农户的异质性。随着农业发展方式的转变和农村经济社会转型的提速，中国农户的异质性明显增加，但不同类型农户对创新完善农户利益联结机制的需求也呈现分化特征。以尊重农民的参与意愿为基础，针对不同生产规模、能力水平的农户和合作社，建立多层次、差异化的利益联结机制。总体而言，中国农户可分为以下五种类型，即传统小规模纯农户、第一类兼业农户、第二类兼业农户、规模化的专业农户和纯非农户。规模化的专业农户，农业生产的专业化、市场化、社会化特征更鲜明，且其经营者作为新型职业农民的特征更加显著，不应是完善农户利益联结机制的重点。重点强化生产规模较大、标准化程度较高、质量水平可靠的专业化农户和合作社的利益联结程度。鼓励专业化农户（合作社）参股企业领办的合作社（企业），为农户提供基于订单的贷款担保、农资、良种赊购，与合作社合作探索建立内部性的风险补偿基金。前三类农户，要以两类兼业农户为重点，以传统小规模纯农户为难点，促进传统小农户向现代小农户转型，增强其与现代农业发展的相容性，促进小农户加快与现代农业的有机衔接。

（2）合作社的适应性。日本、韩国农村三产融合发展的最重要主体是农民合作社。中国一些地方也出现了农户以资源要素入股合作社，由合作社组织三产融合发展。新型农业经营主体在小范围内的区域市场融合发展农村三次产业，具有较好的适应性。但是，从现有农业基本经营制度、农业经营主体及其农业相关联的第二产业、第三产业发展动力机制和科技创新资源分布等情况来看，凡是涉及跨区域的，甚至是全国大市场和国际大市场，产业化模式或者更新的其他模式具有较好的适应性和生命力。应发展日韩综合农协模式，需要加强合作社规范化建，要通过允许组建合作社联合社和推进合作社资金互助等制度创新。

（3）客观看待利益联结机制的紧密程度。根据农业产业链发育程度、农民组织化程度、农产品市场成熟度，可分别采取不同的利益联结方式。并且，每一种联结方式也是不断变化的，它可以随着农业产业链的不断发展、农民组织化程度的提高以及农产品市场的不断成熟而递次推进发展。不同的生产力、资源禀赋和农业生产条件下，利益联结的模式与利益联结的方式不一样，合作内容也有区别。随着时代的发展，根据环境的变化，不断创新利益联结模式，根据产业需要和现实条件进行选择。在现实中，多种模式在时间上同存，在空间上交叉，利益联结机制下发展模式的推广范式并不是唯一的，可以选择其中某些或者其他新的利益要素，联结形成有利于自身的发展模式组合。在利益联结机制选择上，并没有高低优劣之分，只有适合与否，必须实事求是、因地制宜，要顺其自然、注重政策引导，要尊重龙头企业的选择、尊重农民的意愿，新型联结方式探索永远在路上，方向是如何引导新型农业经营主体与农户形成更加灵活和稳定的合作关系。

第八章 农村三产融合中的政府作用：六大推进行动

推进农村三产融合发展的过程，应是经营主体、服务主体、行业组织和政府联合互动的过程，借此形成政府搭台、龙头引领、市场主体支撑的合力，完善领军企业和行业组织发挥龙头引领作用的环境。同时，也应遵循"使市场在资源配置中起决定性作用和更好发挥政府作用"的规律，界定政府与市场的边界，明确政府的角色和职能。政府的作用主要是统筹规划和综合协调、提供公平竞争和鼓励创新的环境，完善政府公共服务的供给机制。

第一节 政府在农村三产融合中的作用

一、市场与政府的关系分析

在经济改革发轫后较长时间里，政府是建设市场、培育市场的重要推手，正是在政府主导和助推下，市场体系从无到有、由初级到高级、由不完善到相对完善，先后有了商品市场、要素市场，现货市场、期货市场，实体市场、虚拟市场，等等。所以，我国经济包括在市场体系建设上，体现出政府主导作用，这与历史演进有关。随着市场体系的发育，政府在经济生活中的角色、在资源配置中的地位和作用也发生相应变化。政府应减少不必要的行政干预，更多地为形成公平竞争的市场条件和环境提供公共服务。

市场在资源配置中起决定作用是市场经济的一般规律，但市场经济不是无政府经济。市场机制优化资源配置需要一定的制度条件，它在提供公共物品、调节收入分配等方面也存在失灵，需要政府有效发挥作用，包括完善市场体系、优化公共服务、促进共同富裕、弥补市场失灵等。可见，现代市场经济中政府和市场这"两只手"有着各自的职能和作用。但是，在发挥政府作用时，必须加强对公权力的规范和约束，完善行政组织和行政程序法律制度，推进机构、职能、权限、程序、责任法定化，依法排除政府对市场的过度干预，把非政府的权力归还给市场和社会，减少错位、越位和错位。同时，政府应堵塞容易滋生腐败的制度漏洞，推行权力清单制度，消除权力设租寻租空间。通过负面清单制度，实现"法无禁止即可为"，最大限度地为市场主体创造宽松自由的投资经营环境。

正确处理政府与市场的关系已成为全面深化经济体制改革的核心问题，应遵循"使市场在资源配置中起决定性作用和更好发挥政府作用"的规律，界定政府与市场的边界，明确政府的角色和职能，从管理的角色转变到服务的角色上来，培育政府的服务理念和服务精神，政府"有所为有所不为"，实现政府和市场相互配合、相互促进。发挥市场配置资源的决定性作用，最根本的是放活政策、拓展市场、激励主体来触发农业农村发展的内在动力和外在动能。创新产品和服务供给，实现创造市场、引领市场。发挥现代服务业对产业融合的引领作用，把选择产业发展方向、业态、技术和商业模式的权利还于市场。政府针对特定领域、业态、技术和商业模式的特惠式支持，应尽量少用或不用。

二、政府在农村三产融合中的角色扮演

农业的产业属性，决定其离不开政策支持和法律保护。出台多项政策锁定"三农"问题，覆盖产业发展、价格调控、基础设施、农村民生等各个方面。加强了农业立法，先后颁布了多部农业法律，并执法检查，监督地方政府和相关部门落实（方言，2018）。政府各部门要明确在三产融合中负责的内容。由于农村产业融合发展还处于起步的阶段，而其涉及做大做强传统产业，也涉及培育壮大新业态、新模式。政府给予一些政策的扶持是必要的，政府主要是起引导、支持和推动作用。但是更要发挥市场配置资源的决定性作用，激发农业农村发展的内在动力。例如，融合模式和利益联结机制，产业选择和主导主体选择等，都应尊重市场和主体意愿。

（1）政策引导者。需要政府融合性地制定实施方案，也需要战略性地投资和长远规划。制定一个规划，遵循全产业链理念，做好产业布局，发挥规划的引领作用。作为政策的制定者，政府应遵循市场规律，制定符合市场发展要求和趋势的规则。通过统筹规划和综合协调，深化对农村产业融合战略地位的认识，发

挥规划引领作用，推进政策创新和政策融合，促进区域分工合作和错位发展。必须重视政府的方向引导和技术资金支持，包括政策的转型以及对城市和二三产业资源要素的引导。落实政策引导融合、"双创"促进融合、发展产业支撑融合、完善机制带动融合、加强服务推动融合等措施，促进农村三产融合发展。政府根据区域三次产业的产业特点和发展需求，打造一项主导产业，挖掘当地特色资源，做强融合发展的产业基础。实施财政补贴、税收优惠、信贷配给等优惠政策来促进各产业发展，尽可能发挥各产业特点和优势，引导劳动、产业向县城、重点乡镇和重点园区集聚，带动农业现代化发展。从国际经验来看，支持农户、农协或者合作社为主发展融合产业是日本、韩国的普遍做法，支持农场主与农业企业联合是欧美国家的主要做法。两种方式互为补充和相互促进，需要坚持双轮驱动。树立一批典型，加强宣传推介，发挥示范引导作用。出台一套扶持政策，解决用地难、贷款难等瓶颈问题，降低农业生产成本，提高农业竞争力。

例如，湖南首批 10 个试点县的主导产业就不同，华容、桃源、冷水滩、赫山为水稻产业，长沙为茶叶产业，湘潭为湘莲产业，隆回为金银花产业，靖州为杨梅产业，涟源为精品农业园区建设，衡山为现代农业综合产业园建设。与现代特色农业相关二三产业发展也各具特点。政府应为三产融合创造条件。政策应着力于各产业间联结点的建立，搭建平台推动产业间联系的产生，促进利益联结机制的形成，将优惠政策给予农业，促使二三产业主动寻求与农业合作，实质上是提升农业的实力和产业融合利益博弈中的谈判能力，打破农产品产、加、销相互割裂的状态，形成各环节融会贯通、各主体和谐共生的良好产业生态。农业极易成为资本的掠夺对象和发展的牺牲品，对农业适当政策保护。在政策制定上既要让资本投入农业有利可图，也要保证农业本身的发展，农村农民利益不受损。

（2）公共服务者。政府应该是良好市场环境创造者、市场体系的完善者。一旦真正形成公平竞争的市场环境，微观经济主体能通过技术、商业模式创新，对要素资源进行革命性重组，创造出新业态、新产业和有效供给。破除政策、制度和机制等障碍，完善政府公共服务供给机制，加强交通、通信、水利、信息化等基础设施建设，引导相应的服务体系和公共平台建设。一是提供良好的产业融合服务。公共服务具有准公共物品的性质，需要政府直接提供有效的公共物品和公共服务或间接支持以补充，让更多市场主体参与进来配合。例如，改善农业农村的基础设施条件，统筹规划建设农村物流设施，完善乡村休闲旅游道路，以及供水供电停车场等配套设施；搭建农村综合性信息化服务的平台，优化农民创业孵化平台，建立在线技术支撑体系，提供设计、创意、技术、市场融资等定制化服务；创新农村金融服务。例如，美国的农业信息服务体系、海外农产品促销体系和农业教育、科技、推广"三位一体"的科技研发推广体系。韩国的区域农业集合计划，以及农业研究和发展促进中心。二是提供科技和人才支撑，增强融合性实力。为技术研发提供条件，促进农村产业融合的技术推广，引导科技人员等到农村创业，到合作社、农业企业任职兼职。完善知识产权入股参与分红等激励机制，支持农业企业科研机构等开展农村产业融合发展科技创新。三是给予更大的发展空间和容忍度。农村三产融合发展存在多种可能性和空间，要给予在产业融合模式、利益联结机制等方面探索的自由度，鼓励体制创新、组织创新、理念创新，选择适合产业融合的发展方式，发挥市场配置资源的作用。培养适应和主动参与产业融合的主体，发挥主体的自主性和创造性。

（3）市场监管者。加强和创新监管机制，完善市场秩序。政府承担着监管市场的职责，应维持市场秩序，正向激励有利于市场健康成长的行为，规制破坏市场秩序的市场主体。要通过建立一套行之有效的市场运行机制和规范制度来确立有序平稳推进，保证各参与主体的利益得到维护。政府可在技术、环保、耕地和历史文化保护、诚信环境建设等方面设立门槛标准，设立产业进入领域的负面清单。健全管理制度规范企业的运作，严格法律法规来维护生产、交换、分配、消费等正常秩序，为产业融合营造良好的市场氛围。

（4）资金支持者。实施乡村振兴战略需要"真金白银"的硬投入，必须解决"钱从哪里来"的问题。与农村产业融合发展的目标任务相适应，充分发挥好财政投入的基础保障作用，确保投入力度不断增强、总量持续增加、结构更加合理。农业支持保护政策不断丰富和完善，国家财政用于农林水各项支出覆盖范围已扩展至基本建设、价格支持、生产补贴、生态补偿等方面，形成了较为完整的农业支持保护政策体系。需要进一步增强财政支持资金的覆盖面及带动能力，提高财政支持资金的综合使用效率。在税收方面实行差异化的税率政策或税收模式，减轻产业融合经营主体的税收负担。高度重视不同融合模式可能面临的风险挑战，提升相关政策的针对性有效应对。特别是健全风险防范机制，规范工商资本租赁农地行为，建立土地流转、订单农业等风险保障金制度。

三、政府在农村产业融合发展中的重点工作

要确保农村三产融合有序开展，政府要在法律、资金、公共服务建设方面提供多重支持。重点破除相关的体制机制阻碍因素，建立适应三产融合发展的政策体系，且附以能够确保政策兑现的具体措施。

（1）建立"负面清单"。以开放包容的态度来看待农村三产融合中出现的新模式、新业态，应着力于维护市场正常运行秩序、保护参与主体的权利不受侵害，而不干涉各参与主体的具体联结形式。

（2）实施经营主体认证管理。确定农村产业融合政策支持对象，实行政策支持的资格认证，确保政策措施有效性。对于政策支持期间脱离认证条件、未按照政策支持要求承担义务、政策支持到期后未能达到预设目标的经营主体或事业计划，取消其资格认证和政策支持，实行资格认证的退出机制。

（3）培育经营主体与经营机制。实施新型农业主体培育计划，将新型职业农民培育纳入国家教育培训发展规划，建立教育培训、规范管理、政策扶持相衔接配套的培育制度，大规模培训农村实用技术带头人、现代青年农场主。提高农户生产经营和市场竞争能力，带动农业向集约型、规模化发展。

（4）完善的产业化服务体系。从政府职能化服务机构、社会中介服务机构、科技服务体系、咨询与联络制度等方面着手，完善产业服务体系。实施科技兴农战略，建设现代农业产业技术体系，打造现代农业创新高地。抓好动物疫病防控、质量安全检验检测和农产品质量安全追溯体系，确保质量安全。实施良种工程，推动标准化生产。

（5）发挥财政资金的引导和撬动作用。加强银政企深度合作，推动建立信用担保基金或风险补偿机制，加大力度推动农业信贷担保服务网络向市县延伸，支持地方农业信贷担保机构降低担保门槛，扩大担保覆盖面。探索财政涉农资金整合模式，发挥好财政资金的杠杆作用；积极发挥政府的增信作用，通过设立信用保证基金、风险补偿金以及组建农业政策性担保公司等方式，健全办贷管贷机制和风险分担机制，形成多方支农合力。探索产业链金融模式，降低金融机构的风险；探索拓展抵押担保物范围，包括土地经营权、宅基地使用权、农房所有权以及农业机械和设施、存单的抵质押等。

第二节　政府推进农村三产融合发展的六大行动

政府强力支持是发展三产融合发展的关键。始终把农业牢牢抓在手上，实施创新引领开放崛起战略，坚持质量第一、效益优先，致力推动高质量发展。《湖南乡村振兴战略规划（2018－2022年）》提出以产业兴旺为首要任务，深入实施品牌强农、特色强农、质量强农、融合强农、科技强农、开放强农"六大强农"行动，推进"一县一特"主导特色产业发展，建设以精细农业为特色的优质农副产品供应基地，挖掘促进农业产业兴旺的新动能。《关于深入推进农业"百千万"工程促进产业兴旺的意见》（湘政发〔2018〕3 号）明确要求：实施"六大强农行动"，构建"四大支撑体系"，搭建"三大公共服务平台"。湖南以农业供给侧结构性改革为主线，以智慧农业为引领，深入实施农业"百千万"工程（总抓手）和"六大强农行动"、优质粮油工程，培育农村特色千亿产业。坚持目标导向和问题导向，在继续做优做强粮食、生猪、蔬菜 3 个产值已过千亿元产业的同时，加快农村三产融合发展，着力推进茶叶、油料、水产、水果、中药材等产业迈上千亿元台阶，推进畜禽、水产、粮食、蔬菜等精深加工，发展乡村休闲旅游，推动产业提质升级，努力开创湖南产业兴旺新局面。

一、推进质量强农行动，促进农村产业融合发展

（一）实施质量兴农战略的重要意义和目标

农业进入转变发展方式、优化产业结构、转换增长动力的攻关期，站在了转向高质量发展的历史关口。实施质量兴农战略，推动农业由增产导向转向提质导向，既有着坚实的物质基础，也面临着新要求、新挑战（韩长赋，2019），既是满足居民多层次、个性化消费需求，增强人民幸福感、获得感的重大举措；又是提高农业发展质量效益，推进乡村全面振兴、加快农业农村现代化的必然要求。

产业高质量发展是产业体系、组织方式和要素结构变迁相互影响、综合作用的结果。要协同推进产业体系、组织方式、生产要素"三大变革"，健全乡村产业发展生态，促进产业高质量发展。其中，产业体系建设重点在于补齐乡村产业门类，处理好农业与非农产业、传统产业与新兴产业等关系，提高供求的适配性。组织方式创新重点在巩固家庭经营的基础地位，促进各类主体紧密联结，促进多种经营形式共同发展，实现与大市场的有效衔接。要素变革的重点在于畅通智力、技术、管理下乡通道，加快引入现代生产要素，提高要素配置效率。农业高质量发展的政策体系强化规划引领体系、投入保障体系、评价考核体系、人才支撑体系、农业执法监管体系，构建激励相容、多方协同的政策支持体系。

实施质量兴农战略、推动农业高质量发展的主要目标，就是通过全面提升农业特产化、品牌化水平，实现产品高质量；提升生态化、绿色化水平，实现资源高效率；提升产业化、融合化水平，实现产业高效益；提升精确化、智能化水平，实现装备高水平；提升职业化、专业化水平，实现主体高素质。打造高质量

乡村环境，创造高质量农村生活，让乡村跟上现代化建设步伐，绘出乡村高质量发展的美好画卷。《国家质量兴农战略规划（2018－2022年）》制定了到2022年和到2035年质量兴农的发展目标，提出了包括农业绿色发展、农业全程标准化、农业全产业链融合、提升农业品牌、农产品质量安全水平、农业科技创新、高素质农业人才队伍七方面重点任务。建立实现产品质量高、产业效益高、生产效率高和经营者素质高的质量兴农制度框架。

（二）实施质量兴农战略推进农村三产融合发展

要破解农业产业链条短、产销衔接弱、质量效益低等突出制约，需要全面推进农业发展质量变革、效率变革、动力变革，深入推进农业结构调整、产业转型升级和农产品质量安全等工作，打好质量兴农的政策组合拳，推进农业质量建设。

（1）构建高质量的投入品供给体系和生产体系促进农村产业融合发展。贯彻国家食品安全战略，落实农产品质量安全责任，增加安全优质农产品有效供给，培育产业发展新动能，实现全产业链融合。构建绿色生产、安全生产和清洁生产的生产体系，增强内生动力和可持续性，提高农业发展质量和效益。推进产业布局基地化、园区化，生产标准化和经营品牌化，建立无缝对接、全程可控、可追溯的生产流程，实现农产品从源头到舌尖的"一站式"体验（姜晶、崔雁冰，2018）。支持开展农产品"三品一标"认证，财政部门对打造全国知名区域公用品牌的有关"三品一标"农产品检测、认证费用予以适当补贴。以绿色标准体系引领乡村产业绿色发展，按照绿色发展要求，修订农业投入品、农产品加工业、农村新业态等国家和行业标准，建立统一的绿色农产品市场准入标准。

（2）农业标准体系促进农村产业融合。建立健全适应农业高质量发展、农业绿色发展、覆盖产业全链条的农业标准体系及技术规范，参与国际标准制修订，引进转化国际先进农业标准，推进"一带一路"农业标准互认协同，加快与国外先进标准全面接轨。加快推进规模农业生产经营主体开展标准化生产，建设标准化生产基地，以此推进乡村产业绿色发展。引导在国家农产品质量安全县整县推进全程标准化生产，建设一批绿色粮仓、绿色果（菜）园、绿色牧（渔）场，打造农业绿色发展先行区。建立生产记录台账制度，在"菜篮子"大县、畜牧大县和现代农业产业园，实施农产品质量全程控制生产基地创建工程。

（3）培育经营主体带动农业全产业链融合。实施新型农业经营主体培育工程，支持家庭农场、合作社、龙头企业提升质量控制能力和建立绿色加工体系。扶持一批以龙头企业带动、合作社和家庭农场跟进、小农户参与的农村产业融合体；培育合作社联合社，探索发展公司化合作社，支持"家庭农场＋合作社"联合向加工流通、休闲旅游和电子商务拓展；构建产业化联合体扩大融合范围。积极发展中型产业化联合体，鼓励发展小型产业化联合体，以联合体的方式提升产品质量。加强新型职业农民培育，推动全面建立职业农民制度。支持建设区域性农业社会化服务综合平台，推进农业生产全程社会化服务。实施农业品牌提升行动，同步提升经营主体发展水平和品牌影响力。

（4）打造质量兴农平台载体，推进农业全产业链融合。从种养加、流通配送、电商、休闲旅游、康养等全产业链融合角度，集群成链，全链统筹，推动乡村产业提档升级，开展农村三产融合发展推进行动，助力质量兴农（曾德衍，2018）。继续支持国家现代农业产业园建设，把产业园作为承载现代要素的平台，健全完善产业园内生动力机制、利益共享机制、融合发展机制，着力改善产业园基础设施条件和提升公共服务能力。打造升级一批农产品精深加工示范基地，强化产地市场体系建设，开展三产融合发展示范园、先导区建设，促进农产品加工就地就近转化增值，以推进融合。引导资源要素向园区聚集，完善物流基础设施网络，建设一批特而强、聚而合、精而美的产业融合示范园，形成多主体参与、多要素聚集、多业态发展、多模式推进的融合格局。建设农业产业强镇推进融合，建设以乡镇政府地为中心的经济圈，实施产业兴村强县行动。

（三）湖南实施质量兴农战略的成功做法

（1）加快构建与资源环境承载力相匹配的农业生产格局。调整优化农业生产结构和区域布局，因地制宜种植品种。实施"全县域"绿色发展方式引领，推进种植结构调整及休耕治理，从绿色生态环保技术入手，全面实现"九节约一减少"，示范带动种植业转型升级和可持续发展。强化资源保护利用促进乡村产业绿色发展，实现投入品减量化、生产清洁化、废弃物资源化、产业模式生态化。推进农业标准化示范县、示范基地建设。支持开展绿色食品、有机食品认证，农产品地理标志登记保护和农产品国家气候标志认证，建设一批绿色有机食品示范基地。

（2）创新农业生产体系，推进农业绿色生产转型。保供给和保生态有机统一，完善农业生产力布局。优化农业生产区域结构，建设粮食生产功能区、重要农产品生产保护区，推进主要农作物产地划分工作。落实好粮食安全责任制，实施做优做强湘米产业工程、优质粮食工程，有序推进"中国好粮油"行动。发展粮食精深加工，培育新动能，加大粮食产业技术、产品、业态等创新力度，推广粮食循环经济模式。实施"百千万"、畜禽养殖污染专项整治、湖区农机化提升等重大工程。在国家农业可持续发展试验区，推动农业绿色发展先行先试。

（3）完善农产品质量和食品安全质量安全追溯体系和检测体系，加强质量安全监管。建立全国统一的农产品和食品安全信息追溯平台。推进农产品质量安全追溯管理，开展产地身份化、特征标识化、营销电商化行动，实现质量可追溯、去向可追踪、责任可追究。要将农产品质量安全追溯与农业项目安排、品牌认定等挂钩，率先将"三品一标"农产品纳入追溯管理。同时，加强农产品质量安全信用体系建设，建立生产经营主体信用档案，倒逼生产经营主体加强自律，依法落实农产品质量安全主体责任。食品安全监管，要用最严谨的标准、最严格的监管、最严厉的处罚、最严肃的问责，加快建立科学完善的食品安全治理体系。深入实施国家食品安全战略，强化"从农田到餐桌"全程监管。加强农产品"身份证"管理，将农业产业化龙头企业品牌、农产品区域公用品牌、"一县一特"品牌、绿色食品、有机食品和地理标志农产品纳入农产品"身份证"管理平台。加快提升农业综合执法能力，实施最严厉的农产品质量和食品安全监管制度。健全五级农产品质量安全监管体系，推进国家农产品质量安全县创建，加强农产品质量安全监管机构标准化建设。深入推进农产品质量安全风险评估，建立质量安全风险预警机制。以农产品质量安全法律法规为准绳，落实生产经营者主体责任。坚持"产出来"与"管出来"相结合，严格执法监管，维护公平有序的市场环境。

湖南建立了农产品质量安全的全程监管机制，健全投入品管理、生产档案、产品检测、基地准出和质量追溯 5 项制度，率先在区域公用品牌和特色农产品开展试点。推进农产品质量安全检验监测体系建设，包括属地管理责任依法履行、生产经营单位主体责任落实到位、农业投入品监管有力、质量安全检测扎实推进、质量安全执法到位、标准化生产全面实施、质量安全监管体系健全、质量安全制度机制基本完善 8 个方面。建成了 100 多个县级农产品质检站，推进乡镇监管站规范化建设，创建省级示范站 306 个，40 多个县创建省级以上农产品质量安全县。成立了省农产品质量安全专家委员会，制定了《农产品质量安全专家委员会管理办法（试行）》（湘农发〔2018〕137 号文件），充分发挥专家作用，组织国家农产品质量安全县的核查验收，深化专项治理，2018 年立案查处 1000 起左右。湖南 4000 多个农产品获得"三品一标"认证，监督检测每年超过 1 万批次，主要农产品监测合格率达 98%以上，没有发生区域性、系统性农产品质量安全事件。利用好"三微一端"等线上渠道和质量兴农万里行的线下活动，让农产品质量安全科普深入田间，彰显农产品质量安全的治理成效，提高群众的满意度。

二、推进品牌强农行动，促产业融合发展

（一）品牌强农的内涵和实践

品牌是质量的保证，是消费者对某个农产品的认知程度。农产品主要品牌有"三品一标"、知名商标、著名商标、农产品区域公共品牌等。农产品品牌战略和公司战略催生了品牌农业。品牌农业是指经营者的农产品通过取得相关质量认证，取得相应的商标权，通过提高市场认知度，并且在社会上获得了良好口碑的农产品，从而获取较高经济效益（CARD，2018）。品牌农业是以工业化经营为理念，以品牌营销为路径，打通三次产业，促进农业增效、农民增收、消费者受益，最终实现可持续发展的农业（娄向鹏，2018）。发展品牌农业是实施乡村振兴的战略要求，也是县域经济的发力点和重要抓手。2018年农业部"实施品牌提升行动"的精神，打造一批国家级农产品区域公用品牌、全国知名企业品牌、大宗农产品品牌和特色农产品品牌，保护地理标志农产品。省委、省政府将农业品牌建设作为助力农业供给侧结构性改革的重要举措，2017年和2018年省委一号文件都提出了品牌强农战略，全面提升"湘"字号农产品的市场竞争力。

（二）品牌强农促进农村三产融合发展的机理

（1）特色产业发展、多功能拓展和市场需求挖掘是农产品品牌的基础。建设以精细农业为特色的优质农副产品供应基地，支撑创新区域品牌、产品品牌、产业品牌"三位一体"品牌体系。深度分析农业总体情况以及各子产业的发展现状、发展条件与发展潜力，以及外部产业竞争环境与发展趋势，选择品牌战略：自创品牌、借力品牌还是品牌抱团。产业所处发展阶段不同，品牌建设的目标、路径和方法也不同。实践中，产业拓展战略是主导产业比较先进，要提高在整个行业的知名度，为品牌建立"免疫力"。产业更新战略是主导产业曾经先进、失去市场竞争力时，主要是产业复兴，通过结构调整或价值重塑引领产业更新。品牌建设重新赋予产业先进性。产业发掘战略是当地没有主导产业，发现有先进潜力的好产业。产业培育战略是确实缺乏主导产业，需要以品牌建设为契机，培育有先进潜力的产业。要建立一批产业链长、创新链实、价值链强的农业产业集群，培育一批领军型、旗舰型产业化龙头企业，创建一批具有较高知名度、美誉度的农业品牌。全国种粮标兵的名字创立的品牌例如"进良米""青年米""德辉米"实现了从卖原粮到卖品牌米的跨越。

（2）农产品品牌效应有利于促进规模化带动其他关联产业的发展，提升在

品牌农业县域经济发展。一是品牌农业倒逼农业生产方式和经营方式的发展，新零售终端的变化也将引起上游种植基地和产业链的整体变革。再加上品质化消费与分离式生产之间存在矛盾，存在农资市场、原料市场和成本市场三个市场的隔离，质量难以控制等问题。二是品牌农业的发展有利于在上游产地解决农产品的商品化，包括农产品的采收、加工、包装，实现农产品的产业化发展，标准化生产加工和品牌化。打造农产品品牌，实现农产品的商品化和品牌化，有利于降损减耗，减少流通环节降低成本，提高收入和农产品的附加价值。三是农产品品牌化扩大产品的影响力，提高产品的品牌价值和附加价值，打造特色品牌，带动相关产业的发展，带来巨大的效应。唱响乡村特色产业品牌，发挥品牌体系价值，做亮乡土特色产业拓展融合空间。农业产业升级的三条路径：向上游延伸的规模化、专业化和科技化；向下游延伸的标准化、产业化和品牌化；全产业链的融合发展。三者构建价值"微笑曲线"。四是龙头企业依托区域公用品牌，发展特色农产品产加销及品牌相关配套服务，有利于构建完整的农产品区域公用品牌经济链。

（三）湖南品牌强农促进农村三产融合发展的做法

农业品牌建设已成为贯彻落实"实施乡村振兴战略"、深化农业供给侧结构性改革、促进农业转型升级的重要行动。从 2016 年开始，开展"十大农业区域公用品牌"评选活动。明确将县域经济专项资金 4000 万元用于农业品牌培育和宣传推介。省商务厅等开展"优供促销"，深入推进"互联网＋商贸流通"，深入实施电商扶贫工程。以湖南卫视为代表的省直主要新闻媒体以农博会、大型农产品展销会为契机，先后推出了一系列有影响的报道，对湖南特色农产品品牌的知名度和影响力发挥了积极的推动作用。目前，湖南农业品牌正步入不断发展壮大的新时期，扶持农业发展的政策体系基本健全，农业龙头企业、农民专业合作社和电子商务、网商、微商等新型经营主体不断壮大，品牌效益、品牌效应正在凸显，为农业强省奠定了坚实基础、提供了有力支撑。

（1）打造区域公用品牌。充分利用资源禀赋、传统文化、区域特征及产品特色，依据"一县一特"主导特色产业发展指导目录，制定品牌发展战略实施方案，打造农副产品区域公用品牌，实现品牌共建共享。面向主导特色产业带、产业片、产业基地着力打造主导特色产业区域公用品牌。支持省级以上龙头企业、产业联盟和行业协会创建地域特色突出、产品特性鲜明的全国知名区域公用品牌。从 2016 年开始，湖南开展"十大农业区域公用品牌"评选活动，对每个区域公用品牌营销的年支持资金在 1000 万元以上。截至 2018 年，湖南"三品一标"农产品认证数突破 4000 个；获得"湖南省名优特商品认定"品牌产品 1000 多个，省名优特产注册登记的加工企业发展到 5 万多家。初具雏形的地域名片，既是建设优质农副产品供应基地的初创成果，更是助推精细农业发展的信心源。

（2）打造特色农产品品牌。要发挥"特"的优势、提升"品"的质量、完善"品"的内涵，使产品的多功能有机地融为一体，延伸内涵（产业链）和拓展外延（建设块状经济和产业集群）。按照农业农村部"一村一品、一乡一业、一县一特"和湖南提出的"一县一特（几县一特）、一片一品"品牌建设思路，引导发展高端、小众特色农业，形成特色鲜明的小宗类、多样化乡土产业，打造地方农业名片，推进品牌共建共享。打造地方特色品牌，继续推进湖南"十大农业特色品牌"活动。实施农产品品牌整合计划，优势产业集中打造 1 ~ 2 个主打品牌。

（3）打造农业企业品牌。省商务厅在 2013 年建立了湖南电商公共服务平台，该平台已与京东、苏宁、快乐购等 80 多家省内外知名电商企业开展合作，促进湖南产品的宣传推广和对外销售。加大扶持农产品老字号发展力度，推进老字号企业线上线下融合发展，扩大市场。支持同行业、同产品的企业兼并重组，打造农业企业品牌，做大做强龙头企业，对股改挂牌上市的涉农企业实行财政补助政策。组建大型企业集团。支持涉农企业对接资本市场，大力培育上市后备资源。积极打造农特产品网销"一县一品"品牌，采用各大电商平台主推、电视媒体宣传、新媒体助推和爆款网销等方式，助力农特产品的宣传推广和品牌建设。

（4）公共服务平台建设，打造面向海内外的商品展销平台。在建立的"湘品入俄"平台、湖南农产品美国展示展销中心、湖南农产品香港展示展销中心等境外销售平台的基础上，提升湖南农产品品牌的知名度。2017 年，省农业农村厅与三湘集团签订了战略合作协议，首批湖南"三品一标"优质农产品进驻湖南农产品香港展示展销中心，开辟了农产品网络销售渠道。2018 年，组织企业参加英国、法国的展会，参加台北食品展。在现有境外销售平台的基础上，筹建更多境外销售平台。组织企业积极参加国际国内展销会，如食品、酒类、肉类等博览会，了解国际市场需求，寻找国际市场商机，提升农产品品牌的知名度。鼓励企业建设自主品牌的线上展示馆、线下体验店，打造面向海外推广农产品品牌的线上公共服务平台。

三、推进特色强农行动，促农村产业融合发展

（一）乡村特色产业的基本内涵

乡村特色产业的基本功能是产业功能，满足市场对优质产品的需要。特色产

业是乡村振兴的产业支撑，是富民产业，是供给侧结构性改革具体抓手，推进生态优化的新型产业载体，是推动融合发展的重要路径。

（1）乡村特色产业的特色本质。乡村特色产业的本质就是特色，特色是其基本的规定性及发展的属性。可从三个层面和四个环节来理解。从地理属性层面来看，特色农业的"特"主要表现为地域特色（区域乡村的自然与人文资源），这是特色产业的基础。产业属地特色是乡村，产业根植于乡村资源与环境，因此，发展特色农业要突出环境特色、物种资源特色和气候特色三个特色。从产业及其发展层面来看，特色在于乡村产业发展的经营方式、产业业态、产品特点及服务方式。从价值层面（社会需求）来看，乡村特色产业旨在满足特色的市场需求和社会功能化的需求。完整的产业有四个主要的发展环节（资源环节、形态特色、产品特色、产品功能与市场需求），把握这四个环节的特点就是了解其特色。

（2）特色产业和特色文化共生性。乡村特色产业发展的灵魂就是产业发展的特色，是产业文化元素的外在展现。特色文化融进特色农业形成了独特的农业特色产品，如桑蚕、茶、酒等食品文化、果文化等农业文化。还有耕作制度和农业景观文化，如稻鱼共作生态文化、循环农业文化、灌溉文化、水田文化、梯田文化等都可成为特色产业的重要内容。在民族地区特色农业还表现为民族文化，如民族纺织、印染、特色手工艺等。

（二）特色兴农行动促进农村产业融合发展的机理

（1）乡村特色产业是推动融合发展的重要路径。融合是创新乡村新型特色产业的手段，其路径与目标是乡村特色产业。2019年中央一号文件要求，围绕乡村产业振兴，大力发展乡村特色产业，不断推动业态创新、模式创新、产业创新，为乡村振兴增加活力，为乡村产业发展丰富内容，为农民增收拓宽渠道。多产业、多元素跨界融合，是乡村特色产业创新新型资源的来源。

（2）主导特色产业在农村产业融合发展中具有独特优势。主导特色产业农副产品初加工率较高，具有较完备的贮藏保鲜、脱水干燥、屠宰加工、冷链物流等配套设施；建立了覆盖种子种苗供应、生产加工、技术服务、仓储物流、营销推介等关键环节的社会化服务体系和以经营主导特色农副产品为主的产地专业市场；有成熟的主导特色产业农副产品线上线下营销平台，电商营销成效明显。特色产业建立严格高效的农产品质量安全管控机制，实现农产品生产、加工、流通全程化监管，能够带动小农户分享产业增值收益。乡村新型产业及其新业态创新，通过多产业相"＋"，推动文体、农业、旅游的有机结合和创新发展，就是多产融合创新的结果，例如乡村康养、文化体验与休闲、乡村旅游产业。在城乡之间构筑要素互通、环境共享、联系稳定、良性互动的有机整体，实现城乡统筹发展，为社会资源流向乡村提供通道。

（3）特色产业小镇建设是打通城乡融合发展"最后一公里"的有效抓手。特色产业小镇有利于推动产业转型升级。它以"特色"和"专业"为发展导向，有效实现小空间大集聚、小平台大产业，形成产业转型发展的新亮点。有利于支撑县域经济发展。凭借新而活的体制机制，相对较低的土地、住房、劳动力成本，让创业者、社会资本、孵化器等生产要素自由组合，充分激发新经济发展活力，为促进县域经济增长提供重要支撑。以相对独立的"三生"融合优势，实现公共服务共享。拓展新型城镇化建设和农村产业融合发展空间。依托乡村资源，发掘农业乡村新功能新价值，培育新产业新业态，建设县、乡镇、村特色产业综合体。

（4）农村产业融合发展示范园为乡村特色产业提供平台。产业融合园区的农村三产融合特色鲜明、融合模式清晰、产业集聚发展、利益联结紧密、配套服务完善、组织管理高效，具有较强的示范作用，发展经验具备复制推广价值。大力培育和引进起点高、规模大、带动力强的农产品加工企业，加强产业上下游联动、前后环节对接，引导主导特色产业集聚集群集约融合发展；充分挖掘农业文化遗产、农业体验、农业休闲等资源，推进主导特色产业与旅游、教育、文化、健康等产业的跨界融合。通过示范园创建，为构建现代乡村产业体系打造载体；为培育多元融合主体、激发产业融合发展活力提供平台；为创新收益分享方式、增加农民收入开辟途径；为创新支农方式、破解产业融合发展"瓶颈"积累经验（吴晓，2017）。

（三）湖南特色兴农的具体行动

落实湘政发〔2018〕3号文件，大力推进特色强农。实施特色农业促进项目，加快形成一批以绿色优质特色农产品生产、加工、流通、销售产业链为基础，集科技创新、休闲观光、种养结合、循环利用于一体的特色农业产业集群。壮大一批经济效益好、带动能力强、规范生产管理的新型农业经营主体和龙头企业。

（1）打造农业优势特色千亿产业。这是推动湖南由农业大省向农业强省转变的主要抓手。乌兰（2019）强调，要按照"一县一特、一特一片、一片一群、一群一策"的基本思路，打造新的千亿级产业。湖南培育的"十大特色产业链"，重点打造粮食加工产业等"六大千亿产业"。落实主导特色产业发展指导目录（湘农联〔2018〕94 号）。建设国家级、省级特色产业园建设、优质农副产品供应基地省级示范片和省级现代农业产业园，构建现代农业产业园"金字塔"结构。

（2）实施特色县域经济强县工程。2013 年开展特色县域经济强县工程。按照发展前景良好、有较好的发展基础和发展空间，富民强县推动作用明显的原则，重点扶持县域特色产业，2013～2017 年，共扶持 9 个重点县特色产业，如祁阳粮油、湘莲、宁乡花猪、靖州杨梅茯苓、洞口柑橘、隆回金银花、桃源粮猪、安化黑茶、临武鸭、湘中黑牛，5 年省财政共安排 19.8 亿元。遵循"品牌引领、市场导向、龙头带动、集中连片、资源依托"的原则，培育特色产业链。

（3）"一村一品"和特色产业小镇典型示范。打造一批产值超 50 亿元的特色产业强县、超 10 亿元的特色产业强镇、超 1 亿元的特色产业强村。"一村一品"是指以村为基本单位，对接市场需求，充分发挥本地资源优势和区域优势，通过大力推进规模化、标准化、品牌化和市场化建设，使一个村（片）至少拥有一个主导产品和产业。提升示范带动能力。推进示范村镇建设，截至 2019 年，农业农村部进行了九次示范村镇评选。加强品牌培育、拓展农业多功能、发展新业态，延长产业链价值链，实现三产深度融合，打造成"一村一品"提档升级的样板和标杆。根据《湖南省支持省级特色产业小镇发展的政策意见（2019 - 2021 年)》，落实保障支撑类政策、平台政策、环境营造政策等方面的 15 条政策。

（4）建设现代农业产业园。省农财两厅联合组织湖南现代农业特色产业园、优质农副产品供应基地、省级现代农业产业园的创建工作，制定创建条件和建设任务。自 2014 年以来，省财政投入 16.315 亿元，认定 726 个省级现代农业产业园。根据湘农联〔2018〕115 号和〔2018〕117 号文件精神，认定靖州杨梅茯苓、宁乡花猪、安化黑茶、华容芥菜、长沙茶叶、衡阳优质稻、湘潭湘莲、涟源蔬菜、鼎城优质稻、沅陵茶叶 10 个省级现代农业产业集聚区。根据湘农联〔2018〕105 号和〔2018〕107 号、湘农联〔2016〕115 号文件精神，2019 年创建省级现代农业特色产业园示范园 80 个、省级优质农副产品供应示范基地 24 个、省现代农业特色产业集聚区 10 个。靖州杨梅、宁乡花猪、安化黑茶获批创建国家现代农业产业园。围绕十大主导产业链，2018～2020 年，省财政支持建设 1000 个现代农业特色产业园、100 个现代农业特色产业园、100 个以上优质农副产品供应示范基地、30 个省级现代农业特色产业集聚区。

（5）加强特色农产品生产基地。建设优质农副产品供应示范基地——四带八片 56 个基地，围绕主导特色产业，建设特色产业基地，引导各地建设特色粮油、果菜茶、中药材、林特花卉苗木等种养基地，重点发展农副产品加工业和现代流通服务业，建设产业升级转型和三产融合发展的先导区和集中区。2018 年和 2019 年分别创建了 14 个和 24 个省级优质农副产品供应示范基地。创新发展绿色循环优质高效特色农业，以 1~2 个优质特色主导产业为重点，建设全程绿色标准化生产基地。完善仓储加工物流等全产业链条，加强质量管控和品牌宣传，提升优势特色产业的质量效益水平。坚持就业优先、生态优先、效益优先、农业农村优先，推进特色产业小镇建设。强化管理创新功能，提高产业园区效益和发展活力。推进产业基地化，创建生态化、园区化、科技化或者智能化乡村特色产业基地。

四、坚持绿色兴农，促进农村产业融合发展

（一）坚持绿色兴农的重要性和紧迫性

以牺牲生态环境为代价的农业产能是不健康、不可持续的，农业的出路在于绿色发展。农业绿色发展是决定未来中国农业中速增长平台水平的重要变量，是提高农业可持续发展能力和农业竞争力的必由之路，是调整农业支持政策结构的重要方向。绿色生态是农业发展的命脉，也是提高农业综合效益的有效途径。以 2014 年开始，中国农业政策转变了增产导向的价值取向，关注农业绿色发展问题。绿色发展要克服定价机制、补偿机制和惩罚机制不健全等制度性障碍。绿色农业本质上是以科技为支撑、以现代投入品为基础的集约农业。牢固树立"两山"理念，围绕资源发展生态产业，增加绿色生态产品供给，推动自然资源资产资本增值，真正把生态系统保护好，促进人与自然和谐发展。

（二）绿色发展促进农村三产融合发展的机理

（1）构建农业绿色产业体系，为农村三产融合发展提供新产业、新业态。农业的生态转型，发展"资源节约型，环境友好型"农业和绿色循环农业。在重要农产品主产区，开展集成推广主要包括优势产区水稻、油菜、棉花、蔬菜、生猪、水产品等不同产业的绿色提质增效技术模式。培育与乡村产业发展紧密融合的创新型企业。开展秸秆综合利用补贴，培育秸秆产业化利用主体，集成推广秸秆收、储、运、用的县域典型模式，推广农副产品加工和综合利用的融合发展模式。

（2）绿色发展为农村三产融合发展提供载体和平台。国家农业可持续发展试验示范区暨农业绿色发展先行先试区，国家农业高新技术产业示范区、国家现

代农业产业科技创新中心，以及创新能力突出、有技术、有水平、辐射带动能力强的科技引领示范村（镇），可以成为农村三产融合发展的载体和平台。

（3）绿色发展有利于推动特色发展和农村三产融合。在特色优势农产品产区，推行绿色生产方式，建设适度规模生产基地，支持开展"三品一标"认证，创建区域公用品牌，发展休闲农业和乡村旅游，推进三产融合发展。集成推广果蔬茶、烟草、中药材、水产品等不同特色优势产业的绿色提质增效技术模式。在典型生态区，围绕农业可持续发展和创新农文旅深度融合开展集成推广，主要包括"四位一体"生态模式、"猪—沼—果"循环模式、农牧交错带退耕还草模式等。

（三）湖南绿色兴农行动的主要做法

近年来，湖南深入贯彻习近平生态文明思想，牢固树立"两山"发展理念，以习近平总书记对湖南提出的重要指示精神为根本遵循，坚定不移走生态优先绿色发展路子，坚持以"一湖四水"为主战场，深入实施湘江保护与治理"一号重点工程"，扎实开展洞庭湖水环境综合整治五大专项行动，全面推行落实河长制，深入开展美丽乡村建设，湖南绿色发展取得明显成效。

（1）把绿色发展理念贯穿到农业农村发展的全过程。要把绿色发展贯穿于农村三产融合发展各环节全过程，以绿色发展引领产业融合。确立农业转型目标，推动农产品从种养到初、精深加工及副产物利用无害化，鼓励加工业与休闲旅游、文化康养等产业深度融合，完善有机、绿色、生态"三位一体"的生态农业生产体系。构建农村产业绿色发展的生态链、产业链、价值链，使绿色成资源、有价值、可开发、增效益、促增收。借鉴日本和韩国的经验，修改农业法或制定专门的农业生态环境保护法；建立不同层次的政府管理机构且协调科研院校的支撑体系；统筹国家涉农补贴政策，探索生态和两型农业的补贴政策体系；修改生态农产品认证及管理体系，鼓励发展有机农业；高位推进全国生态农业建设行动计划，从区域层次整体协调布局和建设农业和环境；开展农村生态环境建设规划和土壤、水体、大气监测网络（李季，2018）。

（2）优化区域功能结构，推进农业绿色布局。构建农业区域化、差异化发展格局。按照农业可持续发展规划要求，划分农业优化发展区、适度发展区、保护发展区，构建因地制宜、布局合理、特色明显、梯次发展的农业区域格局。建立农业绿色发展率先开发机制。把贫困地区作为农业绿色发展的重点，坚持保护环境优先，将贫困地区生态环境优势转化为经济优势，因地制宜发展有资源优势的特色产业，推进产业精准扶贫。鼓励国家级现代农业示范区、国家和省级现代农业产业园、科技园区等单位农村三产融合发展试点和率先推进农业绿色发展。

（3）提升产业发展质量，实现产品绿色高效。构建绿色农业产业结构。把加强生态环保与建设绿色产业体系衔接，打造种养结合、生态循环的田园生态系统，实现保供给、保生态和保收入的有机统一。加快发展生产性服务业，实现小农户和农业绿色发展有机衔接。鼓励服务组织集成推广高产高效技术模式，总结推广订单式、套餐式、全程托管等社会化服务模式。健全绿色生产服务标准和操作规范。实施农业绿色品牌战略。以绿色优质安全为导向，健全涵盖农业全产业链的农业技术标准体系、质量安全监管体系、市场准入标准。加强标准化养殖场、果菜茶标准园、水产健康养殖场建设，引导新型农业经营主体开展标准化生产，巩固提升整建制标准化建设成果。建立低碳、低耗、循环、高效的加工流通体系，重点推进农产品精深加工、副产物综合利用等。开展生态农场创建和示范，确立生态农场建设的标准、技术导则、认定管理办法、信息直报系统等（李季，2018），制定生态农场建设的技术清单，推动农业补贴政策向生态农场倾斜。

（4）强化生态保护修复，促进资源绿色开发。保护提升耕地质量，大力推进土地整治、土壤修复治理和高标准农田建设，在安全利用区实行休耕。发展高效节水农业，深化农田水利管理体制机制改革。因地制宜地推广节水技术模式，提高天然降水利用率。加强水肥同步管理，推广水肥一体化技术。实施养殖业节水工程，推进工厂化循环水养殖和池塘生态循环水养殖。加强林地和湿地保护，确保森林资源安全稳定。推进农田林网建设，开展岩溶地区石漠化综合治理。探索实施退垸还湖（河）、退耕还湿、退林还湿。强化农业生物资源保护与利用。加强动植物疫情监测预警体系建设，加强濒危野生动植物资源保护，加强外来物种管理。

（5）严格污染源头管控，确保产地绿色利用。强化农业面源污染防治，建设小流域农业面源污染综合治理示范区。推进有机肥替代化肥行动和施药器械更新换代补贴，开展农药包装废弃物治理试点，加快实施专业化统防统治和全程绿色防控。推进畜禽粪污治理与资源化利用，稳妥推进禁养区规模养殖全部退出，开展重点水域养殖污染专项整治行动，推进畜禽养殖废弃物资源化利用整县试点。控制工业和城镇污染向农业农村转移，强化污染排放监测，严厉打击污染耕地行为。深入推进农村环境综合整治，建立农村绿色生活机制，促进区域农业生产废弃物生态消纳，完善农村生活污水、生活垃圾污染治理设施长效运行机制。深入开展美丽乡村示范村建设，启动美丽乡村整乡、整县推进试点。

（6）健全激励约束体系，建立发展绿色机制。支持农业科技创新主体开展绿色生态生产技术创新。加强绿色农业科研攻关与技术推广，在投入品减量高效利用、抗虫病新品种选育、绿色防控、废弃物资源化利用、产地环境修复和绿色加工贮藏等领域取得突破性成果。开展科技特派员农村科技创业行动，加快成熟适用绿色技术、绿色品种、绿色模式的示范、推广和应用。完善绿色生态农业发展扶持机制，完善农业"三项补贴"改革，深化森林生态效益补偿机制改革，健全公益林资源保护补偿制度和湿地生态效益补偿制度，探索绿色金融服务的有效方式，引导 PPP 应用在农业绿色发展领域。依法依规推进农业绿色发展，健全农业资源环境生态监测预警体系，加大环保执法和监督力度，依法打击破坏农业资源环境的违法行为。健全重大环境事件和污染事故追责制度及损害赔偿制度。培育壮大农业绿色发展人才队伍，培养具有绿色发展理念、掌握绿色生产技术技能的农业人才和职业农民。把农业绿色发展纳入领导干部任期生态文明建设责任制内容。建立农业绿色发展推进机制，形成全社会支持推进农业绿色发展的良好态势。

五、推进科技强农行动，促进农村产业融合发展

（一）科技强农行动促进农村产业融合发展的机理

农业农村现代化的关键在于科技进步和创新。科技创新支撑了农业转型和工业化起步，推动了农业现代化的提质增效。农业科技创新是农业三产融合发展的源泉，创新科技人才培养是三产融合的核心竞争力所在，新时代农村三产融合发展必须强化农业科技创新，增强数字化和产业链思维，用好资源配置手段（余欣荣，2018），创条件、强支撑、增动力、做贡献。

（1）农业科技可以为农村三产融合发展创造条件。更好地适应消费结构升级需求，需要加强农业科技创新，提高农产品品质，强化优质农产品生产和精深加工方面的科技成果供给。更好地满足农业科技需求主体的要求，农业生产经营范围逐步向全产业延伸，以科技为引领，前向承接农业生产，后向连接农业服务，科技创新基础上的精深化转型发展，激发农业新活力。日本的食品加工、稻米精深加工等技术均处于世界领先水平，发挥了三产融合发展的乘数效应，带来农产品价值增值和农业竞争优势的增强。目前，我国农产品加工业与农业产值之比达 2.2∶1，2018 年农业数字经济占行业增加值比重已达 7.3%。提升农业科技原始创新能力，高度重视以信息、生物、新材料、新能源技术等为代表的新一轮科技革命和产业革命，支持农业产业优化升级，强化农业科技创新供给和打造发展新优势，为农村三产融合发展创造后发优势。

（2）农业科技可以为农村三产融合发展提供动力。农业科技已成为推动世界各国农业发展的强大动力，也为我国农业转型升级注入强劲驱动力。以科技为手段，推动农业产业深度融合、生产智能管控和经营决策便捷化，成为实现农业发展的新动力（夏显力，2019）。将现代科技、生产方式和经营理念引入农业，应用转化农业新品种、新技术、新材料，转变发展方式、转换增长动力，提高农业的发展创新力、产业竞争力和农业 TFP。例如，挖掘和拓展农业的经济、生态、文化等多维功能，促进农业链条延伸与二三产业深度融合。以特色产业、优势产业发展需求为导向，以保障有效供给和绿色发展为目标，围绕技术创新需求，破解制约现代农业发展的重大技术"瓶颈"。在轮作休耕监管、动植物疫病远程治疗、农机精准作业等方面广泛应用现代信息技术，强化益农数字平台，以需定产，实现产销通畅和快速响应，节省交易成本和生产成本，盘活产业链利益主体，激发产业链延伸动力，推动农村三产融合发展。

（3）农业科技推进现代农业"三个体系"支撑农村三产融合发展。一是农业科技优化农业产业体系助推三产深度融合。农业科技融入农业产业的各个领域，助推三产间的跨界融合实践创新，利用科技与传统农业产业的深度融合，打造农业新产业和新业态，提升农业产业体系的模块化程度，实现农业产业体系的优化。保障农业全产业链交叉融合，实现农业规模经济效应和资源集聚效应（王乐君、寇广增，2017）。二是农业科技重构农业生产体系助推三产深度融合。构建农业科技成果的展示、交易和推广平台，搭建科技成果供求纽带，推动科技成果与农业产业发展的深度融合与应用，提升农业生产的专业化、规模化、标准化、集约化与绿色化水平。农业科技支撑体系建设是现代农业生产体系的题中应有之义。三是农业科技实现农业经营体系高效化助推三产深度融合。科技嵌入土地、资本、劳动力等生产要素，唤醒其活力，提高其配置效率。搭建土地要素流转平台，提高土地资源配置效率（许抄军等，2015）；拓宽发展资金的来源，保障农业产业链、价值链向中高端迈进，为农业生产注入新理念、新思维、新方略，保障农业经营决策的科学性。

（4）农业科技服务化是农村三产融合的主要内容之一。农业科技创新是不断研究开发、推广应用农业新品种、新农艺、新设备、新资源、新技术的过程；是引进、消化吸收、模仿改良、应用新技术、新方法、新手段，重组技术体系的演化过程；是利用新农艺和新产品，提高农业的社会、经济和生态效益的过程。最终目的是将科技创新成果转化为现实生产力。推动科技与农业的深度融合，促进技术集成应用，提升技术装备水平，推进信息技术与生产、加工、流通、管理、服务和消费各环节的技术融合与集成应用，助推农村三产深度融合。

（5）农业科技创新平台基地是农村三产融合的主要牵引和载体。科技创新是农业科技创新平台的重要功能和核心，是现代农业综合项目的重要配置。它是最先进农业新科技成果的展示窗口，是农业新品种、新技术工艺、新模式、新设施设备等的试验平台和推广平台，是供需合作促进窗口和输出平台和新型农业经营主体的培训基地。建设农业高新技术产业示范园、科技园、产业园，以科技为支撑，打造创新平台基地，引爆农业科技集成，促进农业产业集群，推动农业转型升级和提质增效，深刻体现三产融合和农业的多功能性，助力乡村振兴战略。

（二）湖南科技强农行动的做法

组织实施种业科技创新、产业技术提升、粮油增产增效、农业科技园区建设、农业标准化生产、农业生产环境科技支撑、"互联网＋"、农业科技推广体系建设"八大工程"，构建新型农业科技创新体系。构建"产学研企"相结合的模式，保障了科技创新的应用与科研成果的转化。9097名科技人员进村入户，对接产业搞服务，转化科技成果240多项，科技进步对农业发展贡献率达到60%。

（1）以农业科技创新为支撑，培育扶持农业科技创新主体。推进农业科技创新，围绕农业产业发展需求选题立项，重点围绕农作物高效育种、稻渔综合种养、农机农艺轻简化栽培、畜禽粪污资源化利用、精深加工与副产品综合利用、有害生物长效绿色防控、农业资源高效利用、农产品质量安全控制、畜禽全基因组选择育种技术、农业合成生物技术、农业大数据整合技术、农业纳米技术、农业人工智能技术、智能装备研制等方向，实现重大科学突破。实施现代种业自主创新工程，加快农业领域重点实验室、水稻分子育种平台、湖南南繁科研育种园区建设。支持农业高新产业园建设和农业科技园区提质升级，对涉农企业技术研发、技术改造给予政策支持。健全农业科技创新联盟，健全高校、科研院所、企业、政府协同创新机制，建设现代农业产业技术研发中心与成果推广应用平台。推进关键共性技术协同攻关，新建油菜、水产等省级现代农业产业技术体系，支持省级农产品加工技术研发体系建设。依托重点实验室、工程技术研究中心等建设，健全农业全产业链创新平台体系。

（2）完善健全农业科技创新推广体系。鼓励科研院所与地方联合打造农业科技核心示范区和农业科技创新与转化无缝对接的集成示范基地。支持农业科研院校建立成果孵化平台、创新创业基地或联合企业共建法人实体的技术转移中心等，促进科研成果产业化应用。鼓励建设农业科技成果转化交易中心，支持在高等院校、科研院所开展科技成果转化股权和分红激励试点。强化企业技术创新主体地位，加快培育农业科技创新型企业和高新技术企业，做大做强湖南粮食集团、唐人神、湘茶集团等 100 家龙头企业。支持农业产业化龙头企业建设科技研发基地。促进企业技术创新，对涉农企业的技术研发、技术改造，按政策规定给予支持。健全基层农技推广服务体系，加强基层农技推广队伍建设。实施"百片千园万名"科技兴农工程，高产创建和绿色增产模式示范，蔬菜、油料、茶叶、柑橘等品种品质品牌提升示范。推进科技专家服务团在湖南县市区全覆盖，引导科技人才到农村一线服务"三农"发展。重点建设 10 个现代农业产业园综合园和 150 个特色农业产业示范园；构筑科技入田长效机制，支持开展农技推广社会化服务，招募科技服务团队带动 10000 名科技人员服务农业农村。采取科技特派团、特派组、特派员和农民技术培训"四位一体"的农村科技特派工作模式，支持科技特派员、"三区"科技人才、基层科技人员领办、创办、帮办合作社、专业服务组织等，通过技术的转让、入股、承包和咨询等形式开展增值服务和合理取酬。支持围绕区域主导产业与品牌打造，采取校（院）地、校（院）企共建等多种形式，建设农业科技示范基地，解决全产业链的技术难题。

第三节　农村三产融合发展的层级性有序载体：试点县—强镇—示范园

一、农村三产融合发展试点县推进行动

促进农村三产融合发展是党中央、国务院作出的重要决策，是党的"三农"理论和政策的创新和发展。农业农村部已经实施农村三产融合发展推进行动。把农村产业融合发展作为农业农村经济转型升级的重要抓手和有效途径，积极推动政策落实和示范带动。实施推进行动，对于构建农村产业融合发展体系，实施乡村振兴战略，加快农业农村现代化都具有十分重要的意义。

（一）推进行动的目标任务

以农民分享产业链增值收益为核心，以延长产业链、提升价值链、完善利益链为关键，以改革创新为动力，加强农业与加工流通、休闲旅游、文化体育、科技教育、健康养生和电子商务等产业深度融合，形成多业态打造、多主体参与、

多机制联结、多要素发力、多模式推进的农村产业融合发展体系。整县推进农村三产融合发展试点，每年支持 10 个左右的县在农业生产、加工、物流、研发、示范、服务等环节深度融合，每个县支持 1000 万元。以整县推进试点县为基础，每年申报建设 3～5 个国家级"三化一体"和"三区"互动的农村三产融合先导区。

（二）支持农村三产融合发展，构建农村产业融合发展体系

构建农村产业融合发展体系包括：

（1）落实政策体系引导融合。贯彻落实关于农村产业融合发展、支持返乡下乡人员创业创新、农产品加工业发展和乡村休闲旅游发展的决策部署，细化实化财税金融、保险投资、人才科技和用地用电等政策措施，发挥农村三产融合发展的支农作用（李国祥，2018）。

（2）"双创"体系促进融合，加快培育融合利益共同体。以科技人员、企业家、经营管理和职业技能人才等为重点，实施融合发展项目；以"双创"项目创意大赛、"双创"成果展览展等为载体，选拔培育农村"双创"标杆和代表人物；以农村创业创新园区为平台，提供场所和高效便捷服务。

（3）发展产业体系支撑融合。中央财政通过农业生产发展资金，支持农业特色优势产业发展。扶持优势特色主导产业，优先支持具有区域优势、地方特色的农业主导产业，发展优势特色主导产业带和重点生产区域，培育打造有影响力的区域品牌和产品品牌。支持创建国家现代农业产业园，支持优势特色产业为基础、"生产＋加工＋科技"的现代农业产业集群建设。通过农业综合开发资金，支持合作社、农业龙头企业等主体发展农业适度规模经营，开展优质高效农业种养、加工、储藏保鲜和流通服务等项目建设。

（4）完善机制体系带动融合。引导企业和农户建立紧密的利益联结关系；支持企业将资金、设备、技术与农户的土地经营权等要素有机结合，推动价值分配向农户倾斜，打造"风险共担、利益共享"的产业融合发展主体；支持企业为农户提供技术、营销、商品化处理等服务，带领农户发展新产业，提升小农户与现代农业对接的能力；鼓励企业、科研院所、院校和农户成立产业联盟，通过共同研发、成果转化、共有品牌、统一营销等方式，实现优势互补发展。

（5）加强服务体系推动融合。推进农产品加工流通、休闲旅游、电商、投资贸易、展示展销等平台建设，通过政府购买服务等方式为企业提供咨询、融资信息、人才对接等公共服务；加强与金融机构、产业投资基金的合作，加大信贷支持力度。制修订行业标准，规范行业管理和提升自律能力；完善统计制度和调

查方法，开展行业运行监测分析，推动农村产业融合有序发展。

二、农业产业强镇示范建设工作

乡镇上连县、下带村，是乡村振兴最活跃、最生动的实践主体。建设农业特色小镇，是乡村产业振兴的新抓手，是深入推进农业供给侧结构性改革的新举措，是农村经济发展的新动能。2018年，农业农村部和财政部启动实施农业产业强镇示范建设，支持发展壮大优势产业，培育乡村产业新业态新模式，推进农村产业融合、产村融合（产业发展和美丽乡村建设的融合）、产城融合（产业发展和新型城镇化的融合）、城乡融合。对标落实中央有关文件要求，以乡镇为载体，以农村三产融合发展为核心，聚焦农业主导产业，全产业链培育，多要素聚集，支持建设一批多主体参与、多业态打造、多要素集聚、多利益联结、多模式创新的农业产业强镇，加快构建标准原料基地、集约加工转化、网络服务体系、紧密利益联结的产业集群，打造主业强、百业兴、宜居宜业的乡村产业发展高地。

（一）建设目标和建设内容

以农业为主导，立足资源禀赋和农业基础，以镇域为载体，坚持企业主体、市场运作、政府引导，围绕特色产业延链、补链、强链，加快要素聚集和业态创新，以特色为标志，打造真正有地方特色、在全国有影响力的农业特色小镇，努力把农业特色小镇打造成农业农村发展的一张亮丽名片。①壮大农业主导产业。依托镇域农业主导产业，着眼全产业链培育，支持建设规模化、标准化、专业化绿色生产基地，发展农产品精深加工和综合利用，支持建设仓储物流体系，创建区域品牌和产品品牌，培育新业态新模式，构建特色鲜明、布局合理、创业活跃、联农紧密的乡村产业体系，示范引领城乡融合发展。②培育产业融合主体。扶持管理规范、运营良好、联农带农能力强的合作社、家庭农场，培育壮大产业基础好、发展前景足、引领动力强的农产品加工企业，发展专业水平高、服务能力强、服务行为规范、覆盖农业产业链条的生产性服务组织，打造以龙头企业为引领、以合作社和家庭农场为纽带、以农户为基础的农业产业化联合体，增强乡村产业发展的内生动力。③创新利益联结机制。引导示范镇完善利益联结机制，带动农民就地就近创业创新，鼓励各地创新形式，将财政补助资金折股量化到合作社成员或农户，实现小农户与现代农业的有机衔接。④建立健全体制机制。以主导产业发展为切入点，集成政策、集聚要素、集合功能、集中资金，健全城乡融合发展体制机制和政策体系，统筹推进农村集体产权制度改革、城乡基础设施建设、农村人居环境整治等工作，实现以产兴村、产镇融合的发展格局。⑤助力产业脱贫攻坚。中央财政支持贫困地区开展农业产业强镇示范建设，探索适宜贫困地区的乡村产业发展模式，延伸产业链，提升价值链，拓宽收益链，让建档立卡的贫困户分享产业融合发展的增值收益，助力脱贫攻坚。

（二）农业产业强镇示范镇的门槛条件："五有五好标准"

基层政府对农业产业强镇示范建设意愿强烈，组织领导机制健全，出台了土地、财政金融和人才等方面政策。农业特色小镇具有产业基础好、加工能力强、品牌影响大、镇域环境美等特点。以农业为主导，以镇域为载体，以特色为标志，农业强，农村美、农民富（袁延文，2019）。"五有五好标准"体现在：①产业有规模，示范带动好。主导产业特色鲜明、基础扎实、底蕴深厚，遵循"一县一特"，有标准化生产基地，当地群众参与程度高，主导产业有示范和辐射带动作用。主导产业基础牢固（根据镇域农业主导产业总产值指标），优势明显，绿色发展成效突出，农村三次产业结构合理，社会化服务体系保障有力。②加工有龙头，品牌形象好。主导产业集聚度高，乡镇内至少有1家省级以上农业产业化龙头企业或2家以上市级农业产业化龙头企业。农产品加工业产值与农业产值比分别达到1.8:1以上。主要农产品获"三品一标"认证，有一定的知名度。③发展有规划，功能布局好。区位优势明显，清晰定位功能，明确发展目标，科学制定了多规合一的镇域发展规划，原料基地、加工转化、仓储流通、服务配套等布局合理，基础设施和公共服务设施基本完备。④三产有融合，致富效果好。产业链长、主体多元、业态多样，类型丰富。当地种养、加工流通等产业链条完整。实现以镇兴业、产镇融合、农旅结合。联农带农机制紧密，新型经营主体与农户建立紧密型利益联结机制，农民能够分享全产业链增值收益。⑤建设有特色，镇域环境好。镇域内建有完备的生活垃圾收运处置体系和生活污水处理设施，农户卫生厕所普及，农业生产废弃物资源化利用率高，实现化肥、农药零增长。开展村庄清洁行动和"一拆二改三清四化"工程，村庄环境优美、农村传统村落保持完好，农村卫生保洁、设施维护和绿化养护机制健全。

（三）农业产业强镇示范镇建设的湖南实践

湖南把建设农业特色小镇作为实施乡村振兴战略的一项重要举措，探索乡村振兴路径，打造乡镇发展的典型样板。湖南省委、省政府结合"一县一特"打造农业优势特色千亿产业的实际，在全国率先提出来农业特色小镇建设。印发了《关于深入推进农业"百千万"工程促进产业兴旺的意见》和《关于打造农业优势特色千亿产业、促进乡村产业振兴的意见》，既从宏观层面对湖南乡村产业发展进行谋篇布局，又从微观层面支持农村产业建设农业特色小镇。①强化组织领导、协调配合。农业产业强镇示范建设实行省负总责、县镇抓落实的工作机制。省级健全工作机制和管理程序，及时印发工作方案，明确建设思路、建设内容、建设条件等，并完善配套制度。要压实县、乡镇政府责任，确保农业产业强镇示范建设取得实效。农财两厅按照规范程序遴选确定建设单位的名单，省财政厅强化资金落实和政策监督，省农业农村厅组织实施项目。②强化服务。制定专门的扶持政策，推动农业特色小镇高质量发展；加大项目支持力度，全力支持农业特色小镇申报创建国家级农业产业强镇；开展产业指导帮扶，组织由农业科技专家组成的指导帮扶团队，对农业特色小镇开展"一对一"指导帮扶。建立新产业新业态培育机制，构建农村三产融合发展体系。培育发展城乡产业协同发展先行区，促进资金平衡、金融支持和市场化运作，推进城乡有机融合。③强化监督管理。加大工作督导，完善管理考核机制，杜绝"大棚房"问题，严禁楼堂馆所建设和变相搞房地产开发，确保工作方向不偏、资金规范使用。淘汰错用概念的行政建制镇、滥用概念的虚假小镇、缺失投资主体的虚拟小镇。制定特色小镇标准体系，健全支持特色小镇有序发展的体制机制。

三、国家农村产业融合发展示范园创建

（一）国家农村产业融合发展示范园的地位和作用

农村产业融合发展示范园建设是传统农业向现代农业转变的典型代表，是现代农业的展示窗口，是农业科技成果转化的孵化器，是生态型安全食品的生产基地，是现代农业信息、技术、品种的博览园，是高产、高效、优质的现代化农业发展的先行者，是深化农业供给侧结构性改革、推动乡村产业振兴的重要抓手。在实施乡村振兴战略的大格局、农业高质量发展新阶段和城乡融合发展大背景下，农村产业融合发展示范园建设，将建设成为农村产业融合先导区、农民利益的共同体、农耕文化的传承体，发挥示范创建的辐射带动作用。发挥其联工促农、联城带乡的桥梁纽带作用，有利于引领带动乡村产业做大做强和农业发展转型升级、提质增效，探索城乡融合发展之路。

（二）指导思想和主要内容

（1）指导思想。创建和认定融合特色鲜明、产业集聚发展、利益联结紧密、配套服务完善、组织管理高效、示范作用显著的国家现代农业产业园，实现多模式融合、多类型示范，促进产业前延后伸、横向配套、上承市场、下接要素，构建紧密关联、高度依存的全产业链，提升农业价值链、拓展农业多种功能、培育

新产业新业态，引领农业生产、加工、物流、研发、示范、品牌、电商、服务等相互融合和全产业链开发，创新利益共享机制，培育产业集群，打造农业农村现代化示范区、三产融合引领区和乡村振兴先行区等乡村产业发展高地。

（2）建设内容。目前，全国已批准创建四批 107 个国家现代农业产业园。财政支农资金逐渐向产业特色鲜明、要素高度集聚、设施装备先进、生产方式绿色、经济效益显著、辐射带动力强的现代农业产业园、产业融合示范区和三产融合发展先导区适度倾斜。2017 年，农业农村部和财政部贯彻落实党中央、国务院关于建设现代农业产业园、培育农业农村发展新动能的决策部署，按照"一年有起色、两年见成效、四年成体系"的总体安排和"先创后认、边创边认、以创为主"的工作要求，启动并批准创建国家现代农业产业园。坚持"姓农、务农、为农、兴农"建园宗旨，坚持集聚建园、融合强园、绿色兴园、创新活园，加强创建指导，加大政策支持，推进规模化种养基地建设，促进三产融合发展，高质量推进现代农业产业园建设，建成了一批产业特色鲜明、要素高度集聚、设施装备先进、生产方式绿色、经济效益显著、示范带动有力的国家现代农业产业园，成为了引领农业农村现代化的排头兵、乡村产业兴旺的新样板。2018 年共有 16 个省的 20 个现代农业产业园被认定为首批国家现代农业产业园。

（3）建设标准。挖掘地域特色，围绕农业内部融合、产业链延伸、功能拓展、新技术渗透、产城融合、多业态复合六种融合模式，创建农村产业融合发展示范园。一是主导产业发展水平领先。主导产业实现"生产＋加工＋科技"的发展，形成规模化种养、集群化加工、科技集成化、营销品牌化的全产业链开发格局，挖掘农业生态、休闲和文化价值，生产加工、物流服务、研发示范等发展板块布局合理、连接紧密。产业链条完整，三产融合度高，经济效益好，示范带动能力强。主导产业在品牌突出、业态合理、效益显著、生态良好等方面示范效果好。贫困地区产业园成为稳定脱贫的重要平台。二是技术装备水平区域先进。生产设施条件良好，生产经营信息化水平高，现代要素集聚能力强，技术集成应用水平较高，科技研发和技术推广体系健全，新产品、新技术、新装备开发应用成效明显，与科教合作平台高。生产经营体系完善，规模经营显著，新型经营主体是产业园建设的主体力量。三是绿色发展成效突出。种养结合紧密，农业生产清洁，农业环境突出问题得到有效治理。实现生产标准化、经营品牌化、质量可追溯，产品优质安全。主导农产品进行"三品一标"认证，确保质量安全可控。基本建立农业绿色、低碳、循环发展的长效机制。四是带动农民作用显著。创新联农带农激励机制，形成合作制、股份制、订单农业等多种利益联结模式，多数农户加入合作社联合经营，建立利益紧密联结的发展模式，农民能够分享产业增值收益。农业保险覆盖面广，在农户节本增效、对接市场、抵御风险、拓展增收空间等方面的作用明显。五是地方政府支持力度大。统筹整合资金用于产业园建设，用地保障、财政扶持、金融服务、科技创新、人才支撑等政策措施切实有效。水、电、路、网络等基础设施完备，重点工程进展顺利。政府引导金融和社会资本投入，调动了多主体建设产业园的积极性，形成了产业园持续发展的动力机制。

（三）国家农村产业融合发展示范园的建设的湖南实践

（1）指导思想。牢固树立和贯彻五大发展新理念，以推进农业供给侧结构性改革为主线，以完善利益联结机制为核心，以要素集聚和模式创新为动力，聚焦千亿产业，结合湘赣边区乡村振兴示范区建设，以示范园为抓手，打造农村产业融合的平台载体，构建三产融合的现代农业产业体系和三级产业园建设体系，突出产业特色、要素集聚、质量效益、辐射带动，打造乡村产业振兴样板区；推进全产业链建设，打造三产融合的先导区；强化科技支撑，打造先进技术装备研发应用高地；突出优质安全，树立质量兴农、绿色兴农、品牌强农新标杆；发挥示范引领作用，创新联农带农方式，促进农业增效、农民增收、农村繁荣。

（2）主要内容。支持创建现代农业特色产业园省级示范园，重点支持"千企帮千村"省级以上农业龙头企业在贫困村建园。重点支持红茶、黑茶等省级区域公用品牌。重点在主导产业、科技支撑、集约经营、绿色发展、带动农民和支持水平等方面，重点奖励"六大强农"行动先进县，向湘赣边区县适当倾斜。支持创建省级优质农副产品供应示范基地。构建现代农业产业体系，探索产业融合模式，培育多元化产业融合主体，激发产业融合发展活力。健全利益联结机制，让农民更多分享产业增值收益。创新体制机制，破解产业融合发展瓶颈约束。

（3）保障措施。打造新农民"双创"孵化平台，示范带动省、市、县梯次建设现代农业产业园，以现代农业产业园为主要抓手和重要载体，推进乡村产业振兴。学习借鉴国家现代农业产业园建设经验，依托优势特色主导产业，推进"生产＋加工＋科技＋品牌"一体化发展，集中连片建设生产基地，引导农产品加工向产业园集中集聚，不断提升种养规模化、加工集群化、科技集成化、营销品牌化水平，让农民就近就地就业，更多分享产业增值收益。要加强国家现代农业产业园中央财政奖补资金监督管理，强化绩效评价，确保资金安全有效使用。

第九章 农村三产融合发展的载体建设：五体系一平台

支撑体系建设是在农村三产融合发展已开展工作基础上，进一步建立和完善金融支持体系、农业社会化服务体系、农村创业服务体系、农村电商服务体系、公共服务体系建设等体系和公共服务平台，加快形成一批可复制可推广的典型模式，为深入推进农村三产融合发展提供借鉴和支撑。

第一节 农村三产融合发展的金融支持体系建设

金融作为产业发展的核心和血脉、动力和助力，金融支持是推进农村产业融合发展的重要手段，对推动农村三产融合发展能够起到关键支持作用。产业兴旺的外在表现形式就是各类经营主体的发展，需要强有力的金融政策支持（孔祥智，2018），引导农村三产融合发展扶持政策与信贷资金有效对接，发挥扶持政策的撬动作用，解决三产融合融资难的问题，这是创新政府服务方式、提高服务水平的具体体现，更是推进农村产业融合发展取得实效的有效途径。

一、农村三产融合的金融诉求

农村三产融合发展中，融资难、融资贵等问题亟待解决。国家实施"百县千乡万村"示范工程，联合印发了《关于政策性金融支持农村一二三产业融合发展的通知》和《关于政策性金融支持农村创业创新的通知》，协调中国农业银行、中国农业发展银行给予融合主体信贷资金支持，带动政策性金融投入598亿元。与国投创益产业基金管理公司签订战略合作协议，积极争取产业发展基金支持。金融支持农村三产融合发展，涉及多个主体、多个产业，对金融的需求表现出多层次、多样化的复合型特点，对资金需求量也呈现大额化、长期化。金融支持农村三产融合发展，关键要形成适应产业融合发展、农业现代化发展的特点和需求的金融体系。

（1）体系重构。主动适应新产业、新业态、新主体的金融需求，优化农村金融体系，强化政策扶持力度，增强对金融机构的激励和约束，逐步形成政策性、商业性、合作性金融机构功能互补，银行业与非银行业金融机构协调互促，政府部门、金融机构、社会组织、农业经营主体密切互动的多层次、多元化、复合型支持体系。以具有政策支持、市场监管等功能的政府部门为引领，农业经营主体为中心，社会组织参与，银行业金融机构为核心，非银行业金融机构为中坚。充分发挥政策性金融机构的主导作用，商业性金融机构的支撑作用，以及合作性金融机构、互联网金融的辅助作用。

（2）服务对象瞄准。对于是否属于农村三产融合发展，由政府部门、金融机构、农业经营主体、社会组织等单独或联合进行评判认定，有针对性地提供金融支持和服务。金融支持必须瞄准一些具有广阔发展空间、辐射带动能力强、与农业农村农民联系紧密的新兴产业和新兴业态，聚焦于资金需求强烈、成长性较好、还款能力较强、示范带动作用突出的主体，以更好地发挥金融支持的作用（见图9.1）。

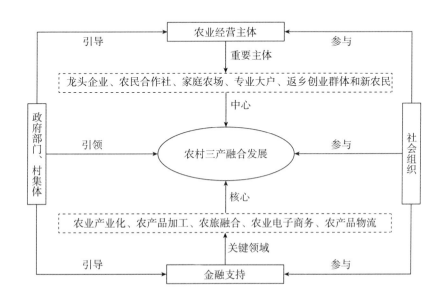

图9.1　金融支持农村三产融合发展简要示意

二、金融促进农村三产融合的机理分析和框架构建

（一）金融促进农村三产融合："五链"优化的桥接

农村三产融合过程中融合对象的是产业链、供应链、价值链、利益链和支撑链，各链条功能发挥，良性互动，最终构建成为一个有机联系的融合体。金融机构贯彻中央"三农"改革发展战略部署，要求从"五链"视角去创新金融服务，支持农村三产融合发展（见图9.2）。

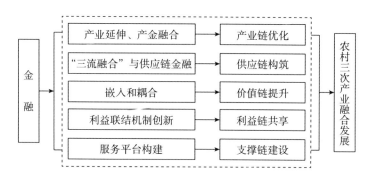

图 9.2　金融促进农村三产融合："五链"优化的桥接

（1）产业链优化：产业延伸和产金融合。以金融资本推动农业产业链优化，提升农业综合竞争力，促进产业链延伸，有序发展农村产业融合，推进农业转型。围绕产业链的核心主体，金融机构针对产业链的各环节设计标准化的金融服务产品，实现农村产金融合发展。支持合作社、龙头企业和产业集群发展，培育产业链新型经营主体。创新和推广"龙头企业＋农户/合作社＋银行""政府＋商业银行＋担保公司＋保险公司＋龙头企业＋合作社＋农户"等产业链金融模式。延长产业链条，优化农村三产融合发展新格局（姜长云，2016）。

（2）供应链构筑："三流融合"与供应链金融。供应链包括信息流、物流和资金流，这三者是供应链得以循环维系的关键。通过对"三流融合"管理，提高其的流动效率，提供共赢的融资服务（杨军等，2017）。作为供应链融资的主导者，金融机构顶层设计融资方案，创新信贷模式与互联网技术，整合和对接"三流"，实现供应链全流程融合，促进要素有效集成转化，促进产业融合发展。

（3）价值链提升：嵌入和耦合。推进农业价值链的嵌入和耦合，通过财政金融支持产业经营和高值农业，发展休闲生态农业、特色农业，打造农业品牌，深化农产品加工，提升价值链，构建多层次的三产融合体系的顶部地带，扩大农业增值空间，创新农村经济增长机制，促进三产融合发展和农村经济转型发展。

（4）利益链共享：利益联结机制创新。利益链共享的核心是资源交换和利益整合，推进"保底收益＋按股分红"、要素入股等联结方式，创新农户利益联结机制。通过"三变"机制，让农民对融合项目的运营管理和收益分配有话语权，且获得产业链增值收益（张红宇，2015）。金融机构参与设立专门基金投资参股支持产业融合，加大对涉农企业贷款额度、贷款期限和利率优惠等方面的扶持。创新组织模式和利益链共享机制，真正实现"利益共享、风险共担"。

（5）支撑链建设：服务平台构建。通过采取财政扶持、信贷优惠、税费减免等措施，金融支持农业社会化服务体系、农村创业服务体系与电商服务体系等支撑链体系的构建与完善，促进三产融合。引导金融机构联合大型电商平台、国家社会信用信息平台和信用信息服务平台。加强农村与金融部门、创新基金、风投公司等合作，搭建对接平台，拓展农业信贷担保体系支持范围。

（二）金融促进农村三产融合的框架构建

有效衔接市场决定资源配置与政府宏观调控，顶层设计与因地制宜相结合，发挥农业部门行业管理、组织协调优势和金融机构资金优势，搭建银企对接平台，加大政策扶持和金融服务力度，协通直接融资与间接融资，专项服务与综合服务并驾齐驱，为农村三产融合发展提供有力支持（张红宇，2015）。

（1）金融支持农村三产融合发展的重要主体。金融支持不能"撒胡椒面"，必须抓住重点，聚焦于农业产业化经营组织，培育出具有市场竞争力的、能让农民得利的农业经营主体（张红宇，2015）。重点关注省级以上龙头企业和乡村休闲旅游示范点、家庭农场和合作社、农业企业。加大支持返乡农民工、大学生、退役士兵、新型职业农民、农村工匠、新产业新业态的创业群体及新农民等创办领办家庭农场、合作社和小微企业等市场主体的力度。

（2）金融支持农村三产融合发展的关键领域。发展设施农业、规模种养业、农产品加工业、民俗民族工艺、乡村休闲旅游、农产品电商、养老家政等农村产业，创新金融产品与金融服务（赵海，2015）。重点关注具有生长活力且能让"三农"分享产业融合红利的新产业和新业态。金融支持的关键领域包括农业产业化、农产品加工、农旅融合和电子商务等。①农业产业化是金融支持三产融合发展的核心领域。优先支持新型经营主体利用"四荒地"开展农村产业融合活动。优先支持龙头企业上市融资、发展产业链金融。扶持农业企业加大对企业基础设施建设，提高产业竞争力与效益，实现农产品的提档升级。②农产品加工业是金融支持三产融合的重要业态，关键是降低融资门槛。重点支持农产品加工流通企业与农户联合建设原料基地和营销设施。③农旅融合是三产融合发展的重要内容，金融重点支持乡村休闲旅游，金融机构先期对基础设施和配套服务设施的引导、支持，支持休闲农业与农户联合建设公共服务设施。④金融支持着力于农业电商市场主体的培育，以及线上线下的基础设施建设。农产品物流中仓储流通技术和设施装备需要更多政策性金融支持（张红宇，2015）。

（3）金融支持农村三产融合发展的创新模式。因地制宜探索多种模式支持农村三产融合发展。一是产业链金融模式。农户提出贷款申请，由金融机构、龙头企业以及担保机构共同审核，担保机构提供担保，通过回购协议或反担保协议来规避信用风险。金融机构将贷款发放到龙头企业，由企业发放给农户或购买农资。企业收购农产品后优先偿还贷款资金，再结算农户的贷款。二是内部信用合作模式。由从事农村三产融合发展的合作社或产业联合体成立信用合作机构，成员以现金入股自愿参与信用合作，年终分红。合作成员共同出资、互助使用，形成方便、灵活的金融支持模式。三是"政银保多位一体"模式。由政府基金或者财政性担保机构提供担保，由保险公司提供经营产业保险和贷款保险，从业主体向银行申请贷款，社会机构提供借款人信用等级、抵押物等评估服务。担保机构、保险公司、银行和社会组织共同分担风险。此模式可获得多主体、多产业交叉融合的红利。四是政策性发展基金模式。政策性发展基金直接为农村三产融合发展投入资金，拉动金融资本和社会资本。五是互联网金融模式。以互联网为平台，通过P2P、众筹等融资方式，为农村三产融合发展主体提供资金，获得分红或商品及服务。无须担保，实现资金供需双方的直接对接，降低融资成本。

三、金融支持农村三产融合发展的湖南实践

湖南农村金融环境不断改善，农村三产融合发展面临较为良好的金融支持环境。主要涉农金融机构在不断发展壮大，涉农贷款不良率在降低。截至2016年底，共有国家开发银行和政策性银行117家，资产总额6201.63亿元；小型农村金融机构达4047家，资产总额9040.72亿元；新型农村机构110家，资产总额454.93亿元；邮政储蓄2093家，资产总额3891.79亿元。银行业机构不良贷款率为1.9%。推动了金融服务"村村通"，促进了基础金融服务的全覆盖。建成金融扶贫服务站4955家，共覆盖168.2万贫困人口；为46.6万贫困农户建立金融服务档案和开展信用评级；金融机构运用扶贫再贷款对新型农业经营主体发放贷款累计共9.4亿元。2016年，湖南涉农贷款共9000亿元左右，占全国的3.17%。

贯彻落实湘政发〔2018〕3号精神，湖南进一步加大了金融支农力度，完善对农业经营主体金融服务，给予贷款贴息政策支持。贴息围绕打造农业千亿产业，支持生产型新型农业经营主体，取得一定成效。贷款资金使用范围贷款资金主要用于改善农业基础设施建设；新建改建农产品贮藏存放等附属设施；购买种苗农资、农机及整理、加工包装保鲜、运输、管理设施设备；收购社员农产品、为社员购买种苗农资和提供生产性服务；建设标准化畜禽舍及配套设施设备；创意休闲农业等设施建造；拓展产业链建设，增强农产品加工和流通销售能力等。

完善湖南农业信贷担保体系。2015～2016年，省财政统筹安排资金9.6亿元，将农业信贷担保机构覆盖所有农业大县和贫困县。同时，按照中央的有关精神，将省农信担保公司改组成符合政策性、独立性和专注于农业的省级担保机构。到2019年，省农担公司的资本金超过25亿元。为了支持粮食生产经营和现代农业发展，推出了惠农担—粮食贷、惠农担—救灾贷、惠农担—特色贷等新产品，共发放政策性贷款20亿元，省财政给予担保费率1%的补贴。2017年，启动"财银保"贷款保证保险工作，农业部和财政部发起设立省3500万元的新型农业经营主体贷款保证保险风险补偿专项资金，已发放贷款500余笔5亿多元。运行平稳，风险可控，有效地促进了财金联动。从2016年开始开展精准扶贫特色农业保险保费补贴工作。

四、金融支持农村三产融合发展的政策建议

（一）统筹规划金融支持产业融合布局

顶层设计和因地制宜。①统一规划和布局，明确职责分工，细化任务，落实责任。从金融支持体制看，将政策性金融体系和商业性金融体系放在现代化的战略层面上，纳入供给侧结构性改革的系统工程（贾康，2018）。从金融支持流程看，在金融支持的审核内容基础上，应增加对是否属于农村三产融合发展的评判（张红宇，2015）。从金融支持作用机制看，应以银行业金融机构为核心，以政府部门为引领，形成金融支持的长效机制。创新资金使用机制，促进部门沟通协调和区域统筹发展，提高金融资源的运用效率。改进农村金融服务基础设施和支付环境，推广手机银行、网上银行等支付手段，降低金融服务成本。建立符合农民合作社评级授信体系，将涉农保险投保情况作为授信参考要素。②开展农村金融体系改革，强化县乡金融服务。因地制宜建立农村金融体系，结合普惠金融、科技金融、扶贫金融、绿色金融，加快县域金融发展。鼓励县域法人金融机构将新增存款加大对乡村振兴战略实施和县域经济发展的资金投入力度。实施县域金融机构涉农贷款增量奖励和新型农村金融机构定向费用补贴，鼓励其扎根农村。鼓励银行业金融机构设立和做实乡村振兴事业部。鼓励省内外符合条件的银行业金

融机构发起设立村镇银行，鼓励社会资本参与村镇银行的设立和增资扩股，实现村镇银行县域全覆盖。完善农村金融服务体系建设资金，健全贫困村金融扶贫服务站运转长效机制，拓展服务站功能，提升服务站服务效率和质量。

（二）创新金融产品，改善金融服务

（1）创新信贷类金融产品。鼓励银行、担保、保险围绕品牌打造等联合开发系列产品，满足农业新型经营主体的资金需求。在风险可控的前提下，鼓励各金融机构向符合条件的农业企业发放订单质押、信用联保贷款。创设中长期低息贷款品种，加大对农村大型基础设施建设信贷支持力度。针对新业态创新信贷产品，开展农业产业链和供应链金融服务，探索设立原料收购贷款、休闲农业经营户贷款、电商贷款、仓储物流专项贷款等产品。创新抵押方式，运用农地承包经营权、农住房财产权、农业机械、餐饮住宿设施等为标的的抵押担保方式，探索开展商标权、专利权、消费者订单等抵押质押物贷款。拓宽融资租赁范围，将农村产业融合的工厂化生产设施、加工仓储冷链运输设施、餐饮住宿设施、直销门店等纳入融资租赁范围。继续支持全国"两权"抵押贷款试点县建立农村产权交易平台，鼓励开展金融扶贫服务和产品创新。

（2）创新直接融资渠道。鼓励涉农上市公司增发、配股、发行优先股、可转换债券、可交换债券等扩大再融资。创新政府和社会资本合作，优先支持农村三产融合中的基础设施的 PPP 模式运用。推动股权交易所和金融交易中心服务下沉，对农业板挂牌的加大服务力度，开发适合涉农企业的股权和债权融资工具。

（3）创新非融资类金融产品。完善服务农业的融资担保体系。积极构建政府推动、市场运作、独立运营的省、市、县三级服务农业的政策性融资担保体系。支持农业政策性保险，完善现代农业保险体系。推动政策性农业保险和涉农综合商业保险共同发展。财政继续推进农业保险扩面、增品、调结构，从品种、地域、投保户类型等三个方面实行农业保险差异化补贴。重点支持区域公用品牌农产品保险，完善价格保险保费补贴制度。探索大宗农作物收入保险制度，探索"订单农业＋保险＋期货（权）"试点，完善巨灾风险转移分摊机制，鼓励地方发展农业互助保险先行先试。

（4）创新金融服务方式。成立专营机构，建立农村产业融合发展小微专业支行或小微业务部，深度开发业务，实行独立核算、审批和授信。建立绿色通道和协同服务机制，开展金融咨询和经营辅导，规范财务会计制度，合理安排产业链利润分配，明确融资计划。发展电子金融服务，提供电子银行、网络银行等支持农村产业融合发展。

（三）优化金融支持环境，提供优质服务

（1）厘清各类金融机构的职能定位。在实施农村产业融合发展战略中，要明确各类金融机构的职能定位，发挥好各自的特点和优势。发挥好政策性金融的先导引领和示范带动作用，大型商业银行要立足普惠金融事业部等专营机制建设，完善专业化的"三农"金融服务供给机制，明确支农责任，重点在支持农村产业发展上发力。合作性金融机构要发挥机构网点优势，进一步下沉服务重心，把支持"三农"作为主战场，重点支持农村中小企业、新型农业经营主体和农户发展生产。

（2）要健全财税和金融支持政策，落实涉农贷款增量奖励政策。强化差异化监管制度，完善风险分担和补偿机制，加强农村金融基础建设，完善农村产权交易市场，推动建立区域性的农村产权交易流转平台；大力开展农村信用体系建设，建立农户信用档案、失信行为通报和欠款追偿制度，构建守信联合激励和失信联合惩戒协同机制，加强地方金融监管机制和队伍建设，实现县域金融活动监管全覆盖，打造良好的金融生态环境。

第二节　构建农村产业融合发展的农业社会化服务体系

一、农业社会服务体系的基本内涵

农业社会化服务体系是农业现代化的重要支撑和突出短板。2017年8月，农业农村部和财政部联合下发的《关于加快发展农业生产性服务业的指导意见》指出，农业生产性服务业是指贯穿农业生产作业链条，直接完成或协助完成农业全链条各环节作业的社会化服务。农业社会化服务体系的内涵特征具有演变性和阶段性。相对于农业生产经营过程，农业服务业现阶段逐渐成为独立完整的战略性产业，展示出日益丰富的内涵特征：从纵向的角度来看，农业服务业包括五类服务（张红宇，2018），即提供中间服务；提供人力资本服务；帮助产品价值实现的服务；为保障现代农业"三个体系"高效运转提供的服务；提供管理服务。从横向的角度来看，可服务于"三生"领域和"三农"，也可服务于城市。因此，要立足服务农业各产业、各业态，着眼于农业全产业链、全过程的需求，延伸产业链，提高价值链，保障供给链，完善利益链，节本增效，提供全方位、多元化、全覆盖服务。

二、在农村产业融合发展中构建农业社会化服务体系的缘由

（一）农业社会化服务业是农村产业融合发展的典型业态

坚持和完善农业生产社会化服务机制，服务领域既涵盖农（种植业）、牧、林、渔等各产业，也包括新产业新业态，围绕农业生产的产前、产中、产后等环节，集中连片地推进机械化、规模化、集约化的高效现代农业生产方式，探索生产托管、代耕代种、联耕联种等直接服务的多种服务方式，创新农机合作社、劳务合作社、专家大院、农业服务超市等新的服务组织形态。例如，智能农机可以与智慧农业、云农场深度融合，健全农业信息服务体系和农机作业及维修服务体系。"产前农资销售＋农药防控"有利于实现产前产中融合。分属各环节的收割、脱粒、烘干、秸秆还田，机械作业可实现产中、产后融合。健全农业社会化服务体系，引导农村服务业市场化、产业化、社会化、网络化，引导农村服务业优化质量提升机制，推进标准化、品牌化建设，农业服务业集成性运营模式的不断创新和智能化水平的迅速提升，农业内部三次产业的服务业之间互为依存，城乡产业的服务业之间的相互融合。为农村服务业增强可持续发展能力、引领农村三产融合发展的能力创造条件。

（二）发展农业社会化服务是实现农业转型升级的引擎

三产融合发展的大格局下，更加重视延长产业链来提升价值链、实现农业产业升级和竞争力提高。农业社会化服务业快速突破分割式发展的低效率困境，以农业全产业链为基础实现链条式延伸，增强农业社会化服务系统化设计。瞄准需要服务的关键问题，拓展农业社会化服务领域，满足农业经营主体的社会化服务需求，促进农业产业链的各个环节和多个领域协同发展，创新服务方式，提高服务的质量和能力。农业社会化服务发展有利于推动农业生产的高效化集约化，促进农村三产融合发展。供销社、邮政公司、烟草公司等在农村持续创办公司、服务队、合作社等新型组织，通过整合农资、农技、农机、营销、金融等资源，实现服务链条纵向延伸、横向拓展，生产性服务业发展，既可把小农户带入现代农业产业链、价值链，也可促进各服务主体多元互动、优势互补，探索服务农户的不同模式方式，推动服务网络化和农业生产的高效化集约化。

（三）农村产业融合发展规定了农业社会化服务体系的主要内容

农业服务业集聚了资本、技术和管理等现代农业要素，是高度市场化的社会化大生产，是"专业的人做专业的事"，是农业生产专业化和分工协作的深化发展。①推进农业全过程社会化服务。"全过程"社会化服务体系构建：创建区以

大户、家庭农场、合作社、龙头企业等为主体，健全面向小农户的"五统一"（种植品种、肥水管理、病虫防控、技术指导、机械作业）的社会化服务体系，围绕农业产前、产中、产后各环节，提供专业化的专项服务和全方位的综合服务，重点聚焦农业市场信息、农资供应、农业绿色生产技术、农业废弃物资源化利用、农机作业及维修、农产品初加工、农产品营销七大服务领域，提供多样化的涉农产业服务，将小农户引入现代农业发展的轨道（见表9.1）。②健全农业结构调整的服务机制。当前农业生产经营服务体系有待健全，推动农村产业融合发展，要在产业结构和生产方式上革命。改革农业科技服务方式，推行技术帮扶，提高基层农技推广服务效果。制定新型职业农民培育跟踪服务管理办法，做好跟踪服务。探索发展区域特色农林产品生产社会化服务的财政支持方式，为拓宽农业生产社会化服务领域、开辟农业生产社会化服务市场积累经验。③搭建区域农业生产性服务综合平台。创新农技推广服务机制，促进公益性农技推广机构与经营性服务组织融合发展，提供多形式技术服务。探索政府购买服务等方式提供公益性服务。支持农垦企业、供销合作社实施农业社会化服务惠农工程。

表9.1　农业生产性服务需要积极拓展的七个领域

社会化服务	主要服务内容
农业市场信息服务	提供重要农产品价格信息、国内外市场供求形势、市场运行风险等信息服务、农业信息化等
农资供应服务	提供集中育秧、供种、用种技术；兽药、农药和肥料集中配送等
农业绿色生产技术服务	深翻深松、秸秆还田、测土配方施肥、有机肥替代化肥、喷灌、滴灌、水肥一体化等农业节水技术。病虫害绿色防控，专业化动物疫病防治
农业废弃物资源化利用服务	病死畜禽收集处理，畜禽养殖废弃物收集、转化、利用；地膜回收、秸秆收储运、循环利用
农产品初加工服务	农产品加工储藏、烘干、保鲜、清选分级、包装等初加工一条龙服务
农机作业及维修服务	粮棉油糖作物、特色作物、养殖业领域，耕种防收、产地烘干等农业生产全程机械化作业服务
农产品营销服务	预选分级、加工配送、包装仓储、信息服务、标准化交易、电子结算、检验检测等服务物流服务，产销对接、电商、质量安全追溯等

三、构建农业社会化服务体系的湖南实践

（一）高位统筹谋划，规划引领

湖南坚持高位推动，出台政策文件，夯实农业社会化服务基础。2016年，

开始将农业社会化服务体系建设纳入了《湖南省"十三五"规划纲要》和《湖南省"十三五"农业现代化发展规划》。培育服务组织，打造有影响力的旗舰型农业社会化服务组织，完善服务网络，发展服务带动型适度规模经营。出台《关于大力推进农业生产托管的指导意见》（农办经〔2017〕19号）、《关于加快发展农业生产性服务业的指导意见》（农经发〔2017〕6号）、《关于深入推进农业"百千万"工程促进产业兴旺的意见》（湘政发〔2018〕3号）文件，推动了农业社会化服务主体蓬勃发展，服务能力和服务规模将会得到大幅度提升。

（二）农业社会化服务的规模和效果

新型农业经营主体和服务主体在服务实践中不断发展壮大，服务规模不断扩大。①打造了服务强、技术硬、品牌响的农业社会化服务组织，扩大了湖南农业社会化服务规模。农业社会化服务的技术力量、设施装备、服务主体等方面规模持续扩大，农业社会化服务体系基本构建。截至2018年年底，湖南农业社会化服务组织3.5万个，其中，农村集体经济组织3629个、农民合作社1.9万个、农业企业3161个，服务对象299.67万个，农业社会化服务面积66万公顷。还有从事农业科技教学推广服务的专业人员，以及农业大中专院校毕业生和农村成长的"土专家""田秀才"。②结构加速转型。政府扶持政策的重点从补主体、补装备、补技术，逐步转向补服务。以适应小农户的多元化多层次服务和以满足新型主体规模经营的专业化智能化服务需求相互并存。以生产效率提升为目标的经营性服务业和以公共利益增进为目标的公益性服务业的边界日益清晰，两者共存互促的发展格局正在形成。③提高了农业整体效益与农业现代化水平。加快提升农业社会化服务业市场化、专业化、信息化水平，打造要素集聚、主体多元、服务高效、体系完整的农业服务业。较好地实现小农户与现代农业有机衔接，在良种推广、农资供应、技术培训、农机耕作、农作物播种与收割、病虫害统防统治、农产品储藏、物流与销售等环节，采取规模化集中供给服务的方式，不断拓展服务的区域范围，提高服务的专业化程度。解决了"少劳力、低效率、怕麻烦"等难题，提高了种养水平，解放了农村劳动力。④发挥农业社会化服务基础作用，增强集体经济组织培育水平。激活农村集体资产资源要素，全面加强"三资"管理，实现集体资产保值增值。截至2017年底，湖南村级组织29183个，集体总资产493亿元，净资产281亿元；村集体经济总收入197亿元，经营收入32亿元，有经营收入的村占比上升到71.3%。

四、完善农村产业融合发展的农业社会化服务体系的政策建议

（1）全方位提供农业社会化服务体系建设政策支撑。以乡村振兴战略规划为契机，构建体系化支持政策，推动农业社会化服务体系完善，服务内容全面，服务标准健全，服务模式多样，服务效能高效，农业社会化服务涵盖农业生产全程。培育市场化、多元化服务主体，扶持综合性农业公共服务组织；推动供销合作社、邮政与新型经营主体有效对接，向全程农业社会化服务延伸。深入推进"三项补贴"改革，将新增农业补贴重点向新型农业经营主体和服务主体倾斜，支持各级政府通过贷款贴息、项目补助、专项奖励等重点支持技术改造、标准化生产、规模化服务、创办品牌等领域。综合运用财政、金融、保险、税收等政策工具，引导金融机构、保险公司创新服务方式和服务产品，建立健全针对新型农业经营主体和服务主体的信贷、保险、税收支持机制。将新型农业经营主体服务带动农户的数量与成效，作为政策扶持的重要衡量标准、财政支农资金和项目审批、验收的重要依据。

（2）创新服务组织，提升农业社会化服务能力。完善经营主体与服务主体的扶持机制，着力培育壮大多种形式的新型经营主体，提升生产经营、市场开拓和组织带动能力。引导各类新型农业经营主体建立健全现代管理制度，完善内部运行机制，提高现代经营管理水平。强化新型服务主体的服务功能，引导各类服务主体根据比较优势、业务特征，选择特色主导产业，提供低成本、便利化、专业化服务。促进公益性服务和经营性服务相结合、专项服务和综合服务协调发展，强化农技推广、动植物疫病防控和农产品质量安全监管"三位一体"公共服务职能，推动农业公共服务向乡村和经营主体延伸。支持合作社、农业龙头企业、专业服务组织等规模化集中供给服务，拓展服务的区域范围，提高服务的专业化程度。鼓励合作社跨区域、跨产业合作，鼓励企业通过订单农业、示范基地等方式，与家庭农场、合作社、农户建立稳定的利益联结机制，提高农业组织化程度。增强村集体农业社会化服务能力，充分发挥村级集体经济组织在组织农户实现集中连片经营、协调服务组织与农户关系、引导服务组织与农户签订服务合同、评价服务效果等方面的组织协调作用。

（3）加快服务体系建设，搭建农业社会化服务平台。充分发挥政府部门的组织优势和公益性服务机构的人才技术优势，实行部门联动、为农服务协同、信息共享、分类制定方案等措施，构建中央、省、市、县四级的农业公共信息服务平台、智能农业大数据平台、农产品对外展销信息平台以及集信息发布、农机调度、物流配送、金融保险等于一体的农业社会化综合服务平台。以农技部门、科研机构为依托，打造农业服务科技支撑平台；整合气象、水利、安监等部门资源，努力打造预防和应对气候变化、自然灾害、突发事件的农业服务安全保障服务平台；整合人力资源社会保障、农业、科技、教育、扶贫等部门教育培训资源，完善农业科技服务网络，积极打造职业农民教育培训平台；加快智慧农业大数据平台建设，支持建立上下互通、部门互联、运行高效、便捷畅通的农业农村综合信息服务平台；鼓励发展专业技术协会、服务行业协会和区域联合协会，打造农业中介服务平台；构建区域性农业规模化服务综合平台，打造农业服务业的"滴滴农服"平台，促进农业服务业的快速发展。构建土地流转服务体系，建立土地流转合同网签管理制度和农地纠纷调解仲裁体系，健全流转服务中心、农村集体资产管理交易中心、农村产权交易中心等公开市场和社会服务机构建设。

（4）农村产业融合发展的农业社会化服务体系的支撑因素。一是完善现代农业市场体系。培育和规范服务市场，加快推进服务标准建设，推进标准服务合同、服务质量和服务价格等行业标准体系建设。以要素市场为基础，以农产品流通市场为重点，以大交通为依托，以多元化流通企业为主体，创新流通方式，构建统一开放、竞争有序、安全高效、城乡一体的现代农业服务市场体系（王苗苗，2016）。二是完善融合发展的组织体系。推进社会组织改革，规范性建设提升服务质量、效益及水平，发挥涉农社会组织在农业社会化服务中作用，发挥涉农行业协会商会在提供农业社会化服务的重要作用。组建新农人联合会，建成"三农"新型综合服务平台，助推农业社会化服务体系建设。三是全面加强农业社会服务基础建设。改善农村基础设施条件，推动基础设施城乡联网、共建共享。对新型经营主体的烘干、仓储、机库棚、育秧棚等有服务功能的基础设施，加大支持力度。支持新型经营主体兴建上规模的区域性农业社会化服务中心，支持批发市场、冷链物流等农产品流通基础设施建设，健全以县以下物流节点为支撑的农村物流网络体系，推进农产品加工和冷链物流建设，开展农产品产地初加工示范基地建设，探索从源头至终端的冷链物流全链条监管机制。

第三节 构建农村产业融合发展的农村创业服务体系

一、双创和农村创业服务体系的内涵

按照党的十八大提出的实施创新驱动发展战略和实施乡村振兴战略的决策部署，按照农业高质量发展要求，深入推进农业供给侧结构性改革，把创业创新引向深入，加快培育农业农村发展新动能。自党的十八大以来，"大众创业、万众创新"成为国家战略，农村经济新业态、新产业、新模式蓬勃兴起，城乡交流日益密切，"三农"政策支持力度不断加大，为农村就业创业提供了更多的机会和要素，为农民创新创业提供了更大舞台（更大空间、更好机遇），推动形成了农村双创新热潮，形成要素聚乡、产业下乡、人才入乡和能人留乡的良性互动局面。据农业农村部最新统计，全国返乡入乡创业创新人员已达850万人，在乡创业创新人员达3100万人。与此同时，社会资本加速下乡，正成为促进乡村振兴的重要力量。社会资本下乡主体超过15万家，累计投资超过2万亿元（韩俊，2019）。2018年年底，中央农村工作会议指出，要加快培育农村发展新动能，支持各类人才返乡下乡创业创新，拓展农村就业空间和农民增收渠道。让双创成果在农村厚土绽放，让农村成为双创的主阵地。农村双创是推进农业农村经济换挡升级的新引擎，是促进广大农民就业增收的新途径。

（一）农村双创的基本情况

党的十九大报告强调，要促进农村三产融合发展，支持和鼓励农民就业创业，拓宽增收渠道。加大"双创"人员的支持力度，发挥创业、创新、创造潜力。搭建了一系列平台，提供了一系列政策支持，《关于支持返乡下乡人员创业创新促进农村一二三产业融合发展的意见》《关于推动创新创业高质量发展打造双创升级版的意见》等文件，为农村双创提供了重要的机遇，创造了良好环境。目前：①双创主体不断增多，既有传统农业企业，也有房地产、电商等企业跨界投资。双创的农村对接主体越来越成熟，种养大户、家庭农场、农民合作社等新型经营主体蓬勃发展，1500万农民和350万家新型经营主体能够与社会资本有效对接。②领域不断拓展，覆盖特色种养、加工流通、休闲旅游、信息服务、电子商务等多领域，并呈现与科技紧密融合的发展态势。从市场容量看，全国还有5.6亿人生活在农村。城乡居民消费结构快速升级，人们对绿色优质农产品、休闲旅游观光、农耕文化体验等需求越来越旺盛，为农村双创带来了无限商机。③双创方式不断创新，50%以上的双创主体运用互联网等现代信息技术，越来越多的农民工返乡创业，工商企业下乡创业创新，大学生"创客"、农村能人在乡创业，不少创客开设了分享农场、共享农庄（韩长赋，2019）。④投资模式更加多样，通过订单农业、土地托管、土地入股等形式，带动发展适度规模经营。还有的由村集体牵头，吸引社会资本参加，发展餐饮、民宿、旅游，壮大村级集体经济。从投资潜力看，社会资本既可以投资乡村产业发展，又可以参与农产品仓储保鲜、冷链物流、高标准农田、农村污水处理等基础设施建设，还能发展村庄规划、教育养老、乡村旅游、电商消费等服务业。⑤双创的基础条件不断改善，农村交通、通信、信息等基础设施不断改善，物流运输更加便利。劳动、土地等成本相对较低，农村科教文卫等公共服务条件逐步改善，以全程冷链为代表的现代物流向农村加快延伸。

（二）农村创业服务体系的内涵

通过激发创业积极性和农村创造活力，强化农村创业服务要素保障，以创新促创业、以创业促就业，培育农业农村发展新动能，建立创业服务体系。形成：一是包括项目考察推进、需求对接、个性化服务方案制定、实施效果评估、实施问题解决以及项目深度扶持、示范扩展与推广、项目整合链接等在内的完整的项目服务体系。二是健全农村创业人才聚集和扶持发展体系，着力引进经济、文化、科技、教育、卫生、公益等领域人才，实施新型职业农民创业培育、农技推广人才创业能力提升、农科教人才创新创业、农村实用人才培育等行动，健全农村创业主体培育体系。三是完善农村创业平台提升体系。打造乡村创业产业园区、乡村科技创新和成果转化平台、乡村创新创业孵化基地、创业大学引领平台、特色创业小镇、农村电商平台、乡村休闲旅游平台。四是完善农村创业环境服务体系。包括营商服务环境、金融服务环境、人才服务环境，发挥各部门的优势，创新管理机制，制定相应的配套政策措施。

二、农村创业创新服务体系支撑农村三产融合发展的机理

农村双创是推动农村三产融合发展的重要手段，是发展现代农业的不竭动力。三产融合是加快乡村振兴、推动经济高质量发展的主攻点。促进农业三产融合发展，转换农业发展动能，搭建服务最便捷、最高效、产业集聚最强、服务功能最全的双创平台，寻找农民创新创业的新增长点。

（1）农村双创带动产业链分工合作，促进农村三产融合发展。引导广大"双创"主体将三产融合作为创新创业重点，推动传统种养向加工流通、休闲旅游、电商等延伸。双创资本正从种养业向"产+销"全产业链和"三产"融合转变，主要从事产前和产后服务，办农民"办不了、办不好、办了不合算"的产业，多办链条长、农民参与度高的产业，引导其更好地带动产业价值链升级和区域优势特色产业供给质量的提升，把就业岗位留给农民。并以订单、品牌和资本为纽带，带动农户进入产业链，与现代农业有机衔接，分享更多增值收益。

（2）农村双创新活力和合力，增添乡村振兴和城乡融合发展新动能。一是农村双创促进促进乡村产业振兴，推动城乡融合，架起城乡协调发展的桥梁纽

带。返乡入乡在乡人员利用积累的资金、技术、经验和市场渠道，在农业内外、生产两端和城乡两头创业，激发积极性和创造力，掀起农村双创热潮，会聚起全社会助农兴农、推进乡村振兴的强大合力。二是技术与产业交互联动、深度融合，催生了大批新产业、新业态，有力地促进了城乡要素双向流动，引领带动农村健全现代生产经营方式、新商业模式和通达营销网络，推进城乡基础设施互联互通和城乡之间要素合理流动。双创营造了良好的营商环境和双创环境。双创直接组织各种培训、电商、数字乡村等双创活动，提升乡村发展整体水平，缩小城乡基本公共服务差距，实现乡村建设与城市共生共荣，这些正好与乡村产业振兴契合。

（3）农村创业创新，推动农业农村经济新旧动能转换。一是农村双创可引领农业结构调整和绿色发展的动能，有利于增加绿色优质安全农产品供给，提高质量效益和竞争力。用现代科技、生产方式、经营理念和先进要素改造农业，有利于提升农业标准化和品牌化水平，带动三产融合发展。二是双创平台提供农业农村发展新动能。农村电商、产业园区等平台，围绕农村电商、餐饮、娱乐等新业态，可催生新的商业形态和运营模式。农业信息化平台引领驱动三产融合发展。特色适用的农业信息新技术和农业农村大数据挖掘技术和云平台，有利于促进"三生"协调发展，为农村融合发展和乡村振兴提供新动能。加强劳务输出服务平台、农民创业培训平台和就业服务平台等建设，有利于提高农民创业、就业、职业转换能力，推动双创服务全面升级。建设农业技术引进、应用和推广平台，建设农技研发、交易平台和成果转化基地，建立跨行业、跨部门、跨地域的技术交流、交易服务体系。三是构建农村双创的新商业模式，提供农业农村发展新动能。综合运用智慧、智力、智能等要素，创新农业综合服务模式，推广应用新技术、新模式，提供适合其经济形态的商业模式，让农民拥有造富的能力。

（4）推进三产融合是打造农村"双创"新的增长点。要推进三产融合，打造农村双创新的增长点。目前，要进一步挖掘双创新增长点，进一步发展新业态。按照农业高质量发展要求，引导双创主体将三产融合作为双创重点。据统计，目前82%的双创项目属于三产融合领域。农村双创为农业农村发展增添了新动能新活力。引导能人返乡、企业兴乡和市民下乡，把智创、文创和农创引入乡村，支持农民工和"田秀才、土专家、农创客"等创新创业，在生产两端、城乡两头寻找新模式，丰富新业态，创新技术，转化科研成果，挖掘行动增长动力，带动乡村产业发展、农民增收致富。

三、农村创业服务体系建设的湖南省实践

贯彻《关于推进创新创业高质量发展打造双创升级版的意见》精神,支持双创高质量发展。近几年,省委、省政府高度重视农民双创工作,把加快培育农村人才和新型职业农民作为深化农村改革、实施乡村振兴战略、推进现代农业发展的重大战略措施。农民双创与新型职业农民培育呈现较好的发展势头。

(1)农村返乡下乡双创的人员逐渐增多、素质明显提高、经营领域呈多元化发展。涌现出特征明显的返乡人员(具有农村户籍的农民工、高校毕业生和退役士兵等)、下乡人员(科技人员、高校毕业生、市民等)和本乡人员(农村能人和青年等)三大群体。目前,湖南返乡下乡人员创办的农村双创主体8.5万个(32.5万余人),带动农村192万人就业,实现销售收入400多亿元,拉动了乡村产业的发展。桃江县每12个人里就有1个创业者,创办企业近千家,建立国家级双创园区2个。长沙县近年来新建现代农庄86家,壮大综合性合作社1500余个、家庭农场和种养大户3000余户,吸引返乡下乡创业人员2600余人。随着农村"双创"人员的持续增加,创业创新领域也逐步宽泛,"双创"主体逐渐将三产融合作为创业创新重点,三产融合发展趋势增强。

(2)双创平台逐渐得到升级。依托现有开发区、现代农业产业园、农业科技园区、农产品加工园、农村产业融合发展示范园,以及专业市场、合作社、规模种养基地等,整合创建了714个具有区域特色的返乡下乡人员创业创新园区(其中望城现代农业创业创新园等80个园区入选全国农村创业创新园区),创建了国家级星创天地,建立了开放式服务窗口,发挥"孵化器""加速器"辐射带动和示范作用,为农村双创搭建服务平台。长沙县创建"2+10+X"县、镇、企业三级创客平台体系,每年安排2000万元以上专项扶持资金,服务农村创客,重点支持农村创客项目、创客服务、成果转化和创客活动。这些平台正成为农村"双创"主体集约发展、抱团创业的重要平台和载体。

(3)培育新型农业经营主体和农村产业革命的带头人。贯彻农村双创百乡千乡万名带头人培育行动和百千万农村双创人才培训计划,培训农村双创人员和双创导师。省政府出台了《关于加快新型职业农民培育的意见》《关于支持农民工等人员返乡创业的实施意见》《关于深入推进农业"百千万"工程促进产业兴旺的意见》,明确了对农民双创的扶持政策。实施新型职业农民培育工程。实施新型农业经营主体带头人轮训计划、现代青年农场主培养计划、千名优秀农民境外培训计划,提升新型农业经营主体综合素质。实施"创业兴湘乐业富民"工

程和"新乡贤"回乡工程，支持退伍军人、大学生等人员以"三区三园"为平台创业创新。省财政每年预算安排了1900万元专项资金，专门用于支持新型职业农民的培育工作。实行"分段式、重实训、参与式"培育模式，推广以企业聚教、市场牵引、方式创新、基地示范、平台延伸为主要特征的湖南隆平高科政企共建五维培育模式等多种培育模式。实施乡村就业创业促进行动，催生农村"小老板"，培育产业"小巨人"，打造"隐形小冠军"，促进企业从粗放式增长、平面化竞争向集约化发展、立体式分工转化。湖南形成了"政府主导、农业牵头、部门协作、上下联动"合力推进农民双创的良好局面。

（4）适应新形势新要求，转变观念、创新思路，围绕"由谁创？到哪儿创？创什么？和怎么创？"四个核心问题进行思索。为农村双创主体清障搭台、营造环境。在政策、产业、人才、服务等方面下功夫，构建起相互协同的支撑体系，将农村双创引向深入。坚持农业农村优先发展，扶持政策会更多更有力。激发市场主体活力，坚持把农村"双创"与新型职业农民、新型经营主体培育相结合，组织开展农民创业培训和手机应用技能培训。加强创业指导，搭建服务平台；建设具有区域特色的农村创业园区（基地）。打造一批农村三产融合发展的示范园和先导区，建设标准高、服务优、示范带动力强的国家级农村创新创业示范基地。鼓励创业创新者与农民结成稳定合理的利益联结机制，让农民分享全产业链的增值收益，带动农民增收致富。按中央要求加快制定出台土地出让收益更多用于农业农村、金融服务乡村振兴等政策文件，深入推进农业农村"放管服"改革。

四、构建产业融合发展的农村创业服务体系的政策建议

全面完善的服务体系是创新创业的重要"助推器"。政府部门要充分发挥社会服务功能，为创新创业提供有效的公共品。加强创新创业业务指导服务体系，创新创业考察学习服务体系，创新创业培训教育服务体系建设。突出需求导向、政策引路、农民自愿的原则，开展全产业链培养和跟踪服务。

（一）农村双创理念创新：构建"大农业融合、大市场、大生态"理念

树立大农业融合发展理念，用三产融合的理念和思路开展"双创"，积极培育新产业、新业态、新技术、新模式。发展"农业＋"旅游、康养、文化、教育、休闲等多种模式，推进农村三产融合发展；树立大市场抱团发展理念。通过联合与合作模式开展双创，组建合作制、股份合作制和股份制等形式的双创联盟，抱团闯市场。树立大生态绿色发展理念。把农业的绿色价值挖掘出来，生产各种绿色优质安全的农产品，提供更多清新的空气、洁净的田园，打造生产生态新景观。

（二）主力军培育是农村双创服务的重点

要把农村人力资源开发放在突出位置，打造新农民新主体的生力军。农业农村部实施农村创新创业百乡千乡万名带头人培育行动，组织实施百千万农村创业创新人才培训计划（曾德衍，2018）。依托新农民新主体，增强农民参与产业开发和创业就业的能力，培育农村"双创"主力军。以农村双创带头人培训等项目为抓手，以全国农村双创项目创意大赛以及成果展示展览为手段，实施新型职业农民培育工程，培育农村创业创新的带头人、导师人才。搭建能人返乡、企业兴乡和市民下乡平台，培养造就扎根农村的"土专家、田秀才"和农业职业经理人，壮大新型职业农民队伍（韩长赋，2018），加强新型职业农民培训和农村专业人才队伍建设。支持返乡农民工到县城和中心乡镇就业创业，引导农民工、复员退伍军人返乡创业，鼓励城市青年到农村创业。对中高等学校毕业生务农创业给予补贴和贷款支持，对立志贡献农村发展的农村生源进行降分录取、定向培养并给予学费或生活费补助，毕业后到农村基层就业，扎根农村，切实为农业、农村提供技术，成为农民科技的带头人、农村"永久牌"人才。鼓励公职人员和退休人员到农村任职或就业创业，发挥"新乡贤"作用。实施乡村就业创业促进行动，健全农村基层人才的激励机制和引进机制，引导"乡创客"创新创业，给农村发展增添了新动能，直接催生出农村新的市场主体，成为农村"四新"的承担者、使用者，甚至是创造者。

（三）发展新产业和新业态是农村双创加速器

要打造产业链条，拓宽创新创业领域，鼓励在采摘分拣、物流保鲜、电商营销等环节开展创业创新，推进"农业＋"加工流通，推进"农业＋"生态环保，推进"农业＋"文化娱乐，推进"农业＋"特色工艺，带动引领重塑乡村产业形态，打造从低端到高端梯次发展的产业链条。积极支持特色农业，支持各类返乡下乡人员到农村创业创新，带动小农户发展特色化、小众化、中高端、高附加值的产业，共同分享农村双创成果（韩长赋，2018）。支持农产品初加工、精深加工、综合利用加工以及休闲旅游和电子商务等优势产业，努力发展农村"双创"新产业和新业态。依托信息技术发展新产业新业态新模式，打造农村电商、众筹农业、直播农业等新型智慧农业。加快星创天地建设，发展小微企业。推动"互联网＋"升级，培育中小微网商，催生网商企业家。培育发展网络化、智能化、精细化的现代乡村产业发展载体，善于运用互联网技术和信息化手段，让农村双创搭上信息化快车，把小农户和现代农业连在一起，实现产品相通、信息相通、服务相通、利益共享，打造"互联网＋"双创新模式。推行智能生产、经营平台、物流终端、产业联盟和资源共享等新模式。抓好县域工业集中区建设，切实增强企业吸纳农民就业能力，开辟农村第三就业空间，创设乡村公共服务岗位。

（四）搭建新平台新载体是农村双创的重要基石

强化平台整体规划，制定平台发展战略，完善平台目标定位和市场细分，加强平台基础设施建设，健全平台制度和机制，明确准入门槛和条件，优化平台软环境和硬环境。建好双创服务平台，以项目为平台加强双创对接。整合资源、创新模式，建好新型职业农民培训平台，增强综合服务平台功能。开展乡村创业领雁培养计划，开展"万企帮万村""迎老乡、回故乡、建家乡"等活动，支持打造双创平台，推动大中小企业融通发展。完善股权、薪酬等激励机制，促进各类企业协同创新。鼓励风投、创投支持双创。支持创业孵化机构、创投企业发债融资，优化农村创业孵化平台。发挥平台整合资源的集聚效应和示范引领作用，对接"三区三园"建设，创建现代农业产业园、农业科技园区、农村产业融合发展示范园等农村双创的重要"孵化器"，培育农村双创园区。发展区域特色产业带动创业就业，将创新创业元素引入园区基地，集成建设创业园、孵化园、见习实训基地和国家级农村双创示范基地，提供集中的场所和高效便捷服务。加快建设农村双创电商园区，开展农民手机培训，农村双创完善利益联结机制，形成利益共同体，要让小农户分享农村双创、乡村振兴的成果。加强平台市场化体系和农村要素交易市场建设，用市场机制推进双创向纵深推进。

（五）科学的政策体系是农村双创的支撑和保障

从乡村振兴维度优化农村创新创业的顶层设计，构建一套系统完整、科学高效的农村双创的支撑体系。加快推动现有双创政策向农村延伸，推动农业农村领域放管服改革，降低创业创新成本，为农村双创清障搭台。将城市创业的好政策、好做法、好经验向农村覆盖，并积极创设更接地气的政策措施，逐步形成引导扶持的工作机制和政策体系。调整和降低现有涉农和创业扶持政策门槛，将返乡创业全面纳入支持范围。切实提高返乡农民工创新创业积极性、主动性，不断释放创新创业的政策效能和市场活力。健全农村双创激励机制，落实好市场准入、金融服务、财政支持、用地用电、创业培训、税收、信息技术和创业园区等方面的政策，优化创新创业环境。鼓励以奖代补、先建后补、政府购买服务等方式，对双创项目予以支持。推动扶持中小微企业发展信贷政策措施惠及返乡创业者，鼓励涉农担保公司和民间资本释放出对农村双创支持的巨大潜力。加强与金融部门和创新基金、风投公司等合作，联合搭建对接平台，建立多层次创业融资基金，支持农村双创优秀项目，完善创新创业环境。发挥"双创"促进科技创新的独特作用。支持"双创"示范基地在科研立项实施、成果确权和转化等方面先行先试。

第四节　构建农村产业融合发展的农村电商服务体系

一、农村电商服务体系建设

随着农村网民数量的增多和网络购物、移动电商的普及，农村电商网络零售额和农产品网络零售额将会呈现快速增长的态势。农业农村部开展了农业电商试点、信息进村入户工程和"互联网＋"农产品出村进城工程，以及乡村振兴战略的实施，政策红利有效地促进了农村电商快速发展。2018 年全国农村网络零售额达 1.37 万亿元，同比增长 30.4％。全国农产品网络零售额达 2305 亿元。农村电商已经从农村地区产品和服务交易的创新形式和有效形式，演变为农村地区产业发展和农民就业创业的载体，经济社会效益显著。

农村电商服务体系就是通过整合电子商务全产业链服务资源，促进农村电商发展，开展电商业务提供服务。包括农村电商公共服务中心，农村电商培训体系，农产品电商供应链管理体系（包括工业品下行和农产品上行的双向通道体系），农村电商物流体系，农村电商营销体系，农村电商公共服务站点体系，农村电商的产业体系，农村电商扶持体系等方面。目前，电商服务体系建设的思路和内容更加细化，电商服务体系不断完善，信息基础设施和物流服务体系不断完善；电商发展与快递物流业相互促进，益农信息社、邮乐购、农村淘宝等各类村级电商服务站已经覆盖全国约 2/3 行政村，为构建农村网络流通体系提供重要支撑（苏红键、崔凯，2019）。

二、农村电商服务体系促进农村三产融合发展的机理

（1）农村电商服务体系的职能承载。扎根于农村，服务于政府、涉农企业及农民，建设线上线下融合的服务体系，提供技术支持、培训孵化、产品对接、品牌建设、金融信用和其他衍生增值服务等，使电商形成抱团合力、区域特点和优势。电商产业园是集总部办公、创业孵化、电商培训、特产展示、物流仓储、线上线下互动交易等为一体的现代化综合电商产业园，是农村电商服务体系主要

载体，以促进农业应用电子商务、实现线上线下交易相结合，提供配套服务，形成特色农产品电商产业链。

（2）农村电子商务服务体系的功能定位。完善电商基础设施、健全电商服务功能。完善电务公共服务中心、农村电商运营服务中心、跨境电商服务中心、电商仓储物流配送中心、品控与溯源中心、电商金融服务中心、特色产品数据中心、电商创业孵化基地、人才培养基地。搭建区、镇、村三级电商平台及电商服务体系，发挥其在普及电商应用、推动农产品网销、提供便民服务等功能和作用。为企业、网商、创业者、农民提供电商政策咨询、人才培养、孵化支撑等功能，为农特产品网络销售提供品牌培育、分拣包装、检测认定、营销策划、网站托管、VR引流等增值服务，为生产提供农资采购、贷款等电商和金融服务。

（3）"互联网＋农业"促进农村三产融合发展。大数据作为传统产业转型发展的重要抓手，能够快速激活传统产业中累积的数据价值，用数据带动产业活力，以数据价值促进产业发展。依托"互联网＋"发展专业化社会服务，利用大数据、物联网等促进农业生产管理更加精准高效，提高管理效能。扩大农业物联网区域试验范围、规模和内容，推进重要农产品全产业链大数据建设。实施"互联网＋"农产品出村工程，推进电商企业与小农户、家庭农场、合作社等产销对接，推动区块链技术应用到数字金融、物联网、供应链管理等多个领域，使手机成为"新农具"。推动农村生产要素跨时空、跨地域重组，农村"上行下达"为原有产业链创造出更多附加值。在超短供应链、特色物流网、新农人等发展因素的作用下，农村电商将构建新型生产力与新型生产关系。运用互联网发展亲农惠农新业态、新模式，推动双创在农村向深度发展。农村电商推动实现生产者利润增加、消费者消费体验升级，将成为助力农村三产融合发展的新模式。

（4）农村电商是助力农村发展的有效载体。农村电商是产品交易形式升级，是产业兴旺的抓手，先后被列入农村产业融合体系、电商扶贫工程和数字乡村战略等政策体系中，其实践得到不断拓展。发展农村电商的主要目的是为了促进农业农村信息化和农村产业融合发展、产业兴旺，以此带动农民增收，实现农业农村高质量发展。为涉农实体经济提供一站式电商服务，促进"互联网＋"战略实施，加速产业转型升级，助农提高经济收益。运用大数据反哺农村，指导标准化农业产加销、流通、消费，助推农村三产融合发展，释放农村消费潜力，全面激发农村经济活力，实现乡村振兴。

三、农村电商服务体系构建的湖南实践

电子商务进农村，是落实乡村振兴战略的务实举措，也是农村精准扶贫的一项重要手段。湖南数字经济发展有良好的基础，农村电商也探索出多种成功的模式，如何更好地发挥优势，着眼精准扶贫，构建完善的农村电商公共服务体系，助推湖南乡村振兴，意义重大。

（1）加强与全国互联网大平台的合作。积极引进全国知名互联网大平台，推动其在湖南设立子公司，提升农业生产技术的先进性、实现农产品销售的网络化。支持在无人机植保、农业机器人、VR、农业物联网、传感监测、航拍分析、农业产业地图、农业数据大脑等方面进行跨界落地合作。支持电商大平台落地直营店、特产馆、扶贫馆、农产品直采基地、智慧物流网络，打造互联网农产品品牌、扩大农产品向全国、全球销售；支持湖南国家农业农村信息化示范省综合服务平台等大平台参与智慧乡村建设，建立线上线下一体的"互联网＋村务、党务、商务、金融、农技、就业"等综合服务平台。支持电信运营商加强农村网络基础设施建设，重点建设了以技术为核心驱动的"农货中央处理系统"和以供应链效率为主导的"新农人体系"。

（2）打造农产品电商上行通道。农货上行将成为农村电商的主要发展趋势，新电商是农货上行模式的主要推动者。湖南推动农货上行的新型模式，引导农民进行标准化生产，突出58农服优势，在大型实体商超和批发市场设立线上线下融合的农特产品电商专区。打造"湖南电商农家小店"社交销售平台。借助益阳市"生态农业智慧乡村互联网大会"，打造农产品展销平台和应用"互联网＋"交流平台。支持利用"湖南省电子商务大会暨电商博览会""湖南电商公共服务平台""供销e家"和各类展会采用线上线下结合的模式，拓宽农产品销售渠道，全面推介湖南优质农特产品。组织湖南涉农企业、生产经营主体以及"三品一标"认证产品、优质特色农产品参加产销对接活动。步步高集团等企业组织省内外农产品采购商参加产销对接活动，真正实现产销对接。

（3）加快推进农业农村大数据发展和应用。数字化建设将推动数字农业农村发展。以三产融合、技术创新、绿色发展、利益联结为载体，创建国家现代农业产业园。通过技术创新，打造数字经济，引领产业绿色发展。实现农业生产的智慧化和自动化，实现全产业链的高度融合，实现全流程的实时精准调控，打造可复制的未来农业组织新模式，打造数字乡村示范园区。从2017年起，安化黑茶集中投身于数字化建设。数字经济新技术应用于茶叶产业升级发展领域，这标志着安化黑茶从品牌化运营迈向数字化发展。2018年10月，安化黑茶建设安化黑茶离岸孵化中心并开始运营。实现黑茶销售线上线下融合，助力"互联网＋黑茶"发展。通过加快信息化建设和数字化发展，建立生产信息化、经营信息化、消费信息化、服务信息化等一体化的数字产业体系，形成可视化平台、智慧农业一体化平台、产品展销平台、农技推广服务管理平台、土地流转和金融服务平台、资源管理平台等，大数据支撑农业产业链做大做强。

四、构建有利于三产融合发展的农村电商服务体系的政策建议

针对农村电商服务体系中的薄弱环节，按照"以民为本、分类推进、统筹兼顾、合作创新"的基本思路，推动以全程冷链为代表的现代物流向农村延伸，新型通信技术快速向农村覆盖，推动新技术新模式运用，为农村电商注入强大"助燃剂"，完善农村电商服务体系。

继续强化公共政策扶持力度。按照"县有中心村有站"的模式，完善县级电商服务中心及村级电商服务体系。优先支持农村电商人才培训，农村电子商务创业园、产业基地、仓储物流基地，信息通信基础设施等建设项目等。完善农村电商基础设施。推进兼具区域特点和专业特点的农村电子商务公共服务中心建设，加快农村地区通信基础设施建设，加快农村电商物流渠道建设，完善村级电子商务服务点布局，整合物流资源，合理规划和构建适应农村电商发展的物流配送体系，重点解决"最后一公里"问题。建设鲜活农产品的冷链物流体系。整合商贸物流快递资源，开展共同配送，在区域节点建设仓储物流中心，完善县域电商物流服务体系，因地制宜建设电商物流园，提高电子商务与快递物流协同发展水平，提升物流信息化水平，发展智慧物流，提高配送时效，形成"布局合理、双向高效、种类丰富、服务便利"的农村电商物流服务体系。强化农村电商人才培养。对接农村电商专业教育与农村电商实践基地，提高人才有效供给。鼓励更多的资源、要素投入到农村电商教育培训中去，定向培养农村电商的专业人才。整合资源提供更加有针对性的培训，实现社会力量与农村农民的有效对接。

第五节　产业融合发展的农村公共服务体系建设

一、农村公共服务体系建设的内涵

统筹公共资源在城乡间的均衡配置，建立全民覆盖、普惠共享、城乡一体、均等服务的基本公共服务体系，推动形成城乡基本公共服务均等化体制机制，实

现城乡基本公共服务均等化。农村公共服务是农村地区为满足农业科技发展和农民生产生活共同需求而提供的具有一定的排他性和非竞争性的产品，这种农村公共产品不具有物质形态，却以信息、技术或劳动等服务形式展现出来。一般包括保障基本民生需求的基础教育、医疗卫生、文化体育、社会保障等，广义上还包括交通、通信、公用设施、环境保护，以及农业产业化服务等方面。陈彦希、雷玉琼（2017）选取了20项具有代表性的农村公共服务内容：农田水利设施、农业机械、农技站服务、农业发展项目、农业经济信息、农业灾害防治、农业收入提高、医疗服务、公共交通、人畜饮水工程、能源基础工程、文娱体育设施、通信基础设施、法律援助、公共卫生、基础教育、养老保险、社会治安、农业保险和生态环境。可分为生产性、生活性和福利性公共服务三类。

二、农村公共服务体系建设对农村三产融合发展的作用机理

建设和完善农村公共服务体系，为农民提供基本而有保障的公共服务，是实现农村三产融合发展的重要任务、基础环节和有力保障。基本公共服务均等化为现代化农业发展提供了人才技术保障、资金支持、市场需求支持以及基础设施建设，对于农业生产和农业经济效益的提高都具有助动作用。公共服务的经济价值日益显现，以公共服务促增长正逐步成为新时代经济增长的重要路径或机制。

（1）农业农村的充分发展需要相应完善的农村公共服务体系。公共服务提供完善的基础设施，是产业兴旺的基础。农村公共服务的供给，如建设和完善便利的交通、电力、通信、水利设施等，可提高生产的稳定系数，会降低包括生产成本、运输成本、销售成本、风险成本（农业的自然风险和经济风险）和决策成本在内的农村私人活动的总成本；市场信息系统会增加生产和销售的稳定性，有利于减轻市场作用引起的波动性。要实现农业农村现代化，让农业成为有奔头的产业、让农村成为安居乐业的美好家园，源头便是创新农村基本公共服务供给模式，公平分配公共资源。

（2）促进农业现代化目标导向的农村公共服务体系提升农业现代化的高度。完善的农村公共产品供给体系会促进农业生产的专业化、规模化、商品化、产业化、市场化和可持续化发展，促进社会分工的发展，进而有利于提高整个农村的劳动生产率。完善的农村公共产品供给体系是传统农业向现代农业转变的必由之路，也是实现社会资金与人才向乡村流动的必要条件，是乡村建设招商引资的关键，是大力发展乡村旅游业的基本前提。完善现代化农产品流通体系，有利于提升专业化、规范化、信息化服务水平，发展优势产业与特色农业。构建现代化、综合化的公共服务网络，有利于增强农业综合生产能力，提升农业产业化水平。农村公共服务体系建设提升农村相关利益组织化程度，突进农户的利益组织和团体表达。作为人力资本关键要素的农村公共服务，是推动农村经济转型发展的重要机制。推动农村公共服务的现代化、生态化、均衡化、多元化和精准化供给侧改革，推动"三农"事业不断向前发展。

（3）公共服务促进资源的均衡化配置，是农民生活富裕的保障。农村公共服务体系建设有利于提升农民综合素质、维护农民权益，实现和保障社会公平。如农村医疗卫生事业、教育事业和文化事业的发展，有利于提高农民的身体素质、知识水平、文化素养等，为发展现代农业造就合格的新型农民；有利于维护农民的基本权利和各项权益。农村数字经济需要有效的公共服务供给作为基础，需要公共通信设施作为支撑，也需要公共交通设施作为载体，更需要人力资源的有力支撑。需要支持数字经济公共服务平台及服务网点的建设与发展。优化农村公共服务的供给，构建多层次、系统化的信息资源开放共享体系，可以促进互联网、物联网、大数据、人工智能与农村数字经济的深度融合，充分利用"互联网＋公共服务"的新型模式促进农村三产融合发展。

（4）城乡基本公共服务的均等化促进城乡融合发展。城乡发展不平衡又集中体现为城乡公共服务供给不平衡。公共服务成为乡村振兴战略的主要短板。如何有效提升农村公共服务供给，推进城乡公共服务平衡供给是新时代实施乡村振兴战略的重要内容。城乡协调发展离不开公共服务资源的重要保障。缩小城乡收入差距以及实现城乡基本公共服务的均等化是城乡一体化发展的根本目标。基本公共服务均等化有着城乡融合发展效应，能够促进城乡融合发展的实现。城乡协调发展的重要目标就是实现广大农民的自身发展和公平发展，其实质在于承认和保障农民的自身发展权益。城乡融合是要在城乡之间实现政治、经济、社会、文化、生态等各方面的融合，需要构建具有包容性的、开放的农村公共服务网络，通过基本公共服务均等化来实现。中国进入新时代，农村也迈入新时代，公共服务高质量供给满足农民日益增长的美好需要，成为基本趋势。

三、三产融合发展中农村公共服务体系建设的湖南实践

湖南突出城乡协调发展，大力发展现代农业，但实现城乡之间的平衡发展还需要一个长期的过程。政府仍是农村公共服务供给的主要主体，农村公共服务的市场化的供给也日益活跃。出现了农户私人、龙头企业、专业协会等民间供给主体，政府通过合同承包、特许经营、志愿服务等方式使私人部门和非营利组织来

参与提供一些具有准公共产品性质的农村公共服务，增加非政府投资的供给模式，产生了私人供给农村公共产品的制度。

四、构建有利于三产融合发展的农村公共服务体系的政策建议

公共服务作为新阶段的经济增长动力，推动公共服务作为政府的工作重心需要做到：高覆盖导向、高层次导向和高精准导向。

（一）高覆盖导向：健全公共财政体制，增加政府财政对农村公共服务领域投入，促进农村基本公共服务供给均等化

坚持各层级政府的事权与财权对等、匹配的原则，在农村基本公共服务供给中的权力和责任进行合理的划分，优化财政转移支付。要以一般性转移支付为主，专项转移支付为辅，满足地方政府履行公共服务供给能力的需要。积极整合各种资源，需要政府、市场、社会组织等公共服务供给主体联合起来集聚公共服务供给资源，充分发挥各自优势，促进公共服务供给优势互补，提高农村公共服务供给总量、质量和效率。创新基层财政制度，提升农村公共服务的供给效率和作用。实现农村基本公共服务从有到好的转变，促进城乡基本公共服务从形式上的普惠上升到实质上的公平。

（二）高层次导向：农村经济社会发展新阶段，完善财政投向结构，优化农村基本公共服务供给

从县级统筹到省级统筹再到中央统筹，提升公共服务供给层次，优化结构。完善农村基础设施建设机制，推进城乡基础设施互联互通、共建共享，创新农村基础设施和公共服务设施决策、投入、建设、运行管护机制，积极引导社会资本参与农村公益性基础设施建设，特别要探索建立农村公共基础设施的长效管护机制。以增强公平性和适应流动性为重点，推动社会保障制度城乡统筹并轨。加强农村公共文化体系建设。实现公共文化资源要重点向乡村倾斜，并建立长期稳定的投入保障制度；按照有标准、有网络、有内容、有人才的要求，实现乡村两级公共文化服务全覆盖。持续推进美丽乡村建设，打造宜居宜业的农村人居环境。尊重农民的生产生活方式和风俗习惯，建设方便农家生活和生产的房屋院落，注重保留乡村风貌和乡土味道；注重挖掘、传承和开发传统文化、民俗风情、民间艺术、民居文化等非物质文化遗产，不断增强村庄建设的文化内涵和品质。

（三）高精准导向：健全农村公共服务供给决策机制，实现供求精准匹配

农村公共服务不能够只关注供给方，更要关注需求方。精准对接农民的真实公共服务需求是关键。这要改变供给决策等影响机制，做到科学决策、民主决

策。以农民的公共服务供给需求为导向，切实维护农民发展权益，增强农村公共服务供给决策透明度，完善农村决策的民主制度，提高农民在农村公共服务供给决策中的话语权，实现农村公共服务供给结构协调与提高农村公共服务供给资源利用率。建立自下而上的决策机制，考虑居民需求，逐步扩大公共财政覆盖农村的范围和领域；完善对贫困地区等农村财政的投入政策。

第六节　农村产业融合发展的公共服务平台建设

一、农村公共服务平台建设的内涵

农村公共服务平台建设是提高农村公共服务供给能力及水平的重要途径，其承接基层社会管理和服务功能，适应当前社会转型发展趋势的基本要求。公共服务平台是国家治理能力和服务有效延伸到基层的重要通道（王植、李成贵，2019）。公共服务平台是将农村公共服务进行集中管理，通过政府指导、市场参与和社会联动等方式，为农民提供日常所需的综合性平台。其将涉及"三农"的公共服务资源进行整合，提供公共服务与产品，真正实现农村的"一站式"服务。

二、农村产业融合发展的农村公共服务平台建设的主要内容

（一）搭建农业综合产权交易平台

积极推进农村产权制度改革，深化农村土地制度改革。有序推进农村宅基地"三权分置"，加快推进房地一体的农村集体建设用地和宅基地使用权确权登记颁证，完成农垦国有土地使用权确权登记颁证任务。开展农宅合作社和城乡合作建房试点，鼓励各地利用城乡建设用地增减挂钩政策推进农村空心房、废弃建设用地整治复垦。深化农村产权制度改革，大力推动农村产权交易市场建设，扩展交易内容，丰富交易市场的功能，提高农村资产运营效率。鼓励省联合产权交易机构与"共建共享，三级联动"的农村产权交易体系；深化农村集体产权制度改革，实施发展壮大农村集体经济五年行动，全面建立农村集体经济组织，深化农业产业发展财政专项资金股份量化支持村级集体经济发展。引导会计、法律、资产评估等中介机构提供交易流程的专业化服务，引导融资服务。推进农村承包

土地经营权和农民住房财产权抵押贷款，奖补建立健全担保机构、收储机构和融资平台的试点县市区。加强产业发展的要素及其产权流转平台建设，促进资源和要素在城乡之间、区域之间、产业之间的大范围流动。完善平台的运作范围和机制，放大资源和要素在产业发展上的时空效能，促进农村产业革命。

（二）搭建农业综合信息服务平台

整合主要涉农网站的信息资源和门户网站，建立统一的涉农信息发布系统。重点围绕"三农"关心的话题，开辟生产、管理、服务等几大板块，强化互动交流，提供作物病虫害监测、农业生产资料供求、农村"三资"管理以及农民和组织的互动交流等个性化要求。采取先建后补的方式，加快省级智慧农业大数据平台建设。建立完善的农业农村公共信息服务网络，提高农业气象、土壤、科技、质量追溯、农业资料、市场等农业农村信息化服务水平，提高农业生产经营主体生产精细化程度和防控市场风险能力。建设和完善农科教云平台，为农业科技推广与新型农民信息化提供有效支撑。加快农村信息化技术建设，利用农服平台，发挥好村务、政务、商务功能，加快推进农村社会治理。

（三）搭建现代农机服务平台

部署加快推进农业机械化和农机装备产业升级，助力乡村振兴、"三农"发展。要适应发展多种形式适度规模经营需要，尊重农民意愿，发挥市场机制作用和基层创造性，因地制宜有序推进。积极发展农机社会化服务，培育壮大农机专业户、农机合作社和农机作业公司等新型农机服务化主体，鼓励农机服务主体与家庭农场、种植大户、农业企业等建立生产联合体，促进机具共享、互利共赢，提高机具的利用效率，降低生产成本。建设全程机械化+综合农事服务中心，提供全过程、全要素的机械化服务。通过机械化服务组织，聚集其他要素提供服务，可把农业生产资料、技术培训、市场信息通过合作组织进行聚集，打造共同平台，以此来提供"一站式"的服务，助推多种形式的适度规模经营。推进"互联网+农机作业"，抓好智能农机与智慧农业、云农场深度融合，促进智慧农业发展。发展大型高端农机服务和大型农机具融资租，实施大型自动化育秧设备、遥控飞行植保机、水稻插秧同步精量施肥机购置专项补贴推动农业机械化全面全程发展，提高农机智能化、规模化服务水平。推广农机与农艺融合，新品种、新技术、新模式，支持农机服务向农技服务拓展。提升农机服务效率，扩展农机服务领域，推进农机服务向生产全过程、全产业链延伸，积极推行"农机三减量"行动，优化机械化基础条件，提供机械化的高效率、高质量服务。

三、建设农村产业融合发展的公共服务平台的主要措施

加强公共服务平台建设，关键是按照规范化和标准化建设的要求，以优化服务、方便群众和提高效能为目标，统筹推进和拓展农村公共服务领域，整合人力、物力和财力，落实均等化目标，实现有效服务、高效服务。

（1）要建立高效的部门协调机制和平台。切实加强沟通协作，相互密切配合，建立农村产业融合发展工作制度，重点做好政策研究、信息交流、重大项目协调以及监督检查等工作。积极推动财税、金融、保险、投资、科技、人才和用地用电等政策措施落地见效。例如，文化和旅游部与国家开发银行、农业发展银行、中信银行等签署合作协议，共同推进"旅游＋金融"服务创新，印发了《关于组织推荐金融支持旅游扶贫重点项目的通知》（旅办发〔2018〕66号），对依托贫困地区乡村旅游资源开发建设的乡村旅游项目给予优惠贷款，加强沟通，共同确定重点支持的企业和项目；对重大项目双方联合调查评估，每年要对项目信息汇总分析。

（2）创新机制，搭建公共服务平台。一是建立统筹协调机制。省级政府落实统筹推进区域内农村公共服务平台建设职责，制定专项建设规划，市县政府提高自我保障能力，强化政策执行职责，制定具体实施方案。按照"共建、共享、共用"的原则，推动资源有效整合。鼓励将闲置、分散的农村集体公共用房和服务设施改造用于公共服务平台建设。探索数据统筹，构建高速互联的共享数据"一张网"。促进服务统筹，推进机构组织、软硬件设施和内部配套建设的标准化、规范化。二是健全监督管理机制和民主监督制度。健全村民议事制度、村民代表会议制度和服务质量管控制度，畅通社区参与渠道，加强政府、社会组织、村民与公共服务平台之间的通联，建立责任追究机制。三是完善运行维护机制。创新人员选聘方式和激励机制，吸引更多专业技术和服务管理人才扎根基层服务农村。加强人员教育培训，打造窗口服务队伍，更好地提供优质政务服务。探索多元服务模式，拓展邮政、通信、金融和保险等经营性服务。健全运行保障机制，推动地方建立健全多层级、多主体参与公共服务平台的运行机制，切实提高服务平台的利用效率。畅通信息反馈机制，拓宽群众诉求表达渠道，充分利用多种信息渠道。四是创新资金投入机制。建立健全公共财政和社会力量对公共服务平台建设的多元投入机制，逐步提高基本公共服务支出所占比重。适当引入市场竞争机制的协同治理方式，开放部分公共服务市场，通过购买服务的方式保障农村基本公共服务质量。

第十章 农村三产融合发展的顶层设计和政策建议

第一节 农村三产融合发展的顶层设计

一、农村三产融合的总体思路

以习近平新时代中国特色社会主义思想为指导，坚定不移走中国特色社会主义乡村振兴道路，紧紧围绕产业振兴要求，按照"基在农业、利在农民、惠在农村"的基本方针，坚持"四个全面"战略布局，牢固树立五大发展新理念，主动适应经济新常态，以农业供给侧结构性改革为主线，以市场需求为导向、以完善利益联结机制为核心，以农民增收为目标，以"三驾马车"和"四新"为动力，以发展农业"新六产"和"四链融合"为路径，以重大项目、重点主体、重要品牌、重点平台和重要支撑为总抓手，深化农村改革，实施强农行动，大力推进质量变革、效率变革、动力变革，推进农业适度规模经营为着力点，以智慧农业、农产品加工业和休闲农业为引领、三产融合园区为支撑，保障粮食安全和重要农产品供给，延伸产业链，提升价值链，畅通供应链，拓宽收益链，补齐乡村产业发展短板，构建现代农业三大体系，统筹规划、有序调整农村产业布局，推进农业结构调整、农业发展方式转变和现代农业建设；提高农业附加值，培育农村新业态，创建有特色的农村产业融合发展先导区，探索利益联结共享机制和产业融合模式，形成多业态打造、多主体参与、多机制联结、多要素发力、多层次联动、多模式推进的农村三产融合发展体系，助推乡村产业振兴，切实增强农业农村经济发展新动能；形成农民持续增收和精准扶贫精准脱贫的新模式，促使产业融合主体配合、多功能拓展与产城融合，构建新型工农城乡关系，促进城乡一体化和"四化同步"发展。

二、农村三产融合的发展目标

以农民就业和增收为核心，坚持农村产业高质量发展和产业兴旺的目标，明确推进农村三产融合发展的目标和任务，分阶段、分区域促进农村三产融合达到更高层次，建设农村三产融合先导区、示范区、样板区，建设乡村产业振兴排头兵。到 2022 年，主导产业实力明显增强，农村产业融合主体规模不断壮大，产业链不断延伸，价值链明显提升，供应链加快重组，主体利益联结机制更加完善，融合模式更加多样，建成一批融合发展先导区和示范园。农村产业融合发展体系初步形成，形成农村产业融合发展总体水平明显提升、产业链完整、多功能拓展、新业态丰富、利益联结紧密、产业融合深度、产城发展协调的新格局，农业综合效益高，农业竞争力明显提高，农民收入持续增加，农村活力显著增强，为乡村振兴提供有力的支撑。

三、农村三产融合的基本任务

（一）构建"三个体系"的融合点

通过产业联动集聚、生产要素跨界配置和相关服务业的有机整合，以农产品加工业、休闲农业和互联网＋农业为引领，以农业综合园区为支撑，延长产业链、提升价值链、完善供应链，拓宽增收链，着力构建现代农业产业体系、生产体系、经营体系，促进农村产业深度融合。到 2022 年，国家重点龙头企业基本实现农产品"三化"（生产标准化、特征标识化、营销电商化），构建"三化"的标准体系和营销模式；到 2035 年，龙头企业全面实现农产品"三化"，"三化"标准体系和营销模式的运行通畅、协调高效。构建良种良法配套、农机农艺融合的农业生产体系；构建适度规模经营和社会化服务的农业经营体系。到 2022年，社会化服务全程覆盖粮食播种面积达 70% 以上，小农户与现代农业有效衔接。探索农村三产融合发展的成功模式。到 2022 年，终端型、体验型、循环型、智慧型等新产业新业态加速发展，农村三产融合发展对农民增收贡献率显著提高，农村三产融合发展体系初步形成。

（二）打造农村产业融合发展的支撑点

以转方式、调结构、提质量、增效益为主线，推动农业向转型升级、创新驱动、产业集群转变，更加注重改革创新、质量安全、资源环境和集约发展，构建政策扶持、科技创新、人才支撑、公共服务、组织管理等"五个体系"，推进初加工、精深加工、综合利用、主食加工、新业态新模式、技术装备、龙头企业、品牌战略、加工园区和主产区加工业等重点领域加快发展，形成点创新、线模仿、面推广的农村三产融合发展的新格局。

（1）农产品加工业转型升级促进农村产业融合发展。通过科技创新、管理创新、质量创新和效率创新，全面提升农业供给质量。按照"粮头食尾""农头工尾"要求，做强农产品精深加工打通融合节点，农产品加工业较快增长，农产加工业与农业产值比、主要农产品加工率、增值率较快提高，农民非农就业收入、财产性收入、工资性收入较快提高。建设产业规模大、创新能力强、示范带动好的精深加工基地，建成专业村镇和加工强县。各类规模种养区、加工区、物流区、流通区无缝对接融合，产业融合先导区农业综合效益增幅大幅度高于一般地区。到2022年，农产品加工业支撑农业农村现代化和带动农民增收作用更加突出。

（2）新产业新业态促进农村产业融合发展。通过产业联动集聚、生产要素跨界配置和服务业有机整合，构建新机制、搭建新平台、培育新业态、形成新动能。到2022年，农业智慧产业体系建设取得新突破，乡村休闲旅游、"互联网＋"农业农村物流业等新产业、新业态加快发展。旅游基础设施和公共服务设施进一步完善，乡村旅游服务质量和水平全面提升，富农惠农作用更加凸显，基本形成布局合理、类型多样、功能完善、特色突出的乡村旅游发展格局。到2022年，打造休闲旅游精品丰富的融合业态。生态人居环境明显改善，农村卫生厕所普及率达85%以上。农村光纤通达或4G网络覆盖率达100%。推动科技、教育、人文等元素融入农业，发展共享农庄、体验农场、创意农业和特色文化产业等新业态。培育产业链条完整、运行机制健全、带动作用明显、利益联结紧密的三产融合主体，建成农村产业融合发展先导区和示范园，形成全环节提升、全链条增值、全产业融合的"新六产"发展格局。

（3）农民创新创业就业改善民生促进农村产业融合发展。坚持以农民分享产业链增值收益为核心，建设多业态打造、多主体参与、多机制联结、多要素发力、多模式推进的融合发展体系。目前乡村从业人数占全国的47%，但农村就业不充分现象还比较普遍。乡村产业应更好地承担稳定就业的载体作用和创造就业的功能作用，实现农民更高质量就业，促进农民收入持续快速增长。到2022年，农村产业带就业促增的作用得到充分释放，乡村非农产业作用明显。通过创业创新促融合，打造各类园区和基地等农村创业创新的主战场，建设区域特色比较明显、科技创新条件比较好的园区基地。促进农村三产融合发展，提高农业创新力、竞争力和生产力。

（三）扎牢利益联结点，联农带农机制更加健全

只有形成产权清晰、利益直接、风险共担、机制灵活的制度安排，创新融合模式和利益联结机制，才是真正的三产融合发展。强调以促进农民增收为核心，让农民分享到农外增值收益。到 2022 年，农村居民人均可支配收入年均增长 8% 左右，城乡居民收入比逐步缩小。完善农户发展政策和机制体系，带动农户分享发展成果。以"扩面、增品、提标"方式完善农业保险政策，推广"保险 + 期货"模式以及帮助订单农户参加农业保险；创新发展订单农业，鼓励新型农业经营主体与普通农户签订保护合同，形成稳定购销关系、契约关系，并实施利润返还和二次结算；鼓励农产品产销合作，建立共同营销基金，打造联合体，实现利益共享；积极推广股份制和股份合作制，利用"保底收益 + 按股分红"等，打造利益共同体和命运共同体；通过互利共赢的方式，建立农民在农村三产融合发展中的利益联结机制和利益共享机制，延长产业链，拓宽价值链，实现农业增产、增值、增效和增收四统一。到 2022 年，农户参与产业化经营的比例达 85% 以上，订单生产农户的比例达 50%，经营收入增加 60%。

四、农村三产融合的基本原则

（1）坚持规划引领、科学发展的原则。深入落实主体功能区规划，加快构建城镇化战略格局、农业战略格局和生态安全战略格局。推动主体功能区战略格局在县市区层面精准落地，结合优势农产品区域、现代农业布局规划和"十四五"区域总体发展规划，明确做好农村三产融合发展思路，对主要农产品主导产业、农产品加工业、智慧农业和休闲旅游农业进行科学合理的布局，明确建设重点，主攻融合环节。加强农村产业融合发展与城乡规划、土地利用总体规划有效衔接。坚持一体设计、多规合一、功能互补，统筹谋划产业发展、基础设施、公共服务、资源能源、生态环境保护等主要布局，形成各具特色、交相辉映的城乡发展形态。以从增加农产品附加值、区域合作、资源环境等方面入手，对农村产业融合未来发展做好全面部署。坚持农业现代化与美丽乡村建设、新型城镇化建设协调推进，引导农村产业集聚发展，支持贫困地区农村产业融合发展。

（2）坚持要素互动、统筹发展的原则。坚持城乡统筹发展，推动城乡基础设施建设和基本公共服务均等化，健全向农村倾斜的城乡融合发展体制机制，带

动更多资源要素向乡村流动，加快资产融合、技术融合、要素融合和利益融合，加强部门配合和资金整合。促进城乡要素双向流动和平等交换，构建"以工促农、工农互惠、以城带乡、城乡互动"的新型工农城乡关系。坚持农业农村优先发展，投资基础设施、能源、灌溉和绿色科技，推动小农户与现代农业有机衔接。要树立"大食物、大农业、大资源、大生态"理念，建立营养、安全、美味、方便、健康的多元化食物体系，保障国家食物安全、产业安全、生态安全和质量安全。支持粮食主产区、特色优势农产品产区、贫困地区、加工业优势区的农村产业融合发展。

（3）坚持分类指导、差异发展的原则。坚持以农为本，加工引领，因地制宜，产业集聚。选择适合融合的、与人民群众生活息息相关的重点产业，选择有基础、有优势、成规模、主导产业，选择与生态文明、文化旅游结合的亮点产业，选择新兴起的新模式、新业态，落实到具体的功能区、产业带和品种上来，通过重新排列组合和资产重组，探索农村产业融合模式，形成差异发展和共享农村三产融合发展格局。

（4）坚持循序渐进、示范发展的原则。优先选择产业发展基础较好、辐射带动作用强的专业大户、家庭农场、农民合作社、龙头企业等示范发展。创建农业产业化示范基地和现代农业示范区，建立技术创新基地和农业产业园推广模式，扶助合作社、家庭农场、农业龙头企业的三产融合发展引领示范作用，创立农特产加工产品品牌；建立旅游或休闲农村三产融合发展示范区点，建设农村产业融合发展的试验区、示范区、样板区和展示区，且逐步将试点成功可复制经验在有条件的地区全面推广。

（5）坚持政府主导、市场引导的原则。坚持市场主导，发挥好政府调控引导作用都是农村产业融合发展的一条重要成功经验。农村产业融合发展必须充分尊重产业成长规律，厘清政府与市场边界，发挥市场在资源配置中的决定性作用。但农村产业融合还处于起步的阶段，其本身涉及传统产业做大做强，新型业态、新模式的培育壮大，仍然需要政府扶持。优化政府的规划引导，统筹公共服务职能与市场功能，以完善扶持政策和服务体系为支撑，努力指导推进农村三产融合发展。

（6）坚持技术集成、创新驱动的原则。全面实施创新驱动战略，加强技术集成创新，推进农村三产融合发展，要开展自主创新、协同创新、开放创新，以科技创新为核心的全面创新，以技术创新向一二三产业渗透融合。加快推进国家农产品加工技术研发体系建设，构建"产学研推用"有机融合的科技创新体系，建设农产品加工技术集成基地、具有中试能力的工程化研究平台及产业化应用平台，开展工程化研究和核心装备创制。

（7）坚持改革开放、制度创新的原则。深化农业农村改革，发挥制度的保障作用，构建完善农村三产融合发展的长效机制。积极推进农村产权制度改革，重点推动土地三权分立和集体资产权利改革，满足三产融合中的合理用地要求和配套设施建设。引导在产业融合、利益联结机制方面大胆探索与创新。深化农村金融体制改革，在确保政策性金融供给的同时，开展金融制度创新。深化农村要素层面改革，构建产业政策框架，完善支持三产融合的政策体系。健全农村三产融合发展保障机制，包括形成齐抓共管的工作机制、稳定增长的投入机制、健全的农业社会化服务机制、适度的风险防范机制、保障有力的政策机制、完善的人才机制和有力的组织管理体系，设立产业投资基金，引导社会资本向农村产业融合领域投入，合力推进农村三产融合。

（8）以人为本、贯彻新理念的原则。要尊重农民意愿，强化利益联结，始终把农民的利益放在第一位，在政策设计、项目实施产业促进等方面，确保农民利益不受损害，充分保障农民的发展权利。借鉴武汉市提出的"三乡工程"（市民下乡、能人回乡、企业兴乡），提升人力资本，让农民在产业融合发展中获得更多幸福感。坚持以农为本，服务"三农"，严格遵循"姓农、务农、为农、兴农"的建设方向。坚持绿色发展理念，构筑绿色发展的产业链、价值链，走环境友好型、资源节约型的可持续发展道路。

五、农村三产融合的资金支持环节和投向结构

（一）资金支持环节

资金统筹安排用于农业经营主体（专业大户、家庭农场、合作社、龙头企业等）、现代农业综合园区和县级产业平台等建设。以精准扶贫为支点，加强资金整合力度，促进农村产业融合发展。财政支农资金使用要与建立农民分享产业链条利益机制相联系。主要支持环节内容为：①第一产业建设内容。控制在融合扶持资金总额的30%以内。主要用于支持水稻、生猪及主要经济作物（蔬菜、瓜果、茶叶、油料等）产业基础设施建设；新型农业经营主体进行农产品加工、仓储物流、产地批发市场等辅助基础设施建设；支持优质农产品的品种改良的育苗、育种引进。②第二产业建设内容。不低于融合扶持资金总额的35%。主要用于新型经营主体的中小型设备购置，建设仓储烘干、加工能力等设施建设。③第三产业建设内容。不低于融合扶持资金总额的35%。主要用于支持新型农

业经营主体开展综合性服务、发展农村电商；新技术、新品种示范、新型农民培养、农技推广培训和咨询方面支出；农产品加工产业园区和主导产业贷款贴息、融资担保。

（二）资金支持重点

（1）支持一批县（市、区）开展融合发展试点示范。支持粮食主产区、特色优势农产品产区、"老少边穷"地区、加工业优势区，根据政府高度重视、有开展试点的积极意愿、地方已出台相应的政策措施、部门工作扎实等条件，支持部分县开展农村产业融合发展试点示范。所选择县的县域经济范围内以农业农村为基本依托，现代经营方式广泛应用，农村产业已呈融合发展趋势；各类新型经营主体不断壮大，在探索多种利益联结机制方面已经有较好的基础；在农业内部融合型、产业链条延伸型、农业功能拓展型、新技术渗透型、多业态复合型等几种类型中有一定的探索实践基础。综合考虑所选择的示范县粮食产量、特色优势农产品产量、农产品加工与农业产值比、产业园区聚集度、农民收入等因素，兼顾不同区域、不同发展类型、"老少边穷"地区、农产品产地初加工补助政策实施、融合发展先导区重点地区和其他加以权衡确定资金投向。

（2）支持创建一批融合发展先导区。高起点、高标准、高水平创建标准化原料基地、集约化加工园区、体系化物流配送市场营销网络"三化一体"，并与推进新型城镇化、新农村建设结合实现镇（城）区、园区、农区"三区互动"的融合发展先导区。农村产业融合先导区的选择，可以与各部门已经确定的相关试点示范结合，对已列为新型城镇化试点地区、现代农业示范区、农业产业化示范基地、电子商务进农村综合示范县、休闲农业与乡村旅游示范县、乡村旅游模范村、美丽休闲乡村、农产品加工示范基地等试点示范范围的地区，可适当优先考虑。坚持市场导向、加工引领、集群发展，充分发挥先行先试和辐射带动作用，把先导区创建成为农村三产融合发展的试验区、示范区、样板区和展示区，促进农民就业增收和农业提质增效；引导资源和产业向园区集聚，促进集约发展，构建新型工农城乡关系，促进城乡一体化和"四化同步"发展。

（3）支持一批融合发展新型经营主体，加强融合发展人才队伍建设。按照"有文化、懂技术、会经营"的职业化新型农民要求，对广大农民开展有针对性的、灵活多样的生产实用技术培训，全面提升农民科技素质和生产实用技能。建立新型职业农民培育对象信息库。联系优势产业，开展全产业链培养和跟踪服务，全过程跟踪考核，建立一批产业分校，明确一批实训基地。积极与农民合作社、农业企业、农业园区合作培训新型职业农民。要支持能够让农民分享二三产业增值收益的新型经营主体，采取"先建后补"、贷款贴息、设立产业引导基金等方式，支持农村三产融合发展的关键环节和重点领域。农民合作社等新型农业经营主体发展加工流通和直供直销。农产品加工流通企业与农户联合建设原料基地和营销设施。休闲农业聚集村合作组织、休闲农园企业、电子商务企业与农户联合建设公共服务设施。要通过财政补助资金引导金融资本、工商资本和社会资本投入，加大对农村三产融合发展支持力度。推进新型农业经营主体发展多种形式的适度规模经营，建立完整产业链，形成各类农业经营主体的利益共同体。积极探索物业型、资源型、服务型、合作型等农村集体经济主要发展模式。培育一批担纲融合发展的企业家人才、经营管理人才、科技领军人才、创新团队、生产能手和技能人才，特别是培育跨产业、懂技术、善管理的复合型人才，注重提高农民整合利用资源、参与融合发展的能力水平，搭建跨领域交流合作的平台，互相激发出农村三产融合发展的新思路、新创意。

第二节　推进农村三产融合发展的建议

农村三产融合发展得怎么样，对湖南经济社会发展、农民增收、生态文明建设具有重要影响。要适应国内外经济发展的新形势，树立"大农业、大食物、大资源、大生态"的"大农业思路"，着力调结构补短板，提高农业产业的适应性和灵活性，推动农村业态升级、产品升级、模式升级、产业链整体升级。农村三产融合需要两方面条件：一方面是"硬"条件，如适度规模经营，探索农地流转新形式；另一方面是"软"条件，需要农业现代化的新理念、新人才、新技术、新机制，依靠科技支撑，积极推进农业结构调整。以农村产业融合发展推进工作方案为抓手，积极推进农村三产融合发展落地生根。

一、制定产业发展规划，搭建"三体一观"的产业融合发展载体

加强融合发展规划引领指导。结合优势农产品区域和现代农业布局规划，对主要农产品加工业和休闲农业进行科学合理的布局和一系列规划编制工作，形成比较完善的规划体系，发挥规划指向明确、稳定有力的引导作用。把产业兴旺作为解决农村一切问题的前提，以农业农村资源为依托，以绿色发展为引领，以农民为主体，以三产融合发展为核心，着力构建彰显地域特色、体现乡村气息、承

载乡村价值、适应现代需要的乡村产业体系。挖掘农业多元价值，大力推进农业产业、农产品产地初加工和县域精深加工、休闲农业和乡村旅游发展，培育一批家庭工场、手工作坊、乡村车间，把以农业农村资源为依托的产业尽量留在农村，把整个农业产业链的增值收益、就业岗位尽量留给农民。

一是建立农业生产体系，促进农业供给侧结构性改革。要立足粮食大省的省情，按照"突出主导产业、覆盖优势产业、兼顾现代园区"的总体思路，重点打造特色优势千亿产业。制定农业千亿产业发展指导意见和专项行动方案，以品牌建设为引领，以科技创新为支撑，以提升质量为重点，按照全产业链发展要求，着力打造粮食、畜禽、蔬菜、茶叶、油菜、油茶、水果、水产、中药材、楠竹十大特色优势千亿产业。按照农业供给侧结构性改革要求，加快品种改良，推进高标准产业基地建设。储备和实施一批特色优势产业项目，带动产业"接二连三"，提升全产业链价值。围绕市场谋划生产，形成结构更加合理、保障更加有力的农产品有效供给体系。构建良种良法配套、农机农艺融合的现代农业生产体系，以及发展农机服务、农资供应、农产品流通等农业生产性服务业。加大规范、扶持、引导和推动的力度，将休闲农业发展与现代农业、美丽乡村、生态文明、文化创意产业建设融为一体，拓展农业发展的领域和空间。

二是加快农业经营体系建设，引导先进生产要素进入农业。通过土地流转和农业科技推广，积极培育新型农业经营主体，让种养大户、家庭农场、农民合作社、龙头企业等成为发展现代农业的主力军，形成多元经营主体共同发展的现代农业经营体系。创新农业经营方式，实施新型农业经营主体培育工程，启动新一轮"万户"家庭农（林）场示范场建设工程。开展农民合作社规范提质行动。落实扶持政策，探索完善"农户＋合作社""农户＋公司"等利益联结机制。加快培育各类社会化服务组织，扎实开展农业生产社会化服务试点。引导农业龙头企业与基地农户之间的对接，推进其向育种、种养、加工、营销、物流配送等农业全产业链环节延伸，实现纵向一体化和横向规模化的有机结合。培育和创建从事代耕代种代收、大田托管、统防统治、烘干储藏等社会化服务的各类组织；引导和扶持供销社参与农村三产融合，为农业生产提供全程社会化服务。构建基于规模化、专业化、标准化和集约化的适度规模经营和社会化服务的现代农业经营体系。实施新型职业农民培育工程，完善新型职业农民扶持政策，加快推进新型职业农民认定工作。

三是构建农村三产交叉融合的现代农业产业体系，促进农村产业深度融合。大力推广专业大户和家庭农场融合基础型、农民合作社融合发展型、龙头企业融合引领示范型产业主体，构建产加销、贸工农一体化的有竞争力的现代农业产业体系。从产业体系整体谋划，着眼推进产业链和价值链建设，完善农业全产业链建设，实现第一产业强、第二产业优、第三产业活，带动农业供给提质增效，实现农业产业链延伸型融合。要树立"大食物、大农业、大资源、大生态"的理念，推动农产品加工业实现由规模扩张向转型升级、要素驱动向创新驱动、分散布局向产业集聚转变，大力推进初加工、精深加工和综合利用，提升主食加工，推介食品"老字号"，提高技术装备水平，扶持龙头企业，推进加工园区建设，支持引导主产区发展加工业。从政府职能化服务机构、社会中介服务机构、科技服务体系、咨询与联络制度等四个方面着手，建立完善的产业服务体系。

四是农业绿色发展观。引领农业绿色发展，发掘乡村产业"新绿金"。龙头企业坚持质量兴农、绿色兴农、品牌强农，以乡村特色资源为依托，按照"有标采标、无标创标、全程贯标"要求，建立健全"从田间到餐桌""从种子到筷子""从枝头到舌头"的全产业链质量管控、检测和追溯体系，增加绿色优质农产品供给，打造绿色优质农产品品牌，助力乡村产业加速由产品经济、数量经济向绿色经济、品牌经济转变，进而找到绿水青山转化为金山银山的"金杠杆"。

二、推进机制、技术和商业模式创新，发动产业融合发展的引擎

（一）创新利益联结和利益共享机制

（1）创新发展订单农业。引导龙头企业在平等互利基础上，与农户、家庭农场、农民合作社签订农产品购销合同，合理确定收购价格，形成稳定购销关系。支持龙头企业为农户、家庭农场、农民合作社提供贷款担保，帮助订单农户参加农业保险。鼓励发展股份合作，利用"保底收益+按股分红"、农户以土地等要素入股形式投入，入股农户、企业与农户实行反租倒包等较好的利益共享模式，降低交易成本，增大交易盈余，让处于产业链底端的农户最大限度公平分享到产业增值收益。强化工商企业社会责任。鼓励从事农村产业融合发展的工商企业优先聘用流转出土地的农民，为其提供技能培训、就业岗位和社会保障。引导工商企业发挥自身优势，辐射带动农户扩大生产经营规模、提高管理水平。支持新型经营主体和农民利用"互联网+"、金融创新等建立利益共同体，最终实现创收增收。探讨财政补助资金形成的资产的折股量化问题，实现普通农户或组织成员参与全产业链价值链利益分配。

（2）创新农户与市场主体利益联结机制。要在产业发展过程中保障农民在产业链中的基本权益，让农民从产业链中获得更多利益、共享产业发展成果。一

是通过产销合作、股份合作、农户土地流转、劳动力聘用等方式，紧紧围绕"龙头企业（公司）＋合作社＋农户"的生产经营模式，探索建立农户与市场主体的多种形式利益联结机制，真正实现农户聚在合作社富在产业链。二是探索推进"村社合一"的强村富民模式。农村基层党组织是带领农民脱贫增收致富的坚强领导核心，坚持党对农村的坚强领导是振兴农村经济的重要保证，要建立健全体制机制确保农村基层党组织始终实现好、维护好、发展好广大农民的根本利益。三是以体制机制创新为核心，着力破解农业农村发展"瓶颈"，进一步激活沉睡的农村资源，不断发展壮大农村集体经济，探索农民在三产融合发展中的利益共享机制，让农民获得更多机会参与分享全产业链上的增值效益。

（二）以技术创新向三产融合渗透融合

面向农业科技前沿、面向农业农村主战场、面向农业科技重大需求，研究提出农业领域颠覆性技术的研究方向，抢占农业科技竞争先机，提升农业科技创新力和产业竞争力。开展自主创新、协同创新、开放创新，加快推进农产品加工技术研发体系建设，构建"产学研推用"有机融合的科技创新体系。强化科技人员创新创业的激励机制，推进官产学研多元利益机制。打造农业产业技术创新和增值提升战略同盟。组织开展重大技术装备难题攻关，熟化推广一批技术为农业产业链的延伸和产业范围拓展提供条件。加大龙头企业科研投入，提高创新能力和市场竞争力。开展科企对接活动，全面提高农产品加工业的技术水平。实现技术创新和结构调整协同以渗透、跨界方式等改造农村产业，推进农村三产融合发展。开展依托行业协会、产业联盟支持标准化、品牌化和创新能力建设的试验。探索支持试验、示范区基础设施和信息化服务能力建设的新方式。要着力强化现有园区基础设施和公共平台建设，鼓励农产品加工业向农业科技园区、农产品加工示范区和农业产业化示范基地集中，创建融标准化原料基地、集约化加工园区、体系化物流配送市场营销网络"三化一体"的产业融合先导区，形成集群效应和规模效应，带动产业融合发展。

（三）推进商业模式创新

开展"互联网＋"现代农业行动、大力实施信息进村入户工程，实现农业在线化、数据化；借力各类涉农电商企业开拓现有产销衔接渠道，构建依托互联网的新型农业生产经营体系，促进智能农业、智慧农业发展；推进网络营销、在线租赁托管、食品短链、社区支持农业、电子商务、体验经济等多业态融合发展方式，提升农业产业化经营的广度和深度，提高产品附加值，并使产业链增值收益更多留在产地、留给农民。鼓励发展创意农业、景观农业、休闲农业、农业公园等形式，实现农业与其他产业交叉型融合发展。

三、强化支撑保障体系，夯实产业融合发展的根基

（一）加强组织领导，统筹推进机制

强化党对"三农"工作的领导，构建农村三产融合的统筹协调机制，多部门协作，共同推进。将推进农村三产融合发展纳入经济社会发展总体规划和年度计划，着力构建政策扶持、科技创新、人才支撑、公共服务、组织管理等"五个体系"，层层明确责任，狠抓落实，推动农村产业融合发展工作。强化乡村振兴"一把手"工程责任，落实五级书记抓乡村振兴要求。优先配备"三农"干部，把优秀干部充实到"三农"战线；优先配置"三农"发展要素，推动资源要素向农村流动；优先安排农村公共服务，推进城乡基本公共服务标准统一、制度并轨。进一步理顺涉农部门的职责分工，加强各级党委农村工作部门建设，充分发挥决策参谋、统筹协调、政策指导、推动落实、督导检查等职能。农业部门是实施项目责任主体、财政部门是资金监督责任主体，分类指导，强化部门协作，因地制宜推动试点工作。充分调动村级组织的自觉性，为村企互动打造良好平台，也为村集体经济注入发展活力。善于组织群众、宣传群众、凝聚群众、服务群众，推动农村三产融合的任务落实落地。扶持规范农业农村经济宏观决策管理服务信息化，解决宏观管理信息各自为政的问题。有效整合、共享行业数据资源、互联网资源、空间地理资源、遥感影像数据等，使宏观决策管理服务政出一门，重点解决基础数据的采集、传输、处理、共享，解决数据残缺、失真问题。制定产业融合的标准化体系来引领和考核农村三产融合发展的工作绩效。

（二）构建城乡要素配置均等化、公共服务供给一体化的产业政策

加大公共资源分配向农村倾斜力度，加强农村基础设施建设，改善农村产业发展环境。把农业农村作为财政支出的优先保障领域，中央预算内投资继续向农业农村倾斜，着力优化投入结构，创新使用方式，提升支农效能。搭建城乡要素流动平台，促进城乡要素有效配置。继续深化农村金融体制改革，实现在资本资金方面全力协助农村三产融合发展。实施差别化的城乡产业政策，对城市资本、人才、技术等要素下乡兴业制定优惠政策，引导外部要素向农村流动。设立农村产业融合引导资金和风险补偿基金。完善种粮直接补贴政策，探索由补到地转为补到粮的有效途径。培养新型农业经营主体，培养其市场意识和农业经营管理能力；完善农机补贴办法，集中财力支持适度规模经营；对减量或杜绝使用化肥、农药，定项生产绿色有机农产品的生产单位，给予绿色农产品补贴。

（三）加强政策落实和创设，体制机制和政策创新支持农村三产融合发展

深化认识，加快农村三产融合政策体系的构建，优化政策扶持方式，从财政金融、科技、土管等提供政策支持，落实和创设政策并举，积极推进农村产权制度改革和财政金融制度创新，增进政策协调性，提高政策效率。在农业转型发展和纵向融合中赋予农民对基本生产要素具有充分的配置权、获取权和交易权。加大财税支持力度，发挥财政资金的引导作用，带动金融资本和社会资本投入到农村产业融合发展。围绕破除体制机制障碍、增强农业农村发展动能，对深化农村土地制度改革、农村集体产权制度改革、创新农业经营方式、健全农业支持保护机制等部署安排。创新推出以农村承包土地的经营权和农民住房财产权为核心抵押物的涉农信贷产品。积极探索物业型、资源型、服务型、合作型等农村集体经济主要发展模式，通过资本方式参与市场竞争，促进集体资产的保值增值，发展壮大集体经济实力，增加社员收益和红利。

在政府对农业扶持力度加强的同时，不断提高农业政策的效率。要准确把握家庭农场、农民合作社等新型农业经营主体的科学内涵、合理边界和相互关系，加强对工商资本租赁农地监管和风险防范，提高财政扶持资金的精准度和使用效率，防止组织异化、经营制度扭曲和农民利益受损。从不同区域的资源禀赋特点和区域农业发展的实际出发，按照农业规模经营的适度性原则和多类型路径，扶持和推进农业规模经营的有效发展，避免因农业规模经营不适度和形式单一化而导致资源利用与经营效率降低，切实维护农民利益。

（四）创新农村三产融合的投融资机制，拓宽资金渠道

坚持把农业农村作为财政优先保障和金融优先服务领域。按照"企业主导、政府支持、社会参与、市场运作"的原则，进一步完善农村三产融合的投融资体制。创新财政资金使用方式，用好农业产业兴旺基金，支持农业产业化龙头企业整合上下游产业，促进三产融合发展。优化政策扶持农产品加工业、休闲农业与产业融合发展的方式，通过财政支农、税收减免、金融支农、价格支持等手段引导和激励农业及相关联产业各类主体，促进三产融合发展。发挥政府投资带动作用，通过民办公助、筹资筹劳、以奖代补、以工代赈等形式，引导和支持农民参与产业融合发展。统筹安排和配置农业产前、产中、产后和农村三产融合发展所需资源，实现省级农业项目资金向示范县、贫困县倾斜，通过财政配套与县级整合推进贫困县农村产业融合发展。扩大中央和地方财政支持农产品初加工补助资金规模，明确有关涉农资金和中小企业专项资金继续支持农产品加工业和休闲农业。扩大进项税额核定扣除办法试点行业范围和初加工所得税优惠范围。采取先

建后补、贷款贴息、产业引导基金等方式，支持农村产业融合发展。

一是优化乡村营商环境，吸引社会资本参与乡村振兴。创新社会资本参与乡村振兴的准入机制，加快制定鼓励引导工商资本参与乡村振兴的指导意见，统筹解决用地问题，增大社会资本参与产业融合的积极性。要创新社会资本与农民的利益联结机制，探索通过"资源变股权、资金变股金、农民变股东"，带动农民和农村集体经济组织发展乡村休闲旅游养老等产业和农村三产融合发展项目，挖掘农村资源资产资金的潜力发展农村产业融合。二是切实解决资金分散在三产各个环节的问题，按照产业链和价值链的需要，整合和建设符合融合发展的资金链，深化农业行政管理体制改革，统筹安排和配置农村三产融合发展所需资源，形成促进融合发展的合力。加大各级财政整合力度，用于农业生产和农村社会事业等方面的资金，统一规划、统一打捆、统一实施、统一验收，重点向新型农业经营主体、现代农业产业园区、产业化龙头企业和社会化服务倾斜，主要用于农业基础设施和品牌创建。加大农口部门对性质相同、用途相近、使用分散的涉农专项进行归并，或按照资金用途重新分类。

参考文献

［1］许达哲．坚持稳中求进　确保经济社会平稳健康发展［J］．新湘评论，2017（03）：9－13.

［2］马晓河．推进农村一二三产业深度融合发展［N］．农民日报，2015－02－10（001）.

［3］宗锦耀．围绕三大任务　推进产业发展　为农业强农村美农民富作出新贡献［J］．农村工作通讯，2016（13）：37－40.

［4］涂圣伟．城乡融合发展的战略导向与实现路径［J］．宏观经济研究，2020（04）：103－116.

［5］今村奈良臣．農政改革の世界史的帰趨［M］．農山漁村文化協会，1994.

［6］何立胜，李世新．产业融合与农业发展［J］．晋阳学刊，2005（01）：37－40.

［7］王昕坤．产业融合——农业产业化的新内涵［J］．农业现代化研究，2007（03）：303－306，321.

［8］郑风田．发挥各层级作用推动"六次产业化"［J］．农村工作通讯，2015（17）：49.

［9］王兴国．推进农村一二三产业融合发展的思路与政策研究［J］．东岳论丛，2016，37（02）：30－37.

［10］李治，王东阳．交易成本视角下农村一二三产业融合发展问题研究［J］．中州学刊，2017（09）：54－59.

［11］宗锦耀．坚持改革创新　加快转型升级　努力开创农产品加工业发展新局面［J］．农业工程技术（农产品加工业），2014（01）：11－18.

［12］姜长云．推进农村一二三产业融合发展，新题应有新解法［J］．中国

发展观察，2015（2）：18 – 22.

［13］赵海．论农村一二三产业融合发展［J］．中国乡村发现，2015（04）：26 – 29.

［14］马晓河．推进农村一二三产业融合发展的几点思考［J］．农村经营管理，2016（03）：28 – 29.

［15］韩江波．"环—链—层"：农业产业链运作模式及其价值集成治理创新——基于农业产业融合的视角［J］．经济学家，2018（10）：97 – 104.

［16］韩顺法，李向民．基于产业融合的产业类型演变及划分研究［J］．中国工业经济，2009（12）：66 – 75.

［17］苏毅清，游玉婷，王志刚．农村一二三产业融合发展：理论探讨、现状分析与对策建议［J］．中国软科学，2016（08）：17 – 28.

［18］葛新权，和龙．促进我国农村产业融合发展的政策取向［J］．经济纵横，2017（05）：80 – 85.

［19］芦千文，姜长云．关于推进农村一二三产业融合发展的分析与思考——基于对湖北省宜昌市的调查［J］．江淮论坛，2016（01）：12 – 16，58.

［20］戴春．农村一二三产业融合的动力机制、融合模式与实现路径研究——以安徽省合肥市为例［J］．赤峰学院学报（自然科学版），2016，32（06）：40 – 43.

［21］梁树广，马中东．农业产业融合的关联度、路径与效应分析［J］．经济体制改革，2017（06）：79 – 84.

［22］梁伟军．交易成本理论视角的现代农业产业融合发展机制研究［J］．改革与战略，2010，26（10）：87 – 90.

［23］方世敏，陈洁．南洞庭湖区旅游与农业融合效应评价及发展对策［J］．湖南城市学院学报，2013，34（06）：78 – 83.

［24］袁中许．乡村旅游业与大农业耦合的动力效应及发展趋向［J］．旅游学刊，2013，28（05）：80 – 88.

［25］赵海．论农村一二三产业融合发展［J］．农村经营管理，2015（07）：26 – 29.

［26］李国祥．农村一二三产业融合发展是破解"三农"难题的有效途径［J］．中国合作经济，2016（01）：32 – 36.

［27］龚晶，谢莉娇．北京市农业高端产业竞争力分析及发展对策研究［J］．江苏农业科学，2016，44（10）：559 – 563.

［28］王山，奉公．农业虚拟产业集群："互联网＋"创新驱动农业产业链融合的新模式［J］．上海经济研究，2016（06）：86－92.

［29］姜长云．中国产业发展环境的变化及其影响［J］．西部论坛，2016，26（04）：83－91.

［30］孙鸿雁．黑龙江省农村一二三产业融合发展的思路与模式［J］．经营与管理，2017（01）：113－115.

［31］席晓丽．产业融合与我国多功能农业建设初探［J］．福建论坛（人文社会科学版），2007（09）：20－23.

［32］李俊岭．我国多功能农业发展研究——基于产业融合的研究［J］．农业经济问题，2009（03）：4－7，110.

［33］马健．产业融合理论研究评述［J］．经济学动态，2002（05）：78－81.

［34］梁伟军．交易成本理论视角的现代农业产业融合发展机制研究［J］．改革与战略，2010，26（10）：87－90.

［35］周蕾，王冲，贾志永．四川省旅游产业与区域经济耦合协调度研究［J］．四川师范大学学报（自然科学版），2016，39（03）：444－449.

［36］王兴国．推进农村一二三产业融合发展的思路与政策研究［J］．东岳论丛，2016，37（02）：30－37.

［37］张勇．提高认识　找准定位　深入推进农村一二三产业融合发展［J］．宏观经济管理，2017（02）：4－8.

［38］张义博．农业现代化视野的产业融合互动及其路径找寻［J］．改革，2015（02）：98－107.

［39］孙洁．"十三五"农业现代化发展　打造产业融合的园区智慧平台［J］．中国农村科技，2016（01）：14－18.

［40］吴颖，刘志迎．产业融合——突破传统范式的产业创新［J］．科技管理研究，2005（02）：67－69.

［41］姜长云．推进农村一二三产业融合发展的路径和着力点［J］．中州学刊，2016（5）：43－49.

［42］梁立华．农村地区第一、二、三产业融合的动力机制、发展模式及实施策略［J］．改革与战略，2016，32（08）：74－77.

［43］王乐君．促进农村一二三产业融合发展的若干思考［J］．农村经济问题，2017，38（06）：3，82－88.

［44］张红宇，张涛，孙秀艳，杨春悦．农业大县如何发展农业生产性服务

业——四川省的调研与思考［J］. 农业经济问题，2015，36（12）：11－16.

［45］汪思冰. 金融支持农村产业融合发展问题研究——以苏州为例［J］. 商业经济研究，2017（23）：174－175，192.

［46］匡远配，杨洋. 农业产业化带动湖南一二三产业融合［J］. 湖南社会科学，2017（05）：108－113.

［47］李明贤，唐文婷. 地域特点、资源整合与农村一二三产业深度融合——来自湖南省涟源市的经验［J］. 农业现代化研究，2017，38（06）：963－970.

［48］欧阳胜. 贫困地区农村一二三产业融合发展模式研究——基于武陵山片区的案例分析［J］. 贵州社会科学，2017（10）：156－161.

［49］肖建勇，郑向敏. 模块化与产业融合：耦合、机理及效应［J］. 科技管理研究，2012，32（14）：13－15，30.

［50］孙中叶. 农业产业化的路径转换：产业融合与产业集聚［J］. 经济经纬，2005（04）：37－39.

［51］吴少平. 产业创新升级与产业融合发展之路径［J］. 首都经济贸易大学学报，2002（02）：13－16.

［52］Rosenberg N. Technological Change in the Machine Tool Industry：1840－1910［J］. Journal of Economic History，1963（23）：414－446.

［53］植草益. 信息通讯业的产业融合［J］. 中国工业经济，2001（02）：24－27.

［54］周振华. 产业融合：产业发展及经济增长的新动力［J］. 中国工业经济，2003（04）：46－52.

［55］Lind J. Ubiquitous Convergence：Market Redefinitions Generated By Technological Change and the Industry Life Cycle［R］. New York：Paper for the DRUID Academy Winter Conference，2005：27－29.

［56］Greenstein S，Khanna T. What Does Industry Mean See in Yofee. Competing in the Age of Digital Convergence［M］. Cambridge：President and Fellows of Harvard Press，1997：201－226.

［57］Yoffie，David B. Competing in the Age of Digital Convergence［M］. Brighton：Harvard Business Press，1997：59－90.

［58］朱瑞博. 价值模块整合与产业融合［J］. 中国工业经济，2003（08）：24－31.

［59］胡金星. 产业融合的内在机制研究［D］. 复旦大学，2007.

［60］Fredrik Hacklin, Christian Marxt, Fritz Fahrni. Strategic Venture Partner Selection for Collaborative Innovation in Production Systems：A decision Support System - Based Approach［J］. International Journal of Production Economics，2004，104（01）：100 - 112.

［61］李美云. 国外产业融合研究新进展［J］. 外国经济与管理，2005（12）：12 - 20，27.

［62］厉无畏. 产业融合与产业创新［J］. 上海管理科学，2002（04）：4 - 6.

［63］Freeman C. The Economics of Industrial Innovation［J］. General，1997，1（02）：215 - 219.

［64］郑明高. 产业融合趋势下的企业战略［J］. 中国流通经济，2010，24（06）：46 - 49.

［65］姜奇平. 思考国家信息化的原动力——新"社会有机体论"［J］. 互联网周刊，2002（42）：68 - 70.

［66］Stieglitz N.. Digital Dynamics and Types of Industry Convergence：the Evolution of the Handheld Computers Market in the 1990s and Beyond［C］//IN CHRISTENSEN J. F.，MASKELL P.（eds）：The Industrial Dynamics of the New Digital Economy，Edward Elgar，2003.

［67］谢康，肖静华，乌家培. 中国工业化与信息化融合的环境、基础和道路［J］. 经济学动态，2009（02）：28 - 31.

［68］宗锦耀. 推进农村一二三产业融合发展 着力打造农业农村经济发展升级版［J］. 农村工作通讯，2017（05）：40 - 41.

［69］张红宇. 农业产业化：新形势、新任务和发展取向［J］. 农村经营管理，2015（09）：10 - 14.

［70］庄晋财，尹金承，庄子悦. 改革开放以来乡村创业的演变轨迹及未来展望［J］. 农业经济问题，2019（07）：83 - 92.

［71］向国成，韩绍凤. 分工与农业组织化演进：基于间接定价理论模型的分析［J］. 经济学（季刊），2007（02）：513 - 538.

［72］郭军. 乡村振兴战略背景下"一村一"实践教学质量监控体系建设研究——以广元市"村党组织带头人学历提升计划"为例［J］. 吉林广播电视大学学报，2019（06）：1 - 3.

［73］Liu Xiang Fu，et al. Path Choice on Rural Industrial Upgrading in the Process of Rural – urban Integration in Binhai New Area ［J］. Asian Agricultural Research，2011（01）：42 – 47.

［74］黄祖辉. 习近平"跳出三农抓三农"的经济思维［J］. 国家治理，2015（41）：17 – 22.

［75］王东荣，顾吾浩，吕祥. 上海推进农村一二三产业融合发展［J］. 科学发展，2017（07）：53 – 65.

［76］陈秋珍，John Sumelius. 国内外农业多功能性研究文献综述［J］. 中国农村观察，2007（03）：71 – 79，81.

［77］张培刚，宋德勇. 经济体制转型的"主辅结合"论［J］. 经济学家，1999（02）：20 – 24.

［78］Rostow W W. Population in the Twenty – First Century：The Limited Horizon of Public Policy ［J］. Technological Forecasting and Social Change，2001，67（1）：19 – 34.

［79］Hollis B Chenery，欧阳峣，盛小芳. 大型发展中国家工业化经验［J］. 湖南商学院学报，2015，22（04）：12 – 17.

［80］朱文博，陈永福，司伟. 基于农业及其关联产业演变规律的乡村振兴与农村一二三产业融合发展路径探讨［J］. 经济问题探索，2018（08）：171 – 181.

［81］周振华. 产业融合与新型工业化道路［J］. 天津社会科学，2004（03）：70 – 76.

［82］宋洪远. 实施乡村振兴战略紧扣几个关键词［J］. 农民科技培训，2018（01）：33 – 34.

［83］Mighell R L，Lawrence A J. Vertical Coordination in Agriculture ［R］. Washington：U. S.，1963.

［84］傅国华. 运转农产品产业链，提高农业系统效益［J］. 中国农垦经济，1996（11）：24 – 25.

［85］万俊毅，韩亚丽. 粤港澳大湾区食用农产品供给能力与农业产业链功能的市域比较［J］. 华南理工大学学报（社会科学版），2019，21（06）：9 – 20.

［86］韩江波. 创新链与产业链融合研究——基于理论逻辑及其机制设计［J］. 技术经济与管理研究，2017（12）：32 – 36.

［87］张来武．产业融合背景下六次产业的理论与实践［J］．中国软科学，2018（05）：1-5.

［88］解安，周英．农村三产融合的学理分析［J］．学习与探索，2017（12）：155-159.

［89］陈学云，程长明．乡村振兴战略的三产融合路径：逻辑必然与实证判定［J］．农业经济问题，2018（11）：91-100.

［90］贺琨，曾立．军民融合机理的范围经济解释［J］．科技进步与对策，2015，32（09）：110-115.

［91］隋忠诚．用互联网引领现代农业发展［J］．农村工作通讯，2015（23）：45-46.

［92］袁延文．当前湖南乡村振兴战略的重点任务［J］．湖南农业，2018（07）：1.

［93］李云新，戴紫芸，丁士军．农村一二三产业融合的农户增收效应研究——基于对345个农户调查的PSM分析［J］．华中农业大学学报（社会科学版），2017（04）：37-44，146-147.

［94］卞鹰．引进培育旗舰企业　赋能湖南产业转型升级［N］．湖南日报，2018-08-15（008）.

［95］李勇．落后产能拖了农机产业升级的"后腿"［J］．农业机械，2018（04）：41.

［96］曾衍德．《国家质量兴农战略规划（2018-2022年)》系列解读之二：促进农业全产业链融合　助力质量兴农［J］．农村工作通讯，2019（07）：9-10.

［97］余欣荣．全面推进农业发展的绿色变革［J］．山东干部函授大学学报，2018（03）：45.

［98］王志刚，于滨铜．农业产业化联合体概念内涵、组织边界与增效机制：安徽案例举证［J］．中国农村经济，2019（02）：60-80.

［99］周立群，曹利群．农村经济组织形态的演变与创新——山东省莱阳市农业产业化调查报告［J］．经济研究，2001（01）：69-75，83-94.

［100］陈晓华．现代农业发展与农业经营体制机制创新［J］．农业经济问题，2012，33（11）：4-6.

［101］孙正东．现代农业产业化联合体运营效益分析——一个经验框架与实证［J］．华东经济管理，2015，29（05）：108-112.

［102］芦千文．农村一二三产业融合发展的运行机理和理论阐释：例证皖省现代农业产业化联合体［J］．山西农业大学学报（社会科学版），2017，16（04）：24－29．

［103］叶明明，朱明．互联网＋与社区支持农业CSA的整合策略研究［J］．规划师，2016，32（01）：150，172．

［104］陈晓华．切实做到"三个适应、三个着力"努力开创农村经管工作新局面［J］．农村经营管理，2016（03）：9－15．

［105］唐仁健．政府工作报告——2018年1月24日在甘肃省第十三届人民代表大会第一次会议上［J］．发展，2018（02）：7－18．

［106］朱启臻．乡村振兴背景下的乡村产业——产业兴旺的一种社会学解释［J］．中国农业大学学报（社会科学版），2018，35（03）：89－95．

［107］韩俊．破除城乡二元结构　走城乡融合发展道路［J］．中国果业信息，2018，35（11）：3．

［108］陈晓华．推进龙头企业转型升级　促进农村一二三产业融合发展［J］．农村经营管理，2015（12）：6－9．

［109］胡青．乡村振兴背景下"数字农业"发展趋势与实践策略［J］．中共杭州市委党校学报，2019（05）：69－75．

［110］赵春江，赵英霞．论乡村振兴进程中新型农民职业能力培育创新［J］．继续教育研究，2018（10）：27－34．

［111］郭红东．"互联网＋农业"的途径与推进策略［J］．中国合作经济，2018（06）：47－48．

［112］姜晶，崔雁冰．推进农村一二三产业融合发展的思考［J］．宏观经济管理，2018（07）：39－45．

［113］王小兵，钟永玲，李想，康春鹏，董春岩，梁栋，马晔（农业农村部信息中心课题组）．数字农业的发展趋势与推进路径［J］．智慧中国，2020（04）：72－74．

［114］张洋．推进"互联网＋文化创意产业"融合发展——以湖北省为例［J］．科技传播，2018，10（16）：165－166．

［115］徐旭初，金建东，嵇楚洁．组织化小农与小农组织化［J］．学习与探索，2019（12）：88－97＋2．

［116］肖皓．增强自主能力　实施产业基础再造工程［N］．湖南日报，2019－09－15（003）．

［117］王小兵．用信息技术突破农业农村现代化瓶颈［J］．中国合作经济，2020（03）：12－13.

［118］屈冬玉．走中国特色的乡村振兴之路［J］．智慧中国，2018（11）：88－90.

［119］胡鞍钢，王蔚．乡村旅游：从农业到服务业的跨越之路［J］．理论探索，2017（04）：21－27，34.

［120］庞艳华．河南省乡村旅游与乡村振兴耦合关联分析［J］．中国农业资源与区划，2019，40（11）：315－320.

［121］李鹏，杨桂华．多功能性视角下的农业旅游［J］．社会科学家，2006（1）：120－122.

［122］林国华，曾玉荣，林卿．从传统农业到现代休闲与旅游农业——提升海西休闲农业产业发展层次的战略思考［J］．福建论坛（人文社会科学版），2010（03）：129－132.

［123］王德刚．旅游化生存与产业化发展——农业文化遗产保护与利用模式研究［J］．山东大学学报（哲学社会科学版），2013（02）：56－64.

［124］乌兰．休闲农业与乡村旅游协同发展及其实现路径［J］．山东社会科学，2018（10）：145－150.

［125］农业农村部，财政部．农业农村部　财政部关于认定首批国家现代农业产业园的通知（农规发［2018］12号)［R］．中华人民共和国农业农村部公报，2019（1）：28.

［126］潘利兵．强化五个支撑　提升农产品加工业引领融合发展能力［J］．农村工作通讯，2017（11）：30.

［127］杨振之．城乡统筹下农业产业与乡村旅游的融合发展［J］．旅游学刊，2011，26（10）：10－11.

［128］罗文斌．绘就湖南全域乡村旅游新图景［J］．新湘评论，2018（17）：46－47.

［129］许达哲．用新思想引领经济社会持续健康发展［J］．新湘评论，2018（02）：11－14.

［130］韩长赋．全面深化农村改革：农业农村现代化的强大动力［J］．智慧中国，2018（07）：18－21.

［131］邢玲．产业融合　演绎农业嘉年华［N］．湖南日报，2018－08－10（001）．

[132] 厉无畏,王慧敏.创意农业的发展理念与模式研究 [J].农业经济问题,2009 (02): 11 - 15, 110.

[133] 熊爱华,张涵.农村一二三产业融合:发展模式、条件分析及政策建议 [J].理论学刊,2019 (01): 72 - 79.

[134] 郑风田.关于推进农业供给侧结构性改革若干问题思考 [J].价格理论与实践,2016 (12): 10 - 12.

[135] 姜晶.盐业改革背景下盐业企业财务管理问题研究 [J].当代会计,2018 (06): 19 - 20.

[136] 邓宏图,李康,柳昕.农业产业化中的"位势租":形成机制与利润分配 [J].经济学动态,2018 (10): 37 - 49.

[137] 郑勇军.先进制造业基地建设对浙江经济的战略意义 [J].浙江经济,2003 (10): 7 - 9.

[138] 程勤阳,孙洁.加快发展我国农产品产地初加工势在必行 [J].农村工作通讯,2015 (10): 24 - 25.

[139] 崔宝玉.充分发挥合作社在推动小农户与现代农业发展有机衔接中的重要作用 [J].中国农民合作社,2019 (03): 48.

[140] 叶兴庆.新时代中国乡村振兴战略论纲 [J].改革,2018 (01): 65 - 73.

[141] 李世杰,刘琼,高健.关系嵌入、利益联盟与"公司 + 农户"的组织制度变迁——基于海源公司的案例分析 [J].中国农村经济,2018 (02): 33 - 48.

[142] 姜长云.加快农业发展方式转变对依靠科技创新驱动的新要求 [J].农业经济与管理,2016 (01): 20 - 27.

[143] 黄祖辉.在一二三产业融合发展中增加农民收益 [J].中国合作经济,2016 (01): 23 - 26.

[144] 姜晶.盐业改革背景下制盐企业目标成本管理 [J].纳税,2018 (16): 130, 133.

[145] 张绍生.推进农村一二三产业融合发展的财政政策研究 [J].中国财政,2018 (02): 47 - 49.

[146] 张晓欢.城乡产业协同发展平台是必需的载体支撑 [J].中国经贸导刊,2019 (10): 18.

[147] 曹勐.乡村振兴与特色小镇建设产业融合研究 [J].合作经济与科

技，2019（06）：19－21.

［148］郑凤田．深入推进我国农业供给侧结构性改革的进路［J］．新疆师范大学学报（哲学社会科学版），2017，38（05）：41－51.

［149］Wirtz, Guido, Weske, Mathias, Giese, Holger. The OCoN Approach to Workflow Modeling in Object－Oriented Systems ［J］. Kluwer Academic Publishers, 2001, 1（09）：357－376.

［150］Pil F K , Holweg M . Evolving from Value Chain to Value Grid ［J］. MIT Sloan Management Review, 2006, 47（04）：72－80.

［151］Christian Saxtoft. Convergence：User Expectations, Communications Enablers and Business Opportunities ［M］. Convergence：User Expectations, Communications Enablers and Business Opportunities（Telecoms Explained）. 2008.

［152］兰勇，熊彬雁．农业适度规模经营的趋势、阶段性特征与制约——基于洞庭湖县市的调查分析［J］．山西农业大学学报（社会科学版），2017，16（11）：1－6.

［153］邵科，于占海，李世武．农业产业化利益联结机制解析——一个利益视角的分析框架［J］．农村工作通讯，2013（11）：49－51.

［154］陈坚．易地扶贫搬迁政策执行困境及对策——基于政策执行过程视角［J］．探索，2017（04）：153－158.

［155］温铁军，逯浩．新时代"三农"与"三治"问题的内涵转换及其问题域［J］．西安财经学院学报，2019，32（04）：5－16.

［156］黄祖辉．以新型城镇化引领城乡一体化发展［J］．农业经济与管理，2014（05）：12－15.

［157］方言．农产品进口与水土资源利用［J］．世界农业，2018（10）：261－265.

［158］韩长赋．乡村产业发展势头良好——国务院关于乡村产业发展情况的报告［J］．中国合作经济，2019（04）：19－23.

［159］姜晶，崔雁冰．推进农村一二三产业融合发展的思考［J］．宏观经济管理，2018（07）：39－45.

［160］曾衍德．加快发展现代种植业　助力乡村振兴战略实施［J］．中国农技推广，2018，34（02）：3－8.

［161］中共中央、国务院关于全面深化农村改革加快推进农业现代化的若干意见［C］．中央农村工作会议，2013.

［162］浙江大学中国农村发展研究院（CARD）课题组．加快构建中国特色现代农业经营体系（上）——基于浙江省的实践与思考［J］．浙江经济，2017（01）：37－39.

［163］娄向鹏．农产品区域品牌建设进入联合体时代［J］．农经，2018（12）：42－46.

［164］吴晓．主动作为 狠抓落实 推动农村经济发展改革工作再上新台阶［J］．中国经贸导刊，2017（06）：52－55.

［165］乌兰．基于休闲农业与乡村旅游协同发展的政府职能［J］．山东工商学院学报，2019，33（06）：105－111.

［166］李季．我国农业生态转型及对策建议［J］．民主与科学，2018（04）：18－20.

［167］余欣荣．大力促进农村一二三产业融合发展［J］．山东干部函授大学学报（理论学习），2018（06）：44.

［168］夏显力，陈哲，张慧利，赵敏娟．农业高质量发展：数字赋能与实现路径［J］．中国农村经济，2019（12）：2－15.

［169］王乐君，寇广增．促进农村一二三产业融合发展的若干思考［J］．农业经济问题，2017，38（06）：82－88＋3.

［170］许抄军，陈四辉，王亚新．非正式制度视角的农民工市民化意愿及障碍——以湛江市为例［J］．经济地理，2015，35（12）：84－89，119.

［171］李国祥．实现乡村产业兴旺必须正确认识和处理的若干重大关系［J］．中州学刊，2018（01）：32－38.

［172］袁延文．以精细农业推进农业现代化［J］．新湘评论，2019（24）：14－16.

［173］孔祥智．培育农业农村发展新动能的三大途径［J］．经济与管理评论，2018，34（05）：5－11.

［174］杨军，张琴，高帅．基于能力剥夺视角的农村动态多维贫困研究——以山西省为例［J］．生态经济，2017，33（11）：134－138，231.

［175］张红宇．克服农业现代化短板［J］．人民论坛，2015（30）：44－45.

［176］赵海．一二三产业融合模式探讨［J］．中国农民合作社，2015（06）：43.

［177］贾康．乡村振兴和县镇金融发展中的政策性融资［J］．华中师范大学学报（人文社会科学版），2018，57（06）：5－9.

［178］王苗苗．发展现代农业：激发"三产融合"的县域新活力［J］．西部大开发，2016（03）：99 - 101.

［179］韩俊．以"三农"思想为根本遵循　实施好乡村振兴战略［J］．中国房地产，2019（05）：56 - 60.

［180］韩长赋．实施乡村振兴战略　推动农业农村优先发展［J］．山西农经，2018（16）：2，135.

［181］苏红键，崔凯．加快完善农村电商服务体系［J］．中国发展观察，2019（10）：37 - 39，43.

［182］《农村电商发展趋势报告》发布［J］．新农业，2019（22）：58 - 60.

［183］陈彦希．湖南省农村公共服务满意情况的调查研究［D］．湖南大学，2017.

［184］王植，李成贵．村级公共服务平台建设研究［J］．沈阳农业大学学报（社会科学版），2019（5）：537 - 542.